国家自然科学基金(项目号:71872081)南京大学长江三角洲经济社会发展研究中心暨区域经济转型与管理变革协同创新中心联合招标重大项目(CYD—2020009)

南京大学人文社科双一流建设"百层次"科研项目资助

# 中国公募基金管理公司整体投资回报能力评价研究(2021)

(Total Investment Performance Rating, TIP Rating—2021)

林树 朱超 著

·南京·

图书在版编目(CIP)数据

中国公募基金管理公司整体投资回报能力评价研究.2021/ 林树,朱超著. —南京:东南大学出版社,2022.5
 ISBN 978-7-5766-0068-1

Ⅰ.①中… Ⅱ.①林… ②朱… Ⅲ.①投资基金—金融公司—投资回报—研究—中国—2021 Ⅳ.①F832.3

中国版本图书馆 CIP 数据核字(2022)第 062518 号

责任编辑:张新建　封面设计:企图书装　责任印制:周荣虎

### 中国公募基金管理公司整体投资回报能力评价研究(2021)
Zhongguo Gongmu Jijin Guanli Gongsi Zhengti Touzi Huibao Nengli Pingjia Yanjiu(2021)

| | |
|---|---|
| 著　者: | 林　树　朱　超 |
| 出版发行: | 东南大学出版社 |
| 社　　址: | 南京四牌楼 2 号　邮编:210096　电话(传真):025 - 83793330 |
| 网　　址: | http://www.seupress.com |
| 电子邮件: | press@seupress.com |
| 经　　销: | 全国各地新华书店 |
| 印　　刷: | 广东虎彩云印刷有限公司 |
| 开　　本: | 700mm×1 000mm　1/16 |
| 印　　张: | 14.5 |
| 字　　数: | 366 千字 |
| 版　　次: | 2022 年 5 月第 1 版 |
| 印　　次: | 2022 年 5 月第 1 次印刷 |
| 书　　号: | ISBN 978-7-5766-0068-1 |
| 定　　价: | 78.00 元 |

本社图书若有印装质量问题,请直接与营销部联系。电话:025 - 83791830。

# 声 明

本书是国家自然科学基金(项目号:71872081)、"南京大学长江三角洲经济社会发展研究中心"暨"区域经济转型与管理变革协同创新中心"联合招标重大项目(CYD—2020009)与南京大学人文社科双一流建设"百层次"科研项目资助的阶段性成果。此书内容仅供资讯用途,不作为投资建议,也不作为买进或卖出任何证券投资基金的推荐,同时也不保证本书内容的精确性及完整性,也不担保使用本书内容所获得的结果。本书中所有公募基金与基金公司样本均限定在我国大陆地区,不包括港、澳、台地区。作者与此书的相关方对于本书内容所产生的直接或间接的损失或损害,不负任何责任。

# 摘　　要

相对于发达资本市场国家的公司型基金,我国大陆地区成立的公募基金管理公司所发行的证券投资基金产品到目前为止全部是契约型基金,即每只基金都由基金管理公司发行并管理。这样,国内的证券基金与基金公司之间有着与发达市场不一样的特点。同一基金公司管理着数只基金产品,并且同一公司旗下所有基金产品均共用公司的同一个投研平台,公司投资研究实力的强弱对具体某一只基金的影响非常大。

在这种架构下,仅对单只基金业绩进行考量的评价,而没有考虑到单只基金背后所依托的基金管理公司的实力,在中国目前特有的制度环境下必有其局限性。如某基金公司整体实力可能不行,但可以利用整个公司资源将一只基金业绩做上去,而旗下其他基金业绩会很差,或故意将旗下数只基金投资行为进行显著的差异化,这样可以寄希望总能"蒙"对好的股票,人为的"造出"一两只"明星"基金,以使公司在市场中出名,虽然由此会造成旗下基金业绩间差距,但市场被"明星"基金所吸引,更多的资金流入基金公司,管理费收入得以扩大。

基于此思想,我们开发并于2008年在国内首次推出"中国基金管理公司整体投资回报能力评价(TIP Rating)"。基金管理公司整体投资回报能力评价着重考虑基金管理公司的整体投资管理能力,而不是单只基金的业绩。它试图克服单只基金评级的缺陷,综合考虑基金公司旗下不同类型基金的表现,以及同一公司旗下基金业绩之间的均衡表现,可以反映基金管理公司整体投研实力的强弱与均衡与否。样本范围包括内地基金公司旗下的普通股票型、偏股混合型、平衡混合型、偏债混合型、债券型、指数型、货币型等类型基金。

《中国公募基金管理公司整体投资能力评价研究(2021)》数据截至2021年。我们分为五年期、十年期两种时间段来对样本基金公司进行评价分析,从我们的分析报告中,可以看出为什么有些基金公司的整体投资回报能力在短期内可以排在前列,有些基金公司则排在后面。从不同的时段上,也可以看出某些基金公司的整体投资能力在长、短期上的剧烈变化,让我们可以对某些基金公司的投研的稳定性有直观的感受。受篇幅所限,我们在这版本的评价研究中去掉了一年期、两年期和三年期的评价内容,感兴趣的读者可以向作者询问。

目前的评价方法虽然有其创新性,但难免有不足之处,我们非常欢迎同行的批评与建议,在后续定期的修订版本中根据实际情况进行方法的改进。

感谢"南京大学长江三角洲经济社会发展研究中心"暨"区域经济转型与管理变革协同创新中心"、国家自然科学基金和南京大学的资助,感谢东南大学出版社编辑老师的工作。在本书的撰写过程中,博士生朱超撰写了超过2万字的文本内容。

# 目　　录

1 概述 ··································································································· 1
　1.1 理论基础 ······················································································ 1
　1.2 数据来源与指标设计 ········································································ 2

2 五年期公募基金管理公司整体投资回报能力评价 ········································ 7
　2.1 数据来源与样本说明 ········································································ 7
　2.2 五年期整体投资回报能力评价结果 ····················································· 7
　2.3 五年期整体投资回报能力评价详细说明 ············································· 12

3 十年期公募基金管理公司整体投资回报能力评价 ····································· 184
　3.1 数据来源与样本说明 ····································································· 184
　3.2 十年期整体投资回报能力评价结果 ··················································· 184
　3.3 十年期整体投资回报能力评价详细说明 ············································· 187

4 2021 年度中国公募基金管理公司整体投资能力评价总结 ························· 222

# 1 概 述

截至2021年底,我国公募基金管理公司约151家,他们管理的各类型公募基金9 152多只(数据来源:中国证券投资基金业协会官网),数量超过了国内上市的A股主板股票数量。面对如此多的公募基金,一般的非专业投资者会感到无从选择,这就需要专业的研究人员为其对公募基金进行评价与挑选。其中最重要的研究工作之一便是根据投资范围、投资风格、收益与风险特征等对各类型基金进行评级,给出一定时期内哪些基金相对表现好,哪些基金相对表现差的直观认识。市场上现有的绝大多数评级一般是对单个基金进行评级,这种做法通俗易懂,但也有它的缺点,具体的原因将在本章的理论基础部分谈及。我们创新性地提出"中国基金管理公司整体投资回报能力评价",基于基金管理公司的整体层面来评价其投资能力的相对高低。基于这样的视角,可以看到基金管理公司整体的投研能力以及对旗下基金的综合管理能力,真正体现出一家基金公司的实力。

在本书中,根据不同的统计区间,我们在第2章和第3章中分别展现截至2021年底五年期与十年期的"中国基金管理公司整体投资能力评价"结果,大家可以从不同长度时间段的统计结果,基于宏观视角看出我国公募基金业的迅速发展势头,也可以从微观上看出不同基金公司的综合投研实力的平稳或起伏。本章将阐述"中国基金管理公司整体投资回报能力评价"的理论基础、数据来源与评价指标设计思路。

## 1.1 理论基础

基金管理公司整体投资回报能力评价(TIP Rating)着重考虑基金管理公司的整体投资管理能力,而不只是单只基金的业绩。相对于发达资本市场国家的公司型基金,我国成立的基金管理公司所发行的证券投资基金产品全部是契约型基金,即每只基金都由基金管理公司发行并管理。国内的证券基金与基金公司有着与发达市场不一样的特点:同一基金公司管理着数只基金产品,并且同一公司旗下所有基金产品均共用公司的同一个投研平台,公司投资研究实力的强弱对具体某一只基金的影响非常大。在这种情况下,绝大多数基金经理的决策权限与表现空间将极为有限。

然而,目前国内市场上的基金评级多为对单只基金的业绩进行考量,这样的评级思路没有考虑到单只基金背后所依托的基金管理公司的实力,在中国目前特有的制度环境下有其局限性。如某基金公司整体实力可能不行,但可以利用整个公司资源将一只基金业绩做上去,而旗下其他基金业绩会很差,或故意将旗下数只基金投资行为进行显著的差异化,这样可以寄希望总能"蒙"对好的股票,人为的"造出"一两只"明星"基金,以使公司在市场中出名,虽然由此会造成旗下基金业绩间差距,但市场被"明星"基金所吸引,更多的资金流入基金公司,管理费收入得以扩大。(具体理论与研究结论可参见本书作者的学术论文《他们真的是明星吗?——来自中国证券基金市场的经验证据》一文,发表于《金融研究》2009年第5期)这样,对单只基金的排名就可能受制于某些基金公司的"造星"行为或"激进"行为,并不能反映基金公司的整体实力与水平。

中国公募基金管理公司整体投资回报能力评价(TIP Rating)试图克服目前单只基金评级的缺陷,综合考虑基金公司旗下不同类型基金的表现,以及同一公司旗下基金业绩之间的均衡表现,可以反映基金管理公司整体投研实力的强弱与均衡与否。该评级包括基金公司旗下的普通股票型、偏股混合型、平衡混合型、偏债混合型、债券型、指数型等类型基金,不包括QDII等特殊类型基金产品。

## 1.2 数据来源与指标设计

### 1.2.1 数据来源与基金分类说明

所有基础数据来源于Wind金融资讯终端。涉及指标包括:基金公司简称、基金名称、期初基金复权净值、期末基金复权净值、期初基金规模、期末基金规模、基金分类。

关于基金分类,我们直接参考Wind的基金分类标准。

基金分类说明:

Wind基金分类体系是结合了契约类型和投资范围来进行的分类。契约类型主要分为了开放式和封闭式;又在此基础上按照投资范围进行分类。

Wind基金投资范围分类主要以基金招募说明书中所载明的基金类别、投资策略以及业绩比较基准为基础。我们认为,以上条款包含了基金管理人对所发行基金的定性,代表了基金对投资者的承诺,构成了对基金投资行为的基本约束。以此为基准进行基金分类,保证了该分类的稳定性,不会因市场环境变化而导致分类频繁调整。Wind基金分类的数量化界限依据为证监会所规定的基金分类标准。自2014年8月8日起施行的《公开募集证券投资基金运作管理办法》,第四章第三十条规定:基金合同和基金招募说明书应当按照下列规定载明基金的类别:(一)百分之八十以上的基金资产投资于股票的,为股票基金;(二)百分之八十以上的基金资产投资于债券的,为债券基金;(三)仅投资于货币市场工具的,为货币市场基金;(四)百分之八十以上的基金资产投资于其他基金份额的,为基金中基金;(五)投资于股票、债券、货币市场工具或其他基金份额,并且股票投资、债券投资、基金投资的比例不符合第一项、第二项、第四项规定的,为混合基金;(六)中国证监会规定的其他基金类别。在此基础上,我们将在国内市场上所发行的基金分为6个一级类别,24个二级类别。(本分类在基金成立时进行,当发生基金调整投资范围、转型时对分类重新进行界定)

按照Wind的分类规则,基金分类体系是结合了契约类型和投资范围来进行的分类。先根据契约类型分类;然后再结合投资类型进行分类。基金投资类型分类居于事前分类,即根据基金的招募说明书以及基金合同确定的基金分类。

基金投资范围分类细则:

1. 股票型

以股票投资为主,股票等权益类资产占基金资产比例下限大于等于80%或者在其基金合同和基金招募说明书中载明基金的类别为股票型,且不符合《公开募集证券投资基金运作管理办法》第三十条中第四项、第五项规定的基金。

(1) 普通股票型

对属于股票型的基金,在基金公司定义的基金名称或简称中包含"股票"等字样的,则二级分类为普通股票型基金。

(2) 指数型

a. 被动指数型

以追踪某一股票指数为投资目标的股票型基金,采取完全复制方法进行指数管理和运作的为被动指数型。

b. 增强指数型

以追踪某一股票指数为投资目标的股票型基金,实施优化策略或增强策略的为增强指数型。

2. 债券型

以债券投资为主,债券资产+现金占基金资产比例下限大于等于80%或者在其基金合同和基金招募说明书中载明基金的类别为债券型,且不符合《公开募集证券投资基金运作管理办法》第三十条中第四项、第五项规定的基金。

(1) 纯债券型

符合债券型条件,但不能投资权益类资产的基金为纯债券型基金;根据其债券久期配置的不同，可分为中长期纯债券型、短期纯债券型。

（2）中长期纯债券型

属于纯债券型，且在招募说明书中明确其债券的期限配置为长期的基金，期限配置超过1年的为中长期纯债券型。

（3）短期纯债券型

属于纯债券型，且在招募说明书中明确其债券的期限配置为短期的基金，期限配置小于等于1年的为短期纯债券型。

（4）混合债券型

符合债券型条件，同时可部分投资权益类资产的基金；根据其配置的权益类资产方式不同，可分为混合债券一级、混合债券二级。

a. 混合债券一级

符合混合债券型，其中可参与一级市场新股申购，持有因可转债转股所形成的股票以及股票派发或可分离交易可转债分离交易的权证等资产的为混合债券一级。

b. 混合债券二级

符合混合债券型，其中可参与投资公开上市发行的股票以及权证的基金，为混合债券二级。

（5）指数债券型

**被动指数型债券基金**：被动追踪投资于债券型指数的基金。

**增强指数型债券基金**：以追踪某一债券指数为投资目标的债券基金，实施优化策略或增强策略的为增强指数型债券基金。

3. 混合型

股票资产与债券资产的配置比例可视市场情况灵活配置，且不符合《公开募集证券投资基金运作管理办法》第三十条中第一项、第二项、第四项、第六项规定的基金。同时根据基金的投资策略、实际资产确定基金的三级分类。

（1）偏股混合型基金

按照基金的投资策略说明文字，如该基金明确说明其投资是偏向股票，则定为偏股混合型。

（2）偏债混合型基金

按照基金的投资策略说明文字，如该基金明确说明其投资是偏向债券，则定为偏债混合型基金。

（3）平衡混合型基金

按照基金的投资策略说明文字，如该基金投资股票和债券的上限接近70%左右，下限接近30%左右，则为平衡混合型基金。

（4）灵活配置型基金

灵活配置型基金是指基金名称或者基金管理公司自定义为混合基金的，且基金合同载明或者合同本义是股票和债券大类资产之间较大比例灵活配置的基金。分为灵活配置型基金（股票上限95%）与灵活配置型基金（股票上限80%）两类。

4. 货币市场型

仅投资于货币市场工具的基金。

5. 另类投资基金

不属于传统的股票基金、混合基金、债券基金、货币基金的基金。

（1）股票多空

通过做空和做多投资于股票及股票衍生物获得收益的基金。通常有至少50%的资金投资于股票。

（2）事件驱动

通过持有公司股票并参与或将参与公司的各种交易，包括但是并不局限于并购、重组、财务危机、收购报价、股票回购、债务调换、证券发行或者其他资本结构调整。

（3）宏观对冲

关注经济指标的变动方向，投资于大宗商品等。国内公募基金主要是指投资于黄金。

（4）商品型

投资于大宗商品等。

（5）相对价值

相对价值策略利用相关投资品种之间的定价误差获利，常见的相对价值策略包括股票市场中性、可转换套利和固定收益套利。

（6）REITS

房地产信托基金，或者主要投资于REITS的基金。

（7）其他

无法归于上述分类的另类投资基金。

6. QDII

主要投资于非本国的股票、债券、基金、货币、商品或其他衍生品的基金。QDII的分类细则同上面国内的分类。包括QDII股票型、QDII混合型、QDII债券型、QDII另类投资。

## 1.2.2 基金公司整体投资回报能力指标设计思路

1. 首先根据Wind基金分类标准（投资类型二级分类）计算期间内样本基金

公司旗下各类型样本基金在同类型基金中的相对排名,计算得出这只基金的标准分。

这一排名方法克服了业绩比较标准不同的麻烦。如果在牛市大家表现都好,那么就看该基金在同类型基金中的排列情况,如果在同类型基金中排名靠后,即使收益不错,也会被认为不行。如果在熊市中大家表现都差,同样要看你在同类型基金中的相对表现,即使收益很差,但相对排名靠前,仍然认为是胜过其他同类型基金。

2. 给参与排名计算的基金赋予权重,我们采用统计期间内此基金的规模除以所属基金公司样本基金同时期规模之和作为其权重。

3. 按基金公司旗下样本基金的权重,将公司旗下样本基金的标准分加权得到该基金公司的整体投资回报能力分值。

4. 将基金公司整体投资回报能力分值由高到低排序,得出该期间基金管理公司整体投资回报能力评价名次。

# 2 五年期公募基金管理公司整体投资回报能力评价

## 2.1 数据来源与样本说明

五年期的数据区间为2016年12月31日至2021年12月31日。所有公募基金数据来源于Wind金融资讯终端。从Wind上我们获得的数据变量有：基金名称、基金管理公司、投资类型（二级分类）、投资风格、复权单位净值增长率（20161231—20211231）、单位净值（20211231）、单位净值（20211231）、基金份额（20211231）、基金份额（20211231）。

我们删除国际（QDII）类基金、同期样本数少于10的类别，再删除同期旗下样本基金数少于3只的基金管理公司，最后的样本基金数为4093只，样本基金管理公司总共108家。

投资类型包括：偏股混合型基金（435只）、混合债券型二级基金（329只）、灵活配置型基金（1 312只）、被动指数型基金（346只）、偏债混合型基金（86只）、增强指数型基金（57只）、普通股票型基金（200只）、混合债券型一级基金（126只）、货币市场型基金（522只）、中长期纯债型基金（614只）、短期纯债型基金（19只）、被动指数型债券基金（17只）、股票多空（16只）、商品型基金（14只）。

我们按第1部分介绍的计算方法，计算出样本中每家基金公司的整体投资回报能力分数，依高分到低分进行排序。

## 2.2 五年期整体投资回报能力评价结果

满足五年期的整体投资回报能力评价数据要求的共有108家基金管理公司，排名靠前的基金公司多为样本基金数量中等或偏多的公司，如第1名的信达澳银有17只样本基金，第2名的招商有122只样本基金，第3名的中融有22只样本基金。见表2-1。

表 2-1　五年期整体投资回报能力评价

| 整体投资回报能力排名 | 基金公司(简称) | 整体投资回报能力得分 | 样本基金数量 |
| --- | --- | --- | --- |
| 1 | 信达澳银 | 1.818 | 17 |
| 2 | 招商 | 0.967 | 122 |
| 3 | 中融 | 0.916 | 22 |
| 4 | 易方达 | 0.870 | 119 |
| 5 | 中欧 | 0.811 | 59 |
| 6 | 西部利得 | 0.809 | 26 |
| 7 | 前海开源 | 0.746 | 63 |
| 8 | 金鹰 | 0.723 | 34 |
| 9 | 财通证券资管 | 0.704 | 4 |
| 10 | 农银汇理 | 0.685 | 34 |
| 11 | 万家 | 0.661 | 56 |
| 12 | 兴证全球 | 0.653 | 18 |
| 13 | 嘉合 | 0.652 | 4 |
| 14 | 新疆前海联合 | 0.650 | 13 |
| 15 | 中海 | 0.643 | 31 |
| 16 | 泰达宏利 | 0.607 | 43 |
| 17 | 东证资管 | 0.594 | 35 |
| 18 | 诺德 | 0.573 | 9 |
| 19 | 广发 | 0.570 | 131 |
| 20 | 银华 | 0.556 | 58 |
| 21 | 圆信永丰 | 0.538 | 9 |
| 22 | 上银 | 0.534 | 5 |
| 23 | 海富通 | 0.505 | 41 |
| 24 | 国金 | 0.501 | 6 |

续表2-1

| 整体投资回报能力排名 | 基金公司（简称） | 整体投资回报能力得分 | 样本基金数量 |
|---|---|---|---|
| 25 | 方正富邦 | 0.457 | 10 |
| 26 | 汇丰晋信 | 0.438 | 24 |
| 27 | 平安 | 0.437 | 35 |
| 28 | 北信瑞丰 | 0.428 | 13 |
| 29 | 建信 | 0.419 | 82 |
| 30 | 新华 | 0.410 | 41 |
| 31 | 鹏华 | 0.408 | 125 |
| 32 | 泓德 | 0.402 | 21 |
| 33 | 景顺长城 | 0.400 | 68 |
| 34 | 富国 | 0.400 | 90 |
| 35 | 交银施罗德 | 0.395 | 79 |
| 36 | 南方 | 0.389 | 116 |
| 37 | 金元顺安 | 0.384 | 10 |
| 38 | 中加 | 0.374 | 17 |
| 39 | 大成 | 0.363 | 80 |
| 40 | 浦银安盛 | 0.354 | 41 |
| 41 | 国海富兰克林 | 0.352 | 27 |
| 42 | 工银瑞信 | 0.345 | 105 |
| 43 | 英大 | 0.338 | 12 |
| 44 | 东兴 | 0.325 | 4 |
| 45 | 国投瑞银 | 0.316 | 48 |
| 46 | 汇添富 | 0.305 | 97 |
| 47 | 宝盈 | 0.291 | 25 |
| 48 | 中金 | 0.277 | 13 |

续表2-1

| 整体投资回报能力排名 | 基金公司（简称） | 整体投资回报能力得分 | 样本基金数量 |
| --- | --- | --- | --- |
| 49 | 东方 | 0.270 | 40 |
| 50 | 浙商 | 0.267 | 15 |
| 51 | 摩根士丹利华鑫 | 0.254 | 25 |
| 52 | 泰康资产 | 0.244 | 19 |
| 53 | 银河 | 0.231 | 61 |
| 54 | 国寿安保 | 0.208 | 27 |
| 55 | 华安 | 0.201 | 93 |
| 56 | 申万菱信 | 0.186 | 28 |
| 57 | 华润元大 | 0.186 | 11 |
| 58 | 华夏 | 0.184 | 102 |
| 59 | 中信保诚 | 0.181 | 55 |
| 60 | 兴银 | 0.161 | 12 |
| 61 | 中银 | 0.151 | 84 |
| 62 | 富安达 | 0.137 | 10 |
| 63 | 金信 | 0.135 | 7 |
| 64 | 嘉实 | 0.130 | 105 |
| 65 | 汇安 | 0.128 | 7 |
| 66 | 安信 | 0.126 | 44 |
| 67 | 华富 | 0.119 | 33 |
| 68 | 华泰柏瑞 | 0.118 | 48 |
| 69 | 新沃 | 0.110 | 5 |
| 70 | 长城 | 0.101 | 38 |
| 71 | 创金合信 | 0.100 | 30 |
| 72 | 光大保德信 | 0.084 | 40 |

续表2-1

| 整体投资回报能力排名 | 基金公司（简称） | 整体投资回报能力得分 | 样本基金数量 |
|---|---|---|---|
| 73 | 红塔红土 | 0.075 | 9 |
| 74 | 民生加银 | 0.071 | 41 |
| 75 | 浙商资管 | 0.059 | 7 |
| 76 | 兴业 | 0.052 | 41 |
| 77 | 德邦 | 0.037 | 15 |
| 78 | 博时 | 0.034 | 165 |
| 79 | 融通 | 0.029 | 57 |
| 80 | 长安 | 0.022 | 10 |
| 81 | 永赢 | 0.014 | 4 |
| 82 | 诺安 | 0.009 | 57 |
| 83 | 鑫元 | −0.007 | 22 |
| 84 | 上投摩根 | −0.018 | 44 |
| 85 | 太平 | −0.030 | 3 |
| 86 | 东吴 | −0.046 | 22 |
| 87 | 泰信 | −0.070 | 25 |
| 88 | 天弘 | −0.103 | 58 |
| 89 | 财通 | −0.108 | 13 |
| 90 | 国联安 | −0.116 | 34 |
| 91 | 中信建投 | −0.134 | 12 |
| 92 | 中银证券 | −0.147 | 6 |
| 93 | 华宝 | −0.149 | 48 |
| 94 | 九泰 | −0.161 | 13 |
| 95 | 长盛 | −0.225 | 54 |
| 96 | 益民 | −0.235 | 5 |
| 97 | 国泰 | −0.247 | 70 |
| 98 | 中科沃土 | −0.252 | 3 |
| 99 | 长信 | −0.292 | 54 |

续表2-1

| 整体投资回报能力排名 | 基金公司(简称) | 整体投资回报能力得分 | 样本基金数量 |
|---|---|---|---|
| 100 | 华融 | −0.333 | 5 |
| 101 | 华商 | −0.344 | 41 |
| 102 | 中邮 | −0.360 | 34 |
| 103 | 江信 | −0.424 | 9 |
| 104 | 天治 | −0.502 | 14 |
| 105 | 长江资管 | −0.665 | 4 |
| 106 | 东海 | −1.030 | 5 |
| 107 | 先锋 | −1.056 | 3 |
| 108 | 山西证券 | −1.890 | 5 |

## 2.3  五年期整体投资回报能力评价详细说明

从表2-2可以看出五年期的整体投资回报能力评价中，为什么有的基金公司会排在前面，有的则排在后面。如第1名的信达澳银旗下的信达澳银新能源产业在200只普通股票型基金中排名第1，且该基金规模超87亿元，中等规模的样本基金如信达澳银中小盘在同期435只偏股混合型基金中也位列26名，处于前列水平，而信达澳银旗下排名靠后的样本基金均属于较小规模的基金。这是诺德基金公司在五年期整体投资回报能力评价中排名第1的重要原因。

表2-2  五年期排名中所有样本基金详细情况

| 整体投资回报能力排名 | 基金公司（简称） | 基金名称 | 投资类型（二级分类） | 样本基金数量 | 同类基金中排名 | 期间内规模（亿） |
|---|---|---|---|---|---|---|
| 1 | 信达澳银 | 信达澳银中小盘 | 偏股混合型基金 | 435 | 26 | 7.892 |
| 1 | 信达澳银 | 信达澳银产业升级 | 偏股混合型基金 | 435 | 162 | 5.276 |
| 1 | 信达澳银 | 信达澳银领先增长 | 偏股混合型基金 | 435 | 332 | 11.308 |
| 1 | 信达澳银 | 信达澳银红利回报 | 偏股混合型基金 | 435 | 349 | 3.294 |
| 1 | 信达澳银 | 信达澳银消费优选 | 偏股混合型基金 | 435 | 388 | 0.620 |

续表2-2

| 整体投资回报能力排名 | 基金公司（简称） | 基金名称 | 投资类型（二级分类） | 样本基金数量 | 同类基金中排名 | 期间内规模（亿） |
| --- | --- | --- | --- | --- | --- | --- |
| 1 | 信达澳银 | 信达澳银新能源产业 | 普通股票型基金 | 200 | 1 | 87.665 |
| 1 | 信达澳银 | 信达澳银转型创新 | 普通股票型基金 | 200 | 149 | 4.849 |
| 1 | 信达澳银 | 信达澳银信用债A | 混合债券型二级基金 | 329 | 75 | 9.601 |
| 1 | 信达澳银 | 信达澳银信用债C | 混合债券型二级基金 | 329 | 92 | 0.270 |
| 1 | 信达澳银 | 信达澳银鑫安 | 混合债券型二级基金 | 329 | 215 | 5.359 |
| 1 | 信达澳银 | 信达澳银精华A | 灵活配置型基金 | 1 312 | 50 | 5.150 |
| 1 | 信达澳银 | 信达澳银新目标 | 灵活配置型基金 | 1 312 | 264 | 1.951 |
| 1 | 信达澳银 | 信达澳银新财富 | 灵活配置型基金 | 1 312 | 343 | 6.912 |
| 1 | 信达澳银 | 信达澳银慧管家C | 货币市场型基金 | 522 | 288 | 52.528 |
| 1 | 信达澳银 | 信达澳银慧管家A | 货币市场型基金 | 522 | 424 | 4.122 |
| 1 | 信达澳银 | 信达澳银慧管家E | 货币市场型基金 | 522 | 490 | 0.539 |
| 1 | 信达澳银 | 信达澳银慧理财 | 货币市场型基金 | 522 | 505 | 0.088 |
| 2 | 招商 | 招商招悦纯债A | 中长期纯债型基金 | 614 | 27 | 30.693 |
| 2 | 招商 | 招商招悦纯债C | 中长期纯债型基金 | 614 | 43 | 0.019 |
| 2 | 招商 | 招商安泰债券A | 中长期纯债型基金 | 614 | 83 | 24.703 |
| 2 | 招商 | 招商招瑞纯债A | 中长期纯债型基金 | 614 | 103 | 0.052 |
| 2 | 招商 | 招商招兴定开A | 中长期纯债型基金 | 614 | 130 | 56.700 |
| 2 | 招商 | 招商安泰债券B | 中长期纯债型基金 | 614 | 138 | 5.639 |
| 2 | 招商 | 招商招旭纯债A | 中长期纯债型基金 | 614 | 140 | 26.789 |
| 2 | 招商 | 招商招瑞纯债C | 中长期纯债型基金 | 614 | 141 | 8.989 |
| 2 | 招商 | 招商招旭纯债C | 中长期纯债型基金 | 614 | 152 | 7.081 |
| 2 | 招商 | 招商招丰纯债A | 中长期纯债型基金 | 614 | 157 | 9.869 |
| 2 | 招商 | 招商招华纯债A | 中长期纯债型基金 | 614 | 177 | 8.452 |
| 2 | 招商 | 招商招坤纯债A | 中长期纯债型基金 | 614 | 189 | 9.830 |
| 2 | 招商 | 招商招兴定开C | 中长期纯债型基金 | 614 | 192 | 0.001 |

续表2-2

| 整体投资回报能力排名 | 基金公司（简称） | 基金名称 | 投资类型（二级分类） | 样本基金数量 | 同类基金中排名 | 期间内规模（亿） |
|---|---|---|---|---|---|---|
| 2 | 招商 | 招商招旺纯债A | 中长期纯债型基金 | 614 | 207 | 4.497 |
| 2 | 招商 | 招商招裕纯债A | 中长期纯债型基金 | 614 | 246 | 50.665 |
| 2 | 招商 | 招商招旺纯债C | 中长期纯债型基金 | 614 | 262 | 0.002 |
| 2 | 招商 | 招商招通纯债A | 中长期纯债型基金 | 614 | 278 | 10.489 |
| 2 | 招商 | 招商招顺纯债A | 中长期纯债型基金 | 614 | 292 | 15.891 |
| 2 | 招商 | 招商招惠三个月定开A | 中长期纯债型基金 | 614 | 312 | 32.830 |
| 2 | 招商 | 招商招坤纯债C | 中长期纯债型基金 | 614 | 327 | 2.981 |
| 2 | 招商 | 招商招祥纯债A | 中长期纯债型基金 | 614 | 344 | 18.706 |
| 2 | 招商 | 招商招盛纯债A | 中长期纯债型基金 | 614 | 359 | 77.957 |
| 2 | 招商 | 招商招通纯债C | 中长期纯债型基金 | 614 | 363 | 3.007 |
| 2 | 招商 | 招商招琪纯债A | 中长期纯债型基金 | 614 | 396 | 39.778 |
| 2 | 招商 | 招商招盛纯债C | 中长期纯债型基金 | 614 | 409 | 0.000 |
| 2 | 招商 | 招商招乾3个月A | 中长期纯债型基金 | 614 | 412 | 18.112 |
| 2 | 招商 | 招商招怡纯债A | 中长期纯债型基金 | 614 | 437 | 14.953 |
| 2 | 招商 | 招商招乾3个月C | 中长期纯债型基金 | 614 | 454 | 0.000 |
| 2 | 招商 | 招商招裕纯债C | 中长期纯债型基金 | 614 | 487 | 25.645 |
| 2 | 招商 | 招商招怡纯债C | 中长期纯债型基金 | 614 | 527 | 0.011 |
| 2 | 招商 | 招商招恒纯债A | 中长期纯债型基金 | 614 | 562 | 46.060 |
| 2 | 招商 | 招商招祥纯债C | 中长期纯债型基金 | 614 | 583 | 6.138 |
| 2 | 招商 | 招商招顺纯债C | 中长期纯债型基金 | 614 | 584 | 0.002 |
| 2 | 招商 | 招商招恒纯债C | 中长期纯债型基金 | 614 | 585 | 0.000 |
| 2 | 招商 | 招商招华纯债C | 中长期纯债型基金 | 614 | 587 | 1.002 |
| 2 | 招商 | 招商招丰纯债C | 中长期纯债型基金 | 614 | 603 | 1.000 |
| 2 | 招商 | 招商招琪纯债C | 中长期纯债型基金 | 614 | 613 | 1.000 |
| 2 | 招商 | 招商招惠三个月定开C | 中长期纯债型基金 | 614 | 614 | 1.000 |

续表2-2

| 整体投资回报能力排名 | 基金公司（简称） | 基金名称 | 投资类型（二级分类） | 样本基金数量 | 同类基金中排名 | 期间内规模（亿） |
|---|---|---|---|---|---|---|
| 2 | 招商 | 招商睿逸 | 偏债混合型基金 | 86 | 19 | 6.111 |
| 2 | 招商 | 招商中小盘精选 | 偏股混合型基金 | 435 | 66 | 2.310 |
| 2 | 招商 | 招商优质成长 | 偏股混合型基金 | 435 | 168 | 14.989 |
| 2 | 招商 | 招商大盘蓝筹 | 偏股混合型基金 | 435 | 200 | 9.787 |
| 2 | 招商 | 招商行业领先A | 偏股混合型基金 | 435 | 238 | 3.892 |
| 2 | 招商 | 招商先锋 | 偏股混合型基金 | 435 | 284 | 15.378 |
| 2 | 招商 | 招商国企改革 | 偏股混合型基金 | 435 | 295 | 8.720 |
| 2 | 招商 | 招商安泰 | 偏股混合型基金 | 435 | 337 | 5.323 |
| 2 | 招商 | 招商行业精选 | 普通股票型基金 | 200 | 32 | 18.473 |
| 2 | 招商 | 招商医药健康产业 | 普通股票型基金 | 200 | 51 | 22.761 |
| 2 | 招商 | 招商体育文化休闲 | 普通股票型基金 | 200 | 88 | 1.324 |
| 2 | 招商 | 招商移动互联网 | 普通股票型基金 | 200 | 110 | 18.299 |
| 2 | 招商 | 招商量化精选A | 普通股票型基金 | 200 | 146 | 2.079 |
| 2 | 招商 | 招商财经大数据策略A | 普通股票型基金 | 200 | 186 | 0.455 |
| 2 | 招商 | 招商产业A | 混合债券型一级基金 | 126 | 29 | 74.597 |
| 2 | 招商 | 招商双债增强C | 混合债券型一级基金 | 126 | 35 | 64.222 |
| 2 | 招商 | 招商产业C | 混合债券型一级基金 | 126 | 46 | 12.231 |
| 2 | 招商 | 招商安心收益C | 混合债券型一级基金 | 126 | 48 | 25.294 |
| 2 | 招商 | 招商信用添利A | 混合债券型一级基金 | 126 | 53 | 15.930 |
| 2 | 招商 | 招商安盈A | 混合债券型二级基金 | 329 | 126 | 28.894 |
| 2 | 招商 | 招商安本增利 | 混合债券型二级基金 | 329 | 258 | 13.660 |
| 2 | 招商 | 招商安瑞进取 | 混合债券型二级基金 | 329 | 273 | 1.490 |
| 2 | 招商 | 招商信用增强A | 混合债券型二级基金 | 329 | 297 | 3.707 |
| 2 | 招商 | 招商安润 | 灵活配置型基金 | 1 312 | 8 | 31.135 |
| 2 | 招商 | 招商制造业转型A | 灵活配置型基金 | 1 312 | 126 | 13.476 |

续表2-2

| 整体投资回报能力排名 | 基金公司（简称） | 基金名称 | 投资类型（二级分类） | 样本基金数量 | 同类基金中排名 | 期间内规模（亿） |
|---|---|---|---|---|---|---|
| 2 | 招商 | 招商安达 | 灵活配置型基金 | 1 312 | 197 | 6.010 |
| 2 | 招商 | 招商境远 | 灵活配置型基金 | 1 312 | 228 | 24.164 |
| 2 | 招商 | 招商安博A | 灵活配置型基金 | 1 312 | 350 | 9.496 |
| 2 | 招商 | 招商安博C | 灵活配置型基金 | 1 312 | 392 | 0.472 |
| 2 | 招商 | 招商核心价值 | 灵活配置型基金 | 1 312 | 443 | 11.123 |
| 2 | 招商 | 招商安弘灵活配置 | 灵活配置型基金 | 1 312 | 529 | 13.630 |
| 2 | 招商 | 招商丰盛稳定增长A | 灵活配置型基金 | 1 312 | 575 | 1.976 |
| 2 | 招商 | 招商丰盛稳定增长C | 灵活配置型基金 | 1 312 | 595 | 1.623 |
| 2 | 招商 | 招商丰利A | 灵活配置型基金 | 1 312 | 675 | 1.977 |
| 2 | 招商 | 招商优势企业 | 灵活配置型基金 | 1 312 | 702 | 0.591 |
| 2 | 招商 | 招商安裕A | 灵活配置型基金 | 1 312 | 706 | 24.555 |
| 2 | 招商 | 招商增荣 | 灵活配置型基金 | 1 312 | 709 | 6.282 |
| 2 | 招商 | 招商丰利C | 灵活配置型基金 | 1 312 | 710 | 0.072 |
| 2 | 招商 | 招商丰益A | 灵活配置型基金 | 1 312 | 712 | 7.057 |
| 2 | 招商 | 招商丰美A | 灵活配置型基金 | 1 312 | 717 | 5.128 |
| 2 | 招商 | 招商丰美C | 灵活配置型基金 | 1 312 | 726 | 0.060 |
| 2 | 招商 | 招商丰益C | 灵活配置型基金 | 1 312 | 744 | 0.849 |
| 2 | 招商 | 招商安裕C | 灵活配置型基金 | 1 312 | 756 | 3.522 |
| 2 | 招商 | 招商瑞庆A | 灵活配置型基金 | 1 312 | 788 | 23.307 |
| 2 | 招商 | 招商丰凯A | 灵活配置型基金 | 1 312 | 805 | 6.284 |
| 2 | 招商 | 招商安益 | 灵活配置型基金 | 1 312 | 826 | 6.844 |
| 2 | 招商 | 招商丰凯C | 灵活配置型基金 | 1 312 | 845 | 0.013 |
| 2 | 招商 | 招商安德灵活配置A | 灵活配置型基金 | 1 312 | 879 | 13.050 |
| 2 | 招商 | 招商安德灵活配置C | 灵活配置型基金 | 1 312 | 883 | 2.325 |
| 2 | 招商 | 招商丰泽A | 灵活配置型基金 | 1 312 | 887 | 10.349 |

续表2-2

| 整体投资回报能力排名 | 基金公司（简称） | 基金名称 | 投资类型（二级分类） | 样本基金数量 | 同类基金中排名 | 期间内规模（亿） |
|---|---|---|---|---|---|---|
| 2 | 招商 | 招商瑞丰A | 灵活配置型基金 | 1 312 | 899 | 6.142 |
| 2 | 招商 | 招商安荣A | 灵活配置型基金 | 1 312 | 912 | 11.949 |
| 2 | 招商 | 招商安元灵活配置A | 灵活配置型基金 | 1 312 | 915 | 10.901 |
| 2 | 招商 | 招商丰泽C | 灵活配置型基金 | 1 312 | 945 | 1.635 |
| 2 | 招商 | 招商瑞丰C | 灵活配置型基金 | 1 312 | 961 | 6.661 |
| 2 | 招商 | 招商康泰 | 灵活配置型基金 | 1 312 | 1 014 | 1.692 |
| 2 | 招商 | 招商安荣C | 灵活配置型基金 | 1 312 | 1 020 | 1.355 |
| 2 | 招商 | 招商兴福A | 灵活配置型基金 | 1 312 | 1 112 | 3.390 |
| 2 | 招商 | 招商兴福C | 灵活配置型基金 | 1 312 | 1 152 | 2.329 |
| 2 | 招商 | 招商丰泰 | 灵活配置型基金 | 1 312 | 1 182 | 5.032 |
| 2 | 招商 | 招商中证白酒A | 被动指数型基金 | 346 | 1 | 356.745 |
| 2 | 招商 | 招商上证消费80ETF | 被动指数型基金 | 346 | 13 | 4.994 |
| 2 | 招商 | 招商上证消费80ETF联接A | 被动指数型基金 | 346 | 16 | 1.880 |
| 2 | 招商 | 招商深证100A | 被动指数型基金 | 346 | 21 | 1.704 |
| 2 | 招商 | 招商央视财经50A | 被动指数型基金 | 346 | 26 | 3.185 |
| 2 | 招商 | 招商国证生物医药A | 被动指数型基金 | 346 | 32 | 75.980 |
| 2 | 招商 | 招商深证TMT50ETF | 被动指数型基金 | 346 | 93 | 1.295 |
| 2 | 招商 | 招商深证TMT50ETF联接A | 被动指数型基金 | 346 | 116 | 1.133 |
| 2 | 招商 | 招商中证煤炭A | 被动指数型基金 | 346 | 194 | 15.202 |
| 2 | 招商 | 招商中证银行指数A | 被动指数型基金 | 346 | 210 | 11.171 |
| 2 | 招商 | 招商沪深300高贝塔 | 被动指数型基金 | 346 | 321 | 0.158 |
| 2 | 招商 | 招商中证证券公司A | 被动指数型基金 | 346 | 324 | 27.030 |
| 2 | 招商 | 招商沪深300地产A | 被动指数型基金 | 346 | 325 | 3.409 |

续表2-2

| 整体投资回报能力排名 | 基金公司（简称） | 基金名称 | 投资类型（二级分类） | 样本基金数量 | 同类基金中排名 | 期间内规模（亿） |
|---|---|---|---|---|---|---|
| 2 | 招商 | 招商财富宝E | 货币市场型基金 | 522 | 90 | 36.477 |
| 2 | 招商 | 招商现金增值B | 货币市场型基金 | 522 | 159 | 315.414 |
| 2 | 招商 | 招商招钱宝C | 货币市场型基金 | 522 | 181 | 1.712 |
| 2 | 招商 | 招商招钱宝B | 货币市场型基金 | 522 | 186 | 520.772 |
| 2 | 招商 | 招商招钱宝A | 货币市场型基金 | 522 | 190 | 393.121 |
| 2 | 招商 | 招商保证金快线B | 货币市场型基金 | 522 | 264 | 8.335 |
| 2 | 招商 | 招商财富宝A | 货币市场型基金 | 522 | 308 | 20.803 |
| 2 | 招商 | 招商招金宝B | 货币市场型基金 | 522 | 334 | 36.116 |
| 2 | 招商 | 招商现金增值A | 货币市场型基金 | 522 | 378 | 129.533 |
| 2 | 招商 | 招商保证金快线A | 货币市场型基金 | 522 | 444 | 4.565 |
| 2 | 招商 | 招商招金宝A | 货币市场型基金 | 522 | 465 | 126.890 |
| 3 | 中融 | 中融恒泰纯债C | 中长期纯债型基金 | 614 | 239 | 0.001 |
| 3 | 中融 | 中融恒泰纯债A | 中长期纯债型基金 | 614 | 254 | 3.431 |
| 3 | 中融 | 中融竞争优势 | 普通股票型基金 | 200 | 87 | 2.468 |
| 3 | 中融 | 中融产业升级 | 灵活配置型基金 | 1 312 | 57 | 1.813 |
| 3 | 中融 | 中融新经济A | 灵活配置型基金 | 1 312 | 84 | 2.651 |
| 3 | 中融 | 中融新经济C | 灵活配置型基金 | 1 312 | 97 | 1.967 |
| 3 | 中融 | 中融国企改革 | 灵活配置型基金 | 1 312 | 312 | 0.971 |
| 3 | 中融 | 中融新机遇 | 灵活配置型基金 | 1 312 | 949 | 1.615 |
| 3 | 中融 | 中融鑫起点A | 灵活配置型基金 | 1 312 | 1 173 | 0.963 |
| 3 | 中融 | 中融鑫起点C | 灵活配置型基金 | 1 312 | 1 211 | 2.766 |
| 3 | 中融 | 中融融安二号 | 灵活配置型基金 | 1 312 | 1 224 | 1.867 |
| 3 | 中融 | 中融1—3年中高等级A | 被动指数型债券基金 | 17 | 11 | 4.078 |
| 3 | 中融 | 中融1—3年中高等级C | 被动指数型债券基金 | 17 | 13 | 0.017 |

续表2-2

| 整体投资回报能力排名 | 基金公司（简称） | 基金名称 | 投资类型（二级分类） | 样本基金数量 | 同类基金中排名 | 期间内规模（亿） |
|---|---|---|---|---|---|---|
| 3 | 中融 | 中融中证煤炭 | 被动指数型基金 | 346 | 226 | 4.829 |
| 3 | 中融 | 中融中证银行 | 被动指数型基金 | 346 | 235 | 0.288 |
| 3 | 中融 | 中融国证钢铁 | 被动指数型基金 | 346 | 307 | 5.616 |
| 3 | 中融 | 中融现金增利C | 货币市场型基金 | 522 | 4 | 199.717 |
| 3 | 中融 | 中融现金增利A | 货币市场型基金 | 522 | 67 | 1.267 |
| 3 | 中融 | 中融货币C | 货币市场型基金 | 522 | 93 | 142.490 |
| 3 | 中融 | 中融货币E | 货币市场型基金 | 522 | 311 | 3.046 |
| 3 | 中融 | 中融货币A | 货币市场型基金 | 522 | 312 | 1.519 |
| 3 | 中融 | 中融日日盈A | 货币市场型基金 | 522 | 393 | 1.608 |
| 4 | 易方达 | 易方达裕景添利6个月 | 中长期纯债型基金 | 614 | 3 | 48.793 |
| 4 | 易方达 | 易方达恒久添利1年A | 中长期纯债型基金 | 614 | 53 | 26.273 |
| 4 | 易方达 | 易方达永旭添利 | 中长期纯债型基金 | 614 | 73 | 19.436 |
| 4 | 易方达 | 易方达富惠 | 中长期纯债型基金 | 614 | 98 | 43.826 |
| 4 | 易方达 | 易方达恒久添利1年C | 中长期纯债型基金 | 614 | 113 | 1.529 |
| 4 | 易方达 | 易方达纯债1年A | 中长期纯债型基金 | 614 | 136 | 23.298 |
| 4 | 易方达 | 易方达纯债A | 中长期纯债型基金 | 614 | 146 | 31.592 |
| 4 | 易方达 | 易方达高等级信用债C | 中长期纯债型基金 | 614 | 150 | 5.441 |
| 4 | 易方达 | 易方达高等级信用债A | 中长期纯债型基金 | 614 | 163 | 28.806 |
| 4 | 易方达 | 易方达信用债A | 中长期纯债型基金 | 614 | 201 | 84.291 |
| 4 | 易方达 | 易方达纯债1年C | 中长期纯债型基金 | 614 | 224 | 0.457 |
| 4 | 易方达 | 易方达投资级信用债A | 中长期纯债型基金 | 614 | 249 | 49.055 |
| 4 | 易方达 | 易方达纯债C | 中长期纯债型基金 | 614 | 258 | 5.509 |
| 4 | 易方达 | 易方达信用债C | 中长期纯债型基金 | 614 | 300 | 15.550 |
| 4 | 易方达 | 易方达投资级信用债C | 中长期纯债型基金 | 614 | 309 | 6.266 |

续表2-2

| 整体投资回报能力排名 | 基金公司（简称） | 基金名称 | 投资类型（二级分类） | 样本基金数量 | 同类基金中排名 | 期间内规模（亿） |
|---|---|---|---|---|---|---|
| 4 | 易方达 | 易方达安心回馈 | 偏债混合型基金 | 86 | 2 | 58.454 |
| 4 | 易方达 | 易方达裕惠回报 | 偏债混合型基金 | 86 | 47 | 32.590 |
| 4 | 易方达 | 易方达行业领先 | 偏股混合型基金 | 435 | 31 | 13.914 |
| 4 | 易方达 | 易方达科翔 | 偏股混合型基金 | 435 | 41 | 45.787 |
| 4 | 易方达 | 易方达信息产业 | 偏股混合型基金 | 435 | 44 | 21.958 |
| 4 | 易方达 | 易方达医疗保健 | 偏股混合型基金 | 435 | 80 | 28.312 |
| 4 | 易方达 | 易方达改革红利 | 偏股混合型基金 | 435 | 121 | 13.551 |
| 4 | 易方达 | 易方达国防军工 | 偏股混合型基金 | 435 | 149 | 123.309 |
| 4 | 易方达 | 易方达价值精选 | 偏股混合型基金 | 435 | 160 | 34.776 |
| 4 | 易方达 | 易方达科讯 | 偏股混合型基金 | 435 | 231 | 52.095 |
| 4 | 易方达 | 易方达资源行业 | 偏股混合型基金 | 435 | 379 | 17.652 |
| 4 | 易方达 | 易方达黄金ETF | 商品型基金 | 14 | 7 | 35.836 |
| 4 | 易方达 | 易方达黄金ETF联接A | 商品型基金 | 14 | 11 | 9.752 |
| 4 | 易方达 | 易方达黄金ETF联接C | 商品型基金 | 14 | 13 | 18.190 |
| 4 | 易方达 | 易方达上证50增强A | 增强指数型基金 | 57 | 1 | 152.683 |
| 4 | 易方达 | 易方达沪深300量化增强 | 增强指数型基金 | 57 | 33 | 7.722 |
| 4 | 易方达 | 易方达消费行业 | 普通股票型基金 | 200 | 18 | 161.679 |
| 4 | 易方达 | 易方达双债增强A | 混合债券型一级基金 | 126 | 4 | 40.875 |
| 4 | 易方达 | 易方达双债增强C | 混合债券型一级基金 | 126 | 5 | 16.528 |
| 4 | 易方达 | 易方达增强回报A | 混合债券型一级基金 | 126 | 9 | 98.105 |
| 4 | 易方达 | 易方达增强回报B | 混合债券型一级基金 | 126 | 10 | 42.965 |
| 4 | 易方达 | 易方达岁丰添利 | 混合债券型一级基金 | 126 | 12 | 49.317 |
| 4 | 易方达 | 易方达裕祥回报 | 混合债券型二级基金 | 329 | 20 | 368.547 |
| 4 | 易方达 | 易方达裕鑫A | 混合债券型二级基金 | 329 | 32 | 10.646 |

续表2-2

| 整体投资回报能力排名 | 基金公司（简称） | 基金名称 | 投资类型（二级分类） | 样本基金数量 | 同类基金中排名 | 期间内规模（亿） |
|---|---|---|---|---|---|---|
| 4 | 易方达 | 易方达裕鑫C | 混合债券型二级基金 | 329 | 37 | 1.576 |
| 4 | 易方达 | 易方达安心回报A | 混合债券型二级基金 | 329 | 38 | 129.633 |
| 4 | 易方达 | 易方达丰华A | 混合债券型二级基金 | 329 | 44 | 83.727 |
| 4 | 易方达 | 易方达安心回报B | 混合债券型二级基金 | 329 | 45 | 30.471 |
| 4 | 易方达 | 易方达裕丰回报 | 混合债券型二级基金 | 329 | 49 | 219.818 |
| 4 | 易方达 | 易方达丰和 | 混合债券型二级基金 | 329 | 62 | 160.496 |
| 4 | 易方达 | 易方达稳健收益B | 混合债券型二级基金 | 329 | 79 | 289.955 |
| 4 | 易方达 | 易方达稳健收益A | 混合债券型二级基金 | 329 | 93 | 112.992 |
| 4 | 易方达 | 易方达瑞程C | 灵活配置型基金 | 1 312 | 7 | 13.097 |
| 4 | 易方达 | 易方达瑞程A | 灵活配置型基金 | 1 312 | 9 | 28.861 |
| 4 | 易方达 | 易方达新收益A | 灵活配置型基金 | 1 312 | 17 | 41.662 |
| 4 | 易方达 | 易方达新收益C | 灵活配置型基金 | 1 312 | 23 | 13.557 |
| 4 | 易方达 | 易方达新经济 | 灵活配置型基金 | 1 312 | 27 | 33.308 |
| 4 | 易方达 | 易方达新丝路 | 灵活配置型基金 | 1 312 | 77 | 82.943 |
| 4 | 易方达 | 易方达新兴成长 | 灵活配置型基金 | 1 312 | 115 | 30.797 |
| 4 | 易方达 | 易方达创新驱动 | 灵活配置型基金 | 1 312 | 146 | 51.360 |
| 4 | 易方达 | 易方达科汇 | 灵活配置型基金 | 1 312 | 204 | 29.714 |
| 4 | 易方达 | 易方达积极成长 | 灵活配置型基金 | 1 312 | 304 | 31.156 |
| 4 | 易方达 | 易方达瑞享I | 灵活配置型基金 | 1 312 | 436 | 1.800 |
| 4 | 易方达 | 易方达瑞享E | 灵活配置型基金 | 1 312 | 447 | 0.490 |
| 4 | 易方达 | 易方达新益I | 灵活配置型基金 | 1 312 | 527 | 10.747 |
| 4 | 易方达 | 易方达新益E | 灵活配置型基金 | 1 312 | 534 | 1.303 |
| 4 | 易方达 | 易方达瑞通A | 灵活配置型基金 | 1 312 | 540 | 7.514 |
| 4 | 易方达 | 易方达价值成长 | 灵活配置型基金 | 1 312 | 548 | 52.521 |
| 4 | 易方达 | 易方达瑞通C | 灵活配置型基金 | 1 312 | 552 | 2.225 |

续表2-2

| 整体投资回报能力排名 | 基金公司（简称） | 基金名称 | 投资类型（二级分类） | 样本基金数量 | 同类基金中排名 | 期间内规模（亿） |
|---|---|---|---|---|---|---|
| 4 | 易方达 | 易方达瑞选 I | 灵活配置型基金 | 1 312 | 554 | 7.690 |
| 4 | 易方达 | 易方达瑞选 E | 灵活配置型基金 | 1 312 | 563 | 4.617 |
| 4 | 易方达 | 易方达策略2号 | 灵活配置型基金 | 1 312 | 572 | 12.145 |
| 4 | 易方达 | 易方达策略成长 | 灵活配置型基金 | 1 312 | 597 | 14.054 |
| 4 | 易方达 | 易方达瑞景 | 灵活配置型基金 | 1 312 | 749 | 6.349 |
| 4 | 易方达 | 易方达新利 | 灵活配置型基金 | 1 312 | 810 | 8.805 |
| 4 | 易方达 | 易方达新享 A | 灵活配置型基金 | 1 312 | 849 | 5.420 |
| 4 | 易方达 | 易方达新享 C | 灵活配置型基金 | 1 312 | 873 | 2.616 |
| 4 | 易方达 | 易方达新鑫 I | 灵活配置型基金 | 1 312 | 885 | 7.897 |
| 4 | 易方达 | 易方达新鑫 E | 灵活配置型基金 | 1 312 | 932 | 1.319 |
| 4 | 易方达 | 易方达新常态 | 灵活配置型基金 | 1 312 | 953 | 39.717 |
| 4 | 易方达 | 易方达瑞财 I | 灵活配置型基金 | 1 312 | 1 077 | 11.639 |
| 4 | 易方达 | 易方达瑞财 E | 灵活配置型基金 | 1 312 | 1 098 | 0.112 |
| 4 | 易方达 | 易方达裕如 | 灵活配置型基金 | 1 312 | 1 104 | 23.982 |
| 4 | 易方达 | 易方达中债新综合 A | 被动指数型债券基金 | 17 | 2 | 8.019 |
| 4 | 易方达 | 易方达中债新综合 C | 被动指数型债券基金 | 17 | 5 | 2.644 |
| 4 | 易方达 | 易方达7－10年国开行 A | 被动指数型债券基金 | 17 | 6 | 27.955 |
| 4 | 易方达 | 易方达3－5年期国债 | 被动指数型债券基金 | 17 | 12 | 1.433 |
| 4 | 易方达 | 易方达中证万得生物科技 A | 被动指数型基金 | 346 | 39 | 6.390 |
| 4 | 易方达 | 易方达深证100ETF | 被动指数型基金 | 346 | 41 | 58.125 |
| 4 | 易方达 | 易方达深证100ETF联接 A | 被动指数型基金 | 346 | 47 | 16.190 |
| 4 | 易方达 | 易方达沪深300医药卫生ETF | 被动指数型基金 | 346 | 54 | 37.797 |

续表2-2

| 整体投资回报能力排名 | 基金公司（简称） | 基金名称 | 投资类型（二级分类） | 样本基金数量 | 同类基金中排名 | 期间内规模（亿） |
|---|---|---|---|---|---|---|
| 4 | 易方达 | 易方达中证国有企业改革A | 被动指数型基金 | 346 | 69 | 2.178 |
| 4 | 易方达 | 易方达上证中盘ETF | 被动指数型基金 | 346 | 86 | 2.521 |
| 4 | 易方达 | 易方达上证50A | 被动指数型基金 | 346 | 91 | 2.260 |
| 4 | 易方达 | 易方达创业板ETF | 被动指数型基金 | 346 | 97 | 89.480 |
| 4 | 易方达 | 易方达上证中盘ETF联接A | 被动指数型基金 | 346 | 101 | 2.042 |
| 4 | 易方达 | 易方达沪深300ETF | 被动指数型基金 | 346 | 111 | 71.679 |
| 4 | 易方达 | 易方达创业板ETF联接A | 被动指数型基金 | 346 | 120 | 26.200 |
| 4 | 易方达 | 易方达军工A | 被动指数型基金 | 346 | 121 | 4.130 |
| 4 | 易方达 | 易方达沪深300ETF联接A | 被动指数型基金 | 346 | 123 | 50.535 |
| 4 | 易方达 | 易方达沪深300非银ETF | 被动指数型基金 | 346 | 248 | 26.412 |
| 4 | 易方达 | 易方达沪深300非银ETF联接A | 被动指数型基金 | 346 | 255 | 10.945 |
| 4 | 易方达 | 易方达中证500ETF | 被动指数型基金 | 346 | 268 | 7.551 |
| 4 | 易方达 | 易方达证券公司A | 被动指数型基金 | 346 | 275 | 7.856 |
| 4 | 易方达 | 易方达并购重组 | 被动指数型基金 | 346 | 333 | 11.917 |
| 4 | 易方达 | 易方达现金增利B | 货币市场型基金 | 522 | 2 | 1 042.128 |
| 4 | 易方达 | 易方达财富快线B | 货币市场型基金 | 522 | 17 | 9.287 |
| 4 | 易方达 | 易方达现金增利A | 货币市场型基金 | 522 | 23 | 3.375 |
| 4 | 易方达 | 易方达天天R | 货币市场型基金 | 522 | 30 | 18.294 |
| 4 | 易方达 | 易方达天天B | 货币市场型基金 | 522 | 34 | 112.767 |
| 4 | 易方达 | 易方达龙宝B | 货币市场型基金 | 522 | 37 | 0.197 |
| 4 | 易方达 | 易方达天天增利B | 货币市场型基金 | 522 | 65 | 0.697 |

续表2-2

| 整体投资回报能力排名 | 基金公司（简称） | 基金名称 | 投资类型（二级分类） | 样本基金数量 | 同类基金中排名 | 期间内规模（亿） |
|---|---|---|---|---|---|---|
| 4 | 易方达 | 易方达易理财 A | 货币市场型基金 | 522 | 106 | 1 136.353 |
| 4 | 易方达 | 易方达增金宝 A | 货币市场型基金 | 522 | 123 | 79.061 |
| 4 | 易方达 | 易方达财富快线 A | 货币市场型基金 | 522 | 142 | 53.023 |
| 4 | 易方达 | 易方达财富快线 Y | 货币市场型基金 | 522 | 145 | 42.420 |
| 4 | 易方达 | 易方达天天 A | 货币市场型基金 | 522 | 206 | 128.880 |
| 4 | 易方达 | 易方达龙宝 A | 货币市场型基金 | 522 | 216 | 5.872 |
| 4 | 易方达 | 易方达天天增利 A | 货币市场型基金 | 522 | 260 | 129.327 |
| 4 | 易方达 | 易方达货币 B | 货币市场型基金 | 522 | 376 | 321.762 |
| 4 | 易方达 | 易方达保证金 B | 货币市场型基金 | 522 | 384 | 14.200 |
| 4 | 易方达 | 易方达货币 A | 货币市场型基金 | 522 | 483 | 28.547 |
| 4 | 易方达 | 易方达货币 E | 货币市场型基金 | 522 | 484 | 23.987 |
| 4 | 易方达 | 易方达保证金 A | 货币市场型基金 | 522 | 488 | 2.426 |
| 5 | 中欧 | 中欧兴利 A | 中长期纯债型基金 | 614 | 36 | 44.941 |
| 5 | 中欧 | 中欧纯债 E | 中长期纯债型基金 | 614 | 470 | 7.298 |
| 5 | 中欧 | 中欧纯债 C | 中长期纯债型基金 | 614 | 523 | 0.305 |
| 5 | 中欧 | 中欧天禧纯债 | 中长期纯债型基金 | 614 | 602 | 6.745 |
| 5 | 中欧 | 中欧信用增利 E | 中长期纯债型基金 | 614 | 606 | 8.178 |
| 5 | 中欧 | 中欧信用增利 C | 中长期纯债型基金 | 614 | 607 | 0.399 |
| 5 | 中欧 | 中欧睿达定期开放 A | 偏债混合型基金 | 86 | 56 | 5.601 |
| 5 | 中欧 | 中欧明睿新常态 A | 偏股混合型基金 | 435 | 1 | 48.144 |
| 5 | 中欧 | 中欧医疗健康 A | 偏股混合型基金 | 435 | 11 | 170.986 |
| 5 | 中欧 | 中欧医疗健康 C | 偏股混合型基金 | 435 | 16 | 217.433 |
| 5 | 中欧 | 中欧养老产业 A | 偏股混合型基金 | 435 | 46 | 20.053 |
| 5 | 中欧 | 中欧行业成长 E | 偏股混合型基金 | 435 | 64 | 0.426 |
| 5 | 中欧 | 中欧行业成长 A | 偏股混合型基金 | 435 | 67 | 50.254 |

续表2-2

| 整体投资回报能力排名 | 基金公司（简称） | 基金名称 | 投资类型（二级分类） | 样本基金数量 | 同类基金中排名 | 期间内规模（亿） |
|---|---|---|---|---|---|---|
| 5 | 中欧 | 中欧新动力E | 偏股混合型基金 | 435 | 151 | 0.105 |
| 5 | 中欧 | 中欧新动力A | 偏股混合型基金 | 435 | 152 | 22.988 |
| 5 | 中欧 | 中欧明睿新起点 | 偏股混合型基金 | 435 | 156 | 30.900 |
| 5 | 中欧 | 中欧新趋势E | 偏股混合型基金 | 435 | 182 | 1.689 |
| 5 | 中欧 | 中欧新趋势A | 偏股混合型基金 | 435 | 183 | 47.165 |
| 5 | 中欧 | 中欧盛世成长E | 偏股混合型基金 | 435 | 213 | 0.379 |
| 5 | 中欧 | 中欧盛世成长A | 偏股混合型基金 | 435 | 215 | 20.670 |
| 5 | 中欧 | 中欧永裕A | 偏股混合型基金 | 435 | 226 | 20.299 |
| 5 | 中欧 | 中欧永裕C | 偏股混合型基金 | 435 | 253 | 0.506 |
| 5 | 中欧 | 中欧价值发现E | 偏股混合型基金 | 435 | 285 | 0.229 |
| 5 | 中欧 | 中欧价值发现A | 偏股混合型基金 | 435 | 288 | 25.293 |
| 5 | 中欧 | 中欧时代先锋A | 普通股票型基金 | 200 | 15 | 91.084 |
| 5 | 中欧 | 中欧消费主题A | 普通股票型基金 | 200 | 53 | 10.604 |
| 5 | 中欧 | 中欧消费主题C | 普通股票型基金 | 200 | 62 | 4.356 |
| 5 | 中欧 | 中欧增强回报E | 混合债券型一级基金 | 126 | 115 | 0.379 |
| 5 | 中欧 | 中欧增强回报A | 混合债券型一级基金 | 126 | 118 | 6.160 |
| 5 | 中欧 | 中欧双利A | 混合债券型二级基金 | 329 | 145 | 37.693 |
| 5 | 中欧 | 中欧双利C | 混合债券型二级基金 | 329 | 174 | 5.953 |
| 5 | 中欧 | 中欧价值智选回报E | 灵活配置型基金 | 1 312 | 81 | 15.636 |
| 5 | 中欧 | 中欧价值智选回报A | 灵活配置型基金 | 1 312 | 87 | 80.562 |
| 5 | 中欧 | 中欧精选E | 灵活配置型基金 | 1 312 | 193 | 0.863 |
| 5 | 中欧 | 中欧精选A | 灵活配置型基金 | 1 312 | 195 | 44.897 |
| 5 | 中欧 | 中欧数据挖掘多因子A | 灵活配置型基金 | 1 312 | 298 | 13.414 |
| 5 | 中欧 | 中欧新蓝筹E | 灵活配置型基金 | 1 312 | 318 | 0.927 |
| 5 | 中欧 | 中欧新蓝筹A | 灵活配置型基金 | 1 312 | 334 | 87.419 |

续表2-2

| 整体投资回报能力排名 | 基金公司（简称） | 基金名称 | 投资类型（二级分类） | 样本基金数量 | 同类基金中排名 | 期间内规模（亿） |
|---|---|---|---|---|---|---|
| 5 | 中欧 | 中欧丰泓沪港深 A | 灵活配置型基金 | 1 312 | 388 | 32.868 |
| 5 | 中欧 | 中欧丰泓沪港深 C | 灵活配置型基金 | 1 312 | 431 | 4.071 |
| 5 | 中欧 | 中欧成长优选回报 E | 灵活配置型基金 | 1 312 | 466 | 0.979 |
| 5 | 中欧 | 中欧潜力价值 A | 灵活配置型基金 | 1 312 | 489 | 12.617 |
| 5 | 中欧 | 中欧成长优选回报 A | 灵活配置型基金 | 1 312 | 501 | 0.956 |
| 5 | 中欧 | 中欧瑾泉 A | 灵活配置型基金 | 1 312 | 952 | 1.245 |
| 5 | 中欧 | 中欧瑾泉 C | 灵活配置型基金 | 1 312 | 966 | 7.299 |
| 5 | 中欧 | 中欧瑾源 A | 灵活配置型基金 | 1 312 | 982 | 1.146 |
| 5 | 中欧 | 中欧瑾源 C | 灵活配置型基金 | 1 312 | 994 | 10.662 |
| 5 | 中欧 | 中欧瑾通 A | 灵活配置型基金 | 1 312 | 1 026 | 22.582 |
| 5 | 中欧 | 中欧瑾通 C | 灵活配置型基金 | 1 312 | 1 057 | 31.110 |
| 5 | 中欧 | 中欧琪和 A | 灵活配置型基金 | 1 312 | 1 127 | 16.439 |
| 5 | 中欧 | 中欧瑾和 A | 灵活配置型基金 | 1 312 | 1 190 | 3.802 |
| 5 | 中欧 | 中欧琪和 C | 灵活配置型基金 | 1 312 | 1 210 | 7.653 |
| 5 | 中欧 | 中欧瑾和 C | 灵活配置型基金 | 1 312 | 1 213 | 0.352 |
| 5 | 中欧 | 中欧骏泰 | 货币市场型基金 | 522 | 56 | 84.393 |
| 5 | 中欧 | 中欧滚钱宝 A | 货币市场型基金 | 522 | 217 | 544.720 |
| 5 | 中欧 | 中欧货币 B | 货币市场型基金 | 522 | 261 | 19.887 |
| 5 | 中欧 | 中欧货币 D | 货币市场型基金 | 522 | 262 | 7.072 |
| 5 | 中欧 | 中欧货币 A | 货币市场型基金 | 522 | 442 | 0.853 |
| 5 | 中欧 | 中欧货币 C | 货币市场型基金 | 522 | 447 | 0.012 |
| 6 | 西部利得 | 西部利得合享 C | 中长期纯债型基金 | 614 | 139 | 0.269 |
| 6 | 西部利得 | 西部利得合享 A | 中长期纯债型基金 | 614 | 166 | 28.355 |
| 6 | 西部利得 | 西部利得合赢 A | 中长期纯债型基金 | 614 | 504 | 10.468 |
| 6 | 西部利得 | 西部利得合赢 C | 中长期纯债型基金 | 614 | 554 | 6.404 |

续表2-2

| 整体投资回报能力排名 | 基金公司（简称） | 基金名称 | 投资类型（二级分类） | 样本基金数量 | 同类基金中排名 | 期间内规模（亿） |
|---|---|---|---|---|---|---|
| 6 | 西部利得 | 西部利得策略优选A | 偏股混合型基金 | 435 | 343 | 3.286 |
| 6 | 西部利得 | 西部利得稳健双利A | 混合债券型二级基金 | 329 | 8 | 8.383 |
| 6 | 西部利得 | 西部利得稳健双利C | 混合债券型二级基金 | 329 | 12 | 0.653 |
| 6 | 西部利得 | 西部利得祥盈A | 混合债券型二级基金 | 329 | 57 | 1.093 |
| 6 | 西部利得 | 西部利得祥盈C | 混合债券型二级基金 | 329 | 73 | 0.197 |
| 6 | 西部利得 | 西部利得景瑞A | 灵活配置型基金 | 1 312 | 55 | 2.911 |
| 6 | 西部利得 | 西部利得成长精选 | 灵活配置型基金 | 1 312 | 462 | 2.785 |
| 6 | 西部利得 | 西部利得行业主题优选A | 灵活配置型基金 | 1 312 | 553 | 1.554 |
| 6 | 西部利得 | 西部利得行业主题优选C | 灵活配置型基金 | 1 312 | 561 | 3.636 |
| 6 | 西部利得 | 西部利得新盈 | 灵活配置型基金 | 1 312 | 579 | 1.608 |
| 6 | 西部利得 | 西部利得新动力A | 灵活配置型基金 | 1 312 | 613 | 1.879 |
| 6 | 西部利得 | 西部利得新动力C | 灵活配置型基金 | 1 312 | 626 | 2.338 |
| 6 | 西部利得 | 西部利得多策略优选 | 灵活配置型基金 | 1 312 | 685 | 2.726 |
| 6 | 西部利得 | 西部利得新动向 | 灵活配置型基金 | 1 312 | 1 163 | 2.524 |
| 6 | 西部利得 | 西部利得祥运A | 灵活配置型基金 | 1 312 | 1 259 | 1.035 |
| 6 | 西部利得 | 西部利得祥运C | 灵活配置型基金 | 1 312 | 1 290 | 0.086 |
| 6 | 西部利得 | 西部利得天添富货币B | 货币市场型基金 | 522 | 12 | 184.252 |
| 6 | 西部利得 | 西部利得天添富货币A | 货币市场型基金 | 522 | 131 | 0.522 |
| 6 | 西部利得 | 西部利得天添鑫货币B | 货币市场型基金 | 522 | 172 | 8.545 |
| 6 | 西部利得 | 西部利得天添金货币B | 货币市场型基金 | 522 | 230 | 1.266 |
| 6 | 西部利得 | 西部利得天添鑫货币A | 货币市场型基金 | 522 | 390 | 3.125 |
| 6 | 西部利得 | 西部利得天添金货币A | 货币市场型基金 | 522 | 431 | 0.014 |
| 7 | 前海开源 | 前海开源睿远稳健增利A | 偏债混合型基金 | 86 | 24 | 2.187 |

续表2-2

| 整体投资回报能力排名 | 基金公司（简称） | 基金名称 | 投资类型（二级分类） | 样本基金数量 | 同类基金中排名 | 期间内规模（亿） |
|---|---|---|---|---|---|---|
| 7 | 前海开源 | 前海开源睿远稳健增利C | 偏债混合型基金 | 86 | 30 | 2.772 |
| 7 | 前海开源 | 前海开源恒泽A | 偏债混合型基金 | 86 | 82 | 2.399 |
| 7 | 前海开源 | 前海开源恒泽C | 偏债混合型基金 | 86 | 83 | 9.304 |
| 7 | 前海开源 | 前海开源中证大农业增强 | 增强指数型基金 | 57 | 38 | 4.402 |
| 7 | 前海开源 | 前海开源再融资主题精选 | 普通股票型基金 | 200 | 129 | 7.740 |
| 7 | 前海开源 | 前海开源强势共识100强 | 普通股票型基金 | 200 | 142 | 0.346 |
| 7 | 前海开源 | 前海开源股息率100强 | 普通股票型基金 | 200 | 148 | 11.395 |
| 7 | 前海开源 | 前海开源优势蓝筹A | 普通股票型基金 | 200 | 151 | 0.573 |
| 7 | 前海开源 | 前海开源优势蓝筹C | 普通股票型基金 | 200 | 152 | 0.285 |
| 7 | 前海开源 | 前海开源可转债 | 混合债券型二级基金 | 329 | 2 | 14.221 |
| 7 | 前海开源 | 前海开源祥和A | 混合债券型二级基金 | 329 | 48 | 9.598 |
| 7 | 前海开源 | 前海开源祥和C | 混合债券型二级基金 | 329 | 56 | 0.747 |
| 7 | 前海开源 | 前海开源鼎安A | 混合债券型二级基金 | 329 | 110 | 3.563 |
| 7 | 前海开源 | 前海开源鼎安C | 混合债券型二级基金 | 329 | 130 | 0.575 |
| 7 | 前海开源 | 前海开源鼎瑞A | 混合债券型二级基金 | 329 | 256 | 21.900 |
| 7 | 前海开源 | 前海开源鼎裕C | 混合债券型二级基金 | 329 | 276 | 0.322 |
| 7 | 前海开源 | 前海开源鼎瑞C | 混合债券型二级基金 | 329 | 277 | 0.002 |
| 7 | 前海开源 | 前海开源鼎裕A | 混合债券型二级基金 | 329 | 283 | 32.339 |
| 7 | 前海开源 | 前海开源新经济A | 灵活配置型基金 | 1 312 | 33 | 63.877 |
| 7 | 前海开源 | 前海开源沪港深优势精选A | 灵活配置型基金 | 1 312 | 37 | 57.097 |
| 7 | 前海开源 | 前海开源国家比较优势A | 灵活配置型基金 | 1 312 | 74 | 39.925 |

续表2-2

| 整体投资回报能力排名 | 基金公司（简称） | 基金名称 | 投资类型（二级分类） | 样本基金数量 | 同类基金中排名 | 期间内规模（亿） |
|---|---|---|---|---|---|---|
| 7 | 前海开源 | 前海开源中国稀缺资产C | 灵活配置型基金 | 1 312 | 99 | 10.002 |
| 7 | 前海开源 | 前海开源沪港深核心资源A | 灵活配置型基金 | 1 312 | 138 | 2.983 |
| 7 | 前海开源 | 前海开源沪港深核心资源C | 灵活配置型基金 | 1 312 | 145 | 0.807 |
| 7 | 前海开源 | 前海开源中国稀缺资产A | 灵活配置型基金 | 1 312 | 150 | 32.460 |
| 7 | 前海开源 | 前海开源沪港深价值精选 | 灵活配置型基金 | 1 312 | 186 | 16.751 |
| 7 | 前海开源 | 前海开源人工智能 | 灵活配置型基金 | 1 312 | 224 | 5.559 |
| 7 | 前海开源 | 前海开源工业革命4.0 | 灵活配置型基金 | 1 312 | 226 | 7.379 |
| 7 | 前海开源 | 前海开源大海洋 | 灵活配置型基金 | 1 312 | 229 | 5.286 |
| 7 | 前海开源 | 前海开源清洁能源A | 灵活配置型基金 | 1 312 | 254 | 7.768 |
| 7 | 前海开源 | 前海开源清洁能源C | 灵活配置型基金 | 1 312 | 261 | 2.613 |
| 7 | 前海开源 | 前海开源中国成长 | 灵活配置型基金 | 1 312 | 303 | 0.593 |
| 7 | 前海开源 | 前海开源沪港深创新A | 灵活配置型基金 | 1 312 | 353 | 9.304 |
| 7 | 前海开源 | 前海开源沪港深创新C | 灵活配置型基金 | 1 312 | 366 | 2.974 |
| 7 | 前海开源 | 前海开源大安全核心 | 灵活配置型基金 | 1 312 | 389 | 4.269 |
| 7 | 前海开源 | 前海开源高端装备制造 | 灵活配置型基金 | 1 312 | 391 | 3.557 |
| 7 | 前海开源 | 前海开源恒远 | 灵活配置型基金 | 1 312 | 451 | 6.130 |
| 7 | 前海开源 | 前海开源沪港深大消费A | 灵活配置型基金 | 1 312 | 472 | 0.831 |
| 7 | 前海开源 | 前海开源沪港深大消费C | 灵活配置型基金 | 1 312 | 480 | 1.192 |
| 7 | 前海开源 | 前海开源事件驱动A | 灵活配置型基金 | 1 312 | 511 | 0.496 |
| 7 | 前海开源 | 前海开源事件驱动C | 灵活配置型基金 | 1 312 | 518 | 0.841 |

续表2-2

| 整体投资回报能力排名 | 基金公司（简称） | 基金名称 | 投资类型（二级分类） | 样本基金数量 | 同类基金中排名 | 期间内规模（亿） |
|---|---|---|---|---|---|---|
| 7 | 前海开源 | 前海开源沪港深龙头精选 | 灵活配置型基金 | 1 312 | 538 | 3.126 |
| 7 | 前海开源 | 前海开源沪港深蓝筹A | 灵活配置型基金 | 1 312 | 609 | 32.883 |
| 7 | 前海开源 | 前海开源沪港深汇鑫A | 灵活配置型基金 | 1 312 | 633 | 0.011 |
| 7 | 前海开源 | 前海开源沪港深汇鑫C | 灵活配置型基金 | 1 312 | 640 | 1.589 |
| 7 | 前海开源 | 前海开源沪港深农业主题精选 | 灵活配置型基金 | 1 312 | 711 | 3.693 |
| 7 | 前海开源 | 前海开源沪港深智慧 | 灵活配置型基金 | 1 312 | 775 | 0.687 |
| 7 | 前海开源 | 前海开源沪港深核心驱动 | 灵活配置型基金 | 1 312 | 781 | 1.547 |
| 7 | 前海开源 | 前海开源嘉鑫A | 灵活配置型基金 | 1 312 | 871 | 2.223 |
| 7 | 前海开源 | 前海开源一带一路C | 灵活配置型基金 | 1 312 | 895 | 0.075 |
| 7 | 前海开源 | 前海开源嘉鑫C | 灵活配置型基金 | 1 312 | 900 | 4.746 |
| 7 | 前海开源 | 前海开源一带一路A | 灵活配置型基金 | 1 312 | 905 | 2.297 |
| 7 | 前海开源 | 前海开源沪港深新机遇 | 灵活配置型基金 | 1 312 | 1 264 | 10.007 |
| 7 | 前海开源 | 前海开源金银珠宝A | 灵活配置型基金 | 1 312 | 1 303 | 7.066 |
| 7 | 前海开源 | 前海开源金银珠宝C | 灵活配置型基金 | 1 312 | 1 304 | 9.108 |
| 7 | 前海开源 | 前海开源沪深300 | 被动指数型基金 | 346 | 37 | 2.086 |
| 7 | 前海开源 | 前海开源中证健康 | 被动指数型基金 | 346 | 57 | 4.043 |
| 7 | 前海开源 | 前海开源中证军工A | 被动指数型基金 | 346 | 151 | 9.824 |
| 7 | 前海开源 | 前海开源中证军工C | 被动指数型基金 | 346 | 158 | 3.626 |
| 7 | 前海开源 | 前海开源中航军工 | 被动指数型基金 | 346 | 181 | 16.651 |
| 7 | 前海开源 | 前海开源货币B | 货币市场型基金 | 522 | 199 | 120.861 |
| 7 | 前海开源 | 前海开源货币A | 货币市场型基金 | 522 | 406 | 0.453 |
| 8 | 金鹰 | 金鹰元祺信用债 | 中长期纯债型基金 | 614 | 2 | 6.946 |
| 8 | 金鹰 | 金鹰元盛C | 中长期纯债型基金 | 614 | 174 | 2.480 |

续表2-2

| 整体投资回报能力排名 | 基金公司（简称） | 基金名称 | 投资类型（二级分类） | 样本基金数量 | 同类基金中排名 | 期间内规模（亿） |
|---|---|---|---|---|---|---|
| 8 | 金鹰 | 金鹰添益3个月定开 | 中长期纯债型基金 | 614 | 188 | 15.874 |
| 8 | 金鹰 | 金鹰添裕纯债A | 中长期纯债型基金 | 614 | 505 | 4.764 |
| 8 | 金鹰 | 金鹰元安C | 偏债混合型基金 | 86 | 12 | 3.816 |
| 8 | 金鹰 | 金鹰元安A | 偏债混合型基金 | 86 | 20 | 2.778 |
| 8 | 金鹰 | 金鹰行业优势 | 偏股混合型基金 | 435 | 13 | 5.292 |
| 8 | 金鹰 | 金鹰策略配置 | 偏股混合型基金 | 435 | 56 | 7.015 |
| 8 | 金鹰 | 金鹰主题优势 | 偏股混合型基金 | 435 | 98 | 3.673 |
| 8 | 金鹰 | 金鹰中小盘精选 | 偏股混合型基金 | 435 | 252 | 4.783 |
| 8 | 金鹰 | 金鹰稳健成长 | 偏股混合型基金 | 435 | 309 | 18.086 |
| 8 | 金鹰 | 金鹰核心资源 | 偏股混合型基金 | 435 | 413 | 13.392 |
| 8 | 金鹰 | 金鹰科技创新 | 普通股票型基金 | 200 | 95 | 5.481 |
| 8 | 金鹰 | 金鹰量化精选 | 普通股票型基金 | 200 | 200 | 0.125 |
| 8 | 金鹰 | 金鹰持久增利C | 混合债券型二级基金 | 329 | 55 | 7.494 |
| 8 | 金鹰 | 金鹰民族新兴 | 灵活配置型基金 | 1 312 | 5 | 7.351 |
| 8 | 金鹰 | 金鹰改革红利 | 灵活配置型基金 | 1 312 | 93 | 25.400 |
| 8 | 金鹰 | 金鹰产业整合 | 灵活配置型基金 | 1 312 | 166 | 5.066 |
| 8 | 金鹰 | 金鹰多元策略 | 灵活配置型基金 | 1 312 | 189 | 1.576 |
| 8 | 金鹰 | 金鹰元和A | 灵活配置型基金 | 1 312 | 245 | 6.392 |
| 8 | 金鹰 | 金鹰元和C | 灵活配置型基金 | 1 312 | 275 | 1.704 |
| 8 | 金鹰 | 金鹰智慧生活 | 灵活配置型基金 | 1 312 | 512 | 0.442 |
| 8 | 金鹰 | 金鹰灵活配置A | 灵活配置型基金 | 1 312 | 708 | 2.025 |
| 8 | 金鹰 | 金鹰灵活配置C | 灵活配置型基金 | 1 312 | 758 | 3.915 |
| 8 | 金鹰 | 金鹰红利价值 | 灵活配置型基金 | 1 312 | 868 | 1.564 |
| 8 | 金鹰 | 金鹰成份股优选 | 灵活配置型基金 | 1 312 | 1 038 | 3.663 |
| 8 | 金鹰 | 金鹰鑫瑞A | 灵活配置型基金 | 1 312 | 1 131 | 2.269 |

续表2-2

| 整体投资回报能力排名 | 基金公司（简称） | 基金名称 | 投资类型（二级分类） | 样本基金数量 | 同类基金中排名 | 期间内规模（亿） |
|---|---|---|---|---|---|---|
| 8 | 金鹰 | 金鹰鑫益C | 灵活配置型基金 | 1 312 | 1 133 | 0.861 |
| 8 | 金鹰 | 金鹰鑫益A | 灵活配置型基金 | 1 312 | 1 136 | 1.111 |
| 8 | 金鹰 | 金鹰鑫瑞C | 灵活配置型基金 | 1 312 | 1 153 | 2.794 |
| 8 | 金鹰 | 金鹰技术领先C | 灵活配置型基金 | 1 312 | 1 310 | 2.194 |
| 8 | 金鹰 | 金鹰技术领先A | 灵活配置型基金 | 1 312 | 1 311 | 1.725 |
| 8 | 金鹰 | 金鹰货币B | 货币市场型基金 | 522 | 20 | 94.375 |
| 8 | 金鹰 | 金鹰货币A | 货币市场型基金 | 522 | 153 | 1.960 |
| 9 | 财通证券资管 | 财通资管积极收益A | 混合债券型二级基金 | 329 | 201 | 2.285 |
| 9 | 财通证券资管 | 财通资管积极收益C | 混合债券型二级基金 | 329 | 222 | 2.397 |
| 9 | 财通证券资管 | 财通资管鑫管家B | 货币市场型基金 | 522 | 40 | 79.720 |
| 9 | 财通证券资管 | 财通资管鑫管家A | 货币市场型基金 | 522 | 219 | 10.774 |
| 10 | 农银汇理 | 农银汇理金丰一年定期 | 中长期纯债型基金 | 614 | 362 | 15.800 |
| 10 | 农银汇理 | 农银汇理金穗3个月 | 中长期纯债型基金 | 614 | 543 | 151.248 |
| 10 | 农银汇理 | 农银汇理行业轮动 | 偏股混合型基金 | 435 | 37 | 3.409 |
| 10 | 农银汇理 | 农银汇理策略价值 | 偏股混合型基金 | 435 | 70 | 5.162 |
| 10 | 农银汇理 | 农银汇理低估值高增长 | 偏股混合型基金 | 435 | 120 | 4.057 |
| 10 | 农银汇理 | 农银汇理策略精选 | 偏股混合型基金 | 435 | 142 | 20.607 |
| 10 | 农银汇理 | 农银汇理行业领先 | 偏股混合型基金 | 435 | 176 | 11.516 |
| 10 | 农银汇理 | 农银汇理中小盘 | 偏股混合型基金 | 435 | 247 | 10.608 |
| 10 | 农银汇理 | 农银汇理消费主题A | 偏股混合型基金 | 435 | 277 | 10.324 |
| 10 | 农银汇理 | 农银汇理行业成长A | 偏股混合型基金 | 435 | 307 | 21.234 |
| 10 | 农银汇理 | 农银汇理大盘蓝筹 | 偏股混合型基金 | 435 | 329 | 2.245 |
| 10 | 农银汇理 | 农银汇理医疗保健主题 | 普通股票型基金 | 200 | 91 | 23.623 |
| 10 | 农银汇理 | 农银汇理信息传媒 | 普通股票型基金 | 200 | 158 | 13.706 |
| 10 | 农银汇理 | 农银汇理恒久增利A | 混合债券型一级基金 | 126 | 85 | 1.135 |

## 2 五年期公募基金管理公司整体投资回报能力评价

续表2-2

| 整体投资回报能力排名 | 基金公司（简称） | 基金名称 | 投资类型（二级分类） | 样本基金数量 | 同类基金中排名 | 期间内规模（亿） |
|---|---|---|---|---|---|---|
| 10 | 农银汇理 | 农银汇理恒久增利C | 混合债券型一级基金 | 126 | 93 | 0.296 |
| 10 | 农银汇理 | 农银汇理增强收益A | 混合债券型二级基金 | 329 | 210 | 0.501 |
| 10 | 农银汇理 | 农银汇理增强收益C | 混合债券型二级基金 | 329 | 224 | 0.340 |
| 10 | 农银汇理 | 农银汇理工业4.0 | 灵活配置型基金 | 1 312 | 1 | 35.923 |
| 10 | 农银汇理 | 农银汇理新能源主题 | 灵活配置型基金 | 1 312 | 2 | 144.726 |
| 10 | 农银汇理 | 农银汇理研究精选 | 灵活配置型基金 | 1 312 | 20 | 30.812 |
| 10 | 农银汇理 | 农银汇理主题轮动 | 灵活配置型基金 | 1 312 | 29 | 6.358 |
| 10 | 农银汇理 | 农银汇理国企改革 | 灵活配置型基金 | 1 312 | 131 | 1.155 |
| 10 | 农银汇理 | 农银汇理平衡双利 | 灵活配置型基金 | 1 312 | 162 | 3.952 |
| 10 | 农银汇理 | 农银汇理区间收益 | 灵活配置型基金 | 1 312 | 177 | 3.222 |
| 10 | 农银汇理 | 农银汇理现代农业加 | 灵活配置型基金 | 1 312 | 490 | 1.944 |
| 10 | 农银汇理 | 农银汇理沪深300A | 被动指数型基金 | 346 | 130 | 6.753 |
| 10 | 农银汇理 | 农银汇理中证500 | 被动指数型基金 | 346 | 311 | 0.745 |
| 10 | 农银汇理 | 农银汇理红利B | 货币市场型基金 | 522 | 118 | 169.354 |
| 10 | 农银汇理 | 农银汇理货币B | 货币市场型基金 | 522 | 144 | 99.492 |
| 10 | 农银汇理 | 农银汇理日日鑫A | 货币市场型基金 | 522 | 177 | 171.193 |
| 10 | 农银汇理 | 农银汇理天天利B | 货币市场型基金 | 522 | 203 | 4.752 |
| 10 | 农银汇理 | 农银汇理红利A | 货币市场型基金 | 522 | 345 | 205.088 |
| 10 | 农银汇理 | 农银汇理货币A | 货币市场型基金 | 522 | 368 | 54.973 |
| 10 | 农银汇理 | 农银汇理天天利A | 货币市场型基金 | 522 | 409 | 3.579 |
| 11 | 万家 | 万家鑫璟纯债A | 中长期纯债型基金 | 614 | 18 | 124.105 |
| 11 | 万家 | 万家鑫璟纯债C | 中长期纯债型基金 | 614 | 29 | 11.432 |
| 11 | 万家 | 万家强化收益 | 中长期纯债型基金 | 614 | 85 | 3.333 |
| 11 | 万家 | 万家鑫安纯债A | 中长期纯债型基金 | 614 | 117 | 86.034 |
| 11 | 万家 | 万家鑫安纯债C | 中长期纯债型基金 | 614 | 169 | 0.000 |

续表2-2

| 整体投资回报能力排名 | 基金公司（简称） | 基金名称 | 投资类型（二级分类） | 样本基金数量 | 同类基金中排名 | 期间内规模（亿） |
|---|---|---|---|---|---|---|
| 11 | 万家 | 万家3-5年政策性金融债A | 中长期纯债型基金 | 614 | 203 | 3.325 |
| 11 | 万家 | 万家年年恒荣定开A | 中长期纯债型基金 | 614 | 216 | 5.139 |
| 11 | 万家 | 万家3-5年政策性金融债C | 中长期纯债型基金 | 614 | 321 | 0.013 |
| 11 | 万家 | 万家信用恒利A | 中长期纯债型基金 | 614 | 325 | 13.842 |
| 11 | 万家 | 万家恒瑞18个月A | 中长期纯债型基金 | 614 | 339 | 7.363 |
| 11 | 万家 | 万家年年恒荣定开C | 中长期纯债型基金 | 614 | 387 | 0.000 |
| 11 | 万家 | 万家信用恒利C | 中长期纯债型基金 | 614 | 458 | 2.636 |
| 11 | 万家 | 万家恒瑞18个月C | 中长期纯债型基金 | 614 | 468 | 0.000 |
| 11 | 万家 | 万家行业优选 | 偏股混合型基金 | 435 | 23 | 70.351 |
| 11 | 万家 | 万家瑞隆 | 偏股混合型基金 | 435 | 119 | 14.528 |
| 11 | 万家 | 万家精选 | 偏股混合型基金 | 435 | 422 | 10.676 |
| 11 | 万家 | 万家沪深300指数增强C | 增强指数型基金 | 57 | 39 | 0.705 |
| 11 | 万家 | 万家沪深300指数增强A | 增强指数型基金 | 57 | 44 | 4.849 |
| 11 | 万家 | 万家添利 | 混合债券型一级基金 | 126 | 11 | 1.080 |
| 11 | 万家 | 万家稳健增利A | 混合债券型一级基金 | 126 | 82 | 5.559 |
| 11 | 万家 | 万家稳健增利C | 混合债券型一级基金 | 126 | 95 | 0.133 |
| 11 | 万家 | 万家双利 | 混合债券型二级基金 | 329 | 156 | 0.400 |
| 11 | 万家 | 万家增强收益 | 混合债券型二级基金 | 329 | 293 | 1.561 |
| 11 | 万家 | 万家新兴蓝筹 | 灵活配置型基金 | 1312 | 40 | 11.001 |
| 11 | 万家 | 万家品质生活 | 灵活配置型基金 | 1312 | 41 | 9.104 |
| 11 | 万家 | 万家和谐增长 | 灵活配置型基金 | 1312 | 111 | 15.117 |
| 11 | 万家 | 万家颐和 | 灵活配置型基金 | 1312 | 532 | 4.704 |

续表2-2

| 整体投资回报能力排名 | 基金公司（简称） | 基金名称 | 投资类型（二级分类） | 样本基金数量 | 同类基金中排名 | 期间内规模（亿） |
|---|---|---|---|---|---|---|
| 11 | 万家 | 万家双引擎 | 灵活配置型基金 | 1 312 | 636 | 4.112 |
| 11 | 万家 | 万家瑞益A | 灵活配置型基金 | 1 312 | 941 | 1.598 |
| 11 | 万家 | 万家瑞益C | 灵活配置型基金 | 1 312 | 998 | 8.208 |
| 11 | 万家 | 万家瑞祥A | 灵活配置型基金 | 1 312 | 1 116 | 5.926 |
| 11 | 万家 | 万家瑞祥C | 灵活配置型基金 | 1 312 | 1 144 | 1.610 |
| 11 | 万家 | 万家瑞丰A | 灵活配置型基金 | 1 312 | 1 162 | 3.993 |
| 11 | 万家 | 万家瑞富A | 灵活配置型基金 | 1 312 | 1 164 | 5.653 |
| 11 | 万家 | 万家颐达 | 灵活配置型基金 | 1 312 | 1 185 | 5.881 |
| 11 | 万家 | 万家瑞丰C | 灵活配置型基金 | 1 312 | 1 186 | 2.187 |
| 11 | 万家 | 万家瑞和A | 灵活配置型基金 | 1 312 | 1 205 | 3.101 |
| 11 | 万家 | 万家瑞兴 | 灵活配置型基金 | 1 312 | 1 233 | 5.724 |
| 11 | 万家 | 万家瑞和C | 灵活配置型基金 | 1 312 | 1 236 | 1.354 |
| 11 | 万家 | 万家瑞盈A | 灵活配置型基金 | 1 312 | 1 254 | 0.291 |
| 11 | 万家 | 万家瑞盈C | 灵活配置型基金 | 1 312 | 1 255 | 3.275 |
| 11 | 万家 | 万家新利 | 灵活配置型基金 | 1 312 | 1 260 | 4.416 |
| 11 | 万家 | 万家1—3年政策性金融债A | 短期纯债型基金 | 19 | 3 | 7.552 |
| 11 | 万家 | 万家1—3年政策性金融债C | 短期纯债型基金 | 19 | 4 | 0.009 |
| 11 | 万家 | 万家家享中短债A | 短期纯债型基金 | 19 | 15 | 6.006 |
| 11 | 万家 | 万家上证50ETF | 被动指数型基金 | 346 | 88 | 0.137 |
| 11 | 万家 | 万家中证红利 | 被动指数型基金 | 346 | 152 | 0.820 |
| 11 | 万家 | 万家上证180 | 被动指数型基金 | 346 | 215 | 12.203 |
| 11 | 万家 | 万家货币B | 货币市场型基金 | 522 | 205 | 97.714 |
| 11 | 万家 | 万家货币E | 货币市场型基金 | 522 | 298 | 4.784 |
| 11 | 万家 | 万家现金宝A | 货币市场型基金 | 522 | 330 | 55.408 |

续表2-2

| 整体投资回报能力排名 | 基金公司（简称） | 基金名称 | 投资类型（二级分类） | 样本基金数量 | 同类基金中排名 | 期间内规模（亿） |
|---|---|---|---|---|---|---|
| 11 | 万家 | 万家日日薪B | 货币市场型基金 | 522 | 361 | 6.982 |
| 11 | 万家 | 万家货币A | 货币市场型基金 | 522 | 410 | 3.714 |
| 11 | 万家 | 万家日日薪A | 货币市场型基金 | 522 | 480 | 1.310 |
| 11 | 万家 | 万家货币R | 货币市场型基金 | 522 | 493 | 0.107 |
| 11 | 万家 | 万家日日薪R | 货币市场型基金 | 522 | 519 | 0.000 |
| 12 | 兴证全球 | 兴全稳益定期开放 | 中长期纯债型基金 | 614 | 22 | 90.983 |
| 12 | 兴证全球 | 兴全稳泰A | 中长期纯债型基金 | 614 | 149 | 94.099 |
| 12 | 兴证全球 | 兴全可转债 | 偏债混合型基金 | 86 | 4 | 34.440 |
| 12 | 兴证全球 | 兴全商业模式优选 | 偏股混合型基金 | 435 | 79 | 92.190 |
| 12 | 兴证全球 | 兴全合润 | 偏股混合型基金 | 435 | 83 | 185.999 |
| 12 | 兴证全球 | 兴全绿色投资 | 偏股混合型基金 | 435 | 144 | 55.537 |
| 12 | 兴证全球 | 兴全轻资产 | 偏股混合型基金 | 435 | 154 | 71.613 |
| 12 | 兴证全球 | 兴全社会责任 | 偏股混合型基金 | 435 | 244 | 59.027 |
| 12 | 兴证全球 | 兴全沪深300指数增强A | 增强指数型基金 | 57 | 23 | 24.627 |
| 12 | 兴证全球 | 兴全全球视野 | 普通股票型基金 | 200 | 138 | 28.389 |
| 12 | 兴证全球 | 兴全磐稳增利债券A | 混合债券型一级基金 | 126 | 42 | 50.723 |
| 12 | 兴证全球 | 兴全有机增长 | 灵活配置型基金 | 1 312 | 263 | 27.535 |
| 12 | 兴证全球 | 兴全趋势投资 | 灵活配置型基金 | 1 312 | 351 | 184.015 |
| 12 | 兴证全球 | 兴全新视野 | 灵活配置型基金 | 1 312 | 551 | 113.358 |
| 12 | 兴证全球 | 兴全天添益B | 货币市场型基金 | 522 | 10 | 324.492 |
| 12 | 兴证全球 | 兴全货币A | 货币市场型基金 | 522 | 55 | 39.128 |
| 12 | 兴证全球 | 兴全天添益A | 货币市场型基金 | 522 | 87 | 28.806 |
| 12 | 兴证全球 | 兴全添利宝 | 货币市场型基金 | 522 | 98 | 996.944 |
| 13 | 嘉合 | 嘉合磐石A | 偏债混合型基金 | 86 | 76 | 0.326 |

续表2-2

| 整体投资回报能力排名 | 基金公司（简称） | 基金名称 | 投资类型（二级分类） | 样本基金数量 | 同类基金中排名 | 期间内规模（亿） |
|---|---|---|---|---|---|---|
| 13 | 嘉合 | 嘉合磐石C | 偏债混合型基金 | 86 | 77 | 0.333 |
| 13 | 嘉合 | 嘉合货币B | 货币市场型基金 | 522 | 69 | 47.305 |
| 13 | 嘉合 | 嘉合货币A | 货币市场型基金 | 522 | 270 | 2.393 |
| 14 | 新疆前海联合 | 前海联合添和A | 中长期纯债型基金 | 614 | 326 | 0.023 |
| 14 | 新疆前海联合 | 前海联合添和C | 中长期纯债型基金 | 614 | 448 | 0.989 |
| 14 | 新疆前海联合 | 前海联合添鑫3个月定开A | 混合债券型二级基金 | 329 | 167 | 2.472 |
| 14 | 新疆前海联合 | 前海联合添鑫3个月定开C | 混合债券型二级基金 | 329 | 220 | 0.022 |
| 14 | 新疆前海联合 | 前海联合添利C | 混合债券型二级基金 | 329 | 225 | 0.663 |
| 14 | 新疆前海联合 | 前海联合添利A | 混合债券型二级基金 | 329 | 255 | 0.903 |
| 14 | 新疆前海联合 | 前海联合泓鑫A | 灵活配置型基金 | 1 312 | 52 | 3.744 |
| 14 | 新疆前海联合 | 前海联合国民健康A | 灵活配置型基金 | 1 312 | 528 | 2.429 |
| 14 | 新疆前海联合 | 前海联合新思路C | 灵活配置型基金 | 1 312 | 1 203 | 3.978 |
| 14 | 新疆前海联合 | 前海联合新思路A | 灵活配置型基金 | 1 312 | 1 231 | 0.002 |
| 14 | 新疆前海联合 | 前海联合沪深300A | 被动指数型基金 | 346 | 125 | 0.286 |
| 14 | 新疆前海联合 | 前海联合海盈货币B | 货币市场型基金 | 522 | 58 | 76.722 |
| 14 | 新疆前海联合 | 前海联合海盈货币A | 货币市场型基金 | 522 | 258 | 2.521 |
| 15 | 中海 | 中海纯债A | 中长期纯债型基金 | 614 | 516 | 1.539 |
| 15 | 中海 | 中海纯债C | 中长期纯债型基金 | 614 | 557 | 0.145 |
| 15 | 中海 | 中海惠裕纯债 | 中长期纯债型基金 | 614 | 564 | 3.410 |
| 15 | 中海 | 中海消费主题精选 | 偏股混合型基金 | 435 | 101 | 4.785 |
| 15 | 中海 | 中海量化策略 | 偏股混合型基金 | 435 | 319 | 2.563 |
| 15 | 中海 | 中海上证50指数增强 | 增强指数型基金 | 57 | 26 | 1.950 |
| 15 | 中海 | 中海医疗保健 | 普通股票型基金 | 200 | 52 | 7.572 |

续表2-2

| 整体投资回报能力排名 | 基金公司（简称） | 基金名称 | 投资类型（二级分类） | 样本基金数量 | 同类基金中排名 | 期间内规模（亿） |
|---|---|---|---|---|---|---|
| 15 | 中海 | 中海稳健收益 | 混合债券型一级基金 | 126 | 67 | 1.282 |
| 15 | 中海 | 中海合嘉增强收益A | 混合债券型二级基金 | 329 | 70 | 3.864 |
| 15 | 中海 | 中海合嘉增强收益C | 混合债券型二级基金 | 329 | 74 | 0.248 |
| 15 | 中海 | 中海增强收益A | 混合债券型二级基金 | 329 | 203 | 3.141 |
| 15 | 中海 | 中海增强收益C | 混合债券型二级基金 | 329 | 231 | 0.195 |
| 15 | 中海 | 中海可转换债券A | 混合债券型二级基金 | 329 | 303 | 0.317 |
| 15 | 中海 | 中海可转换债券C | 混合债券型二级基金 | 329 | 307 | 0.339 |
| 15 | 中海 | 中海环保新能源 | 灵活配置型基金 | 1 312 | 13 | 13.805 |
| 15 | 中海 | 中海积极增利 | 灵活配置型基金 | 1 312 | 30 | 3.732 |
| 15 | 中海 | 中海医药健康产业A | 灵活配置型基金 | 1 312 | 117 | 4.973 |
| 15 | 中海 | 中海医药健康产业C | 灵活配置型基金 | 1 312 | 137 | 1.357 |
| 15 | 中海 | 中海顺鑫 | 灵活配置型基金 | 1 312 | 139 | 6.859 |
| 15 | 中海 | 中海魅力长三角 | 灵活配置型基金 | 1 312 | 141 | 0.386 |
| 15 | 中海 | 中海分红增利 | 灵活配置型基金 | 1 312 | 190 | 3.969 |
| 15 | 中海 | 中海优质成长 | 灵活配置型基金 | 1 312 | 202 | 19.770 |
| 15 | 中海 | 中海混改红利主题 | 灵活配置型基金 | 1 312 | 217 | 0.538 |
| 15 | 中海 | 中海能源策略 | 灵活配置型基金 | 1 312 | 237 | 22.639 |
| 15 | 中海 | 中海进取收益 | 灵活配置型基金 | 1 312 | 427 | 2.579 |
| 15 | 中海 | 中海蓝筹配置 | 灵活配置型基金 | 1 312 | 471 | 0.839 |
| 15 | 中海 | 中海积极收益 | 灵活配置型基金 | 1 312 | 853 | 5.573 |
| 15 | 中海 | 中海沪港深价值优选 | 灵活配置型基金 | 1 312 | 919 | 1.382 |
| 15 | 中海 | 中海优势精选 | 灵活配置型基金 | 1 312 | 1 227 | 3.131 |
| 15 | 中海 | 中海货币B | 货币市场型基金 | 522 | 255 | 56.695 |
| 15 | 中海 | 中海货币A | 货币市场型基金 | 522 | 439 | 2.243 |
| 16 | 泰达宏利 | 泰达宏利淘利A | 中长期纯债型基金 | 614 | 45 | 30.347 |

续表2-2

| 整体投资回报能力排名 | 基金公司（简称） | 基金名称 | 投资类型（二级分类） | 样本基金数量 | 同类基金中排名 | 期间内规模（亿） |
|---|---|---|---|---|---|---|
| 16 | 泰达宏利 | 泰达宏利淘利C | 中长期纯债型基金 | 614 | 80 | 0.556 |
| 16 | 泰达宏利 | 泰达宏利汇利A | 中长期纯债型基金 | 614 | 307 | 5.052 |
| 16 | 泰达宏利 | 泰达宏利汇利C | 中长期纯债型基金 | 614 | 329 | 0.017 |
| 16 | 泰达宏利 | 泰达宏利纯利A | 中长期纯债型基金 | 614 | 384 | 4.540 |
| 16 | 泰达宏利 | 泰达宏利纯利C | 中长期纯债型基金 | 614 | 466 | 0.010 |
| 16 | 泰达宏利 | 泰达宏利宏达A | 偏债混合型基金 | 86 | 41 | 3.832 |
| 16 | 泰达宏利 | 泰达宏利宏达B | 偏债混合型基金 | 86 | 48 | 1.310 |
| 16 | 泰达宏利 | 泰达宏利风险预算 | 偏债混合型基金 | 86 | 58 | 2.534 |
| 16 | 泰达宏利 | 泰达宏利行业精选 | 偏股混合型基金 | 435 | 45 | 6.853 |
| 16 | 泰达宏利 | 泰达宏利蓝筹价值 | 偏股混合型基金 | 435 | 110 | 0.979 |
| 16 | 泰达宏利 | 泰达宏利市值优选 | 偏股混合型基金 | 435 | 271 | 10.778 |
| 16 | 泰达宏利 | 泰达宏利效率优选 | 偏股混合型基金 | 435 | 334 | 8.279 |
| 16 | 泰达宏利 | 泰达宏利红利先锋 | 偏股混合型基金 | 435 | 382 | 1.315 |
| 16 | 泰达宏利 | 泰达宏利领先中小盘 | 偏股混合型基金 | 435 | 384 | 1.037 |
| 16 | 泰达宏利 | 泰达宏利逆向策略 | 偏股混合型基金 | 435 | 395 | 10.350 |
| 16 | 泰达宏利 | 泰达宏利沪深300指数增强A | 增强指数型基金 | 57 | 12 | 3.023 |
| 16 | 泰达宏利 | 泰达宏利转型机遇A | 普通股票型基金 | 200 | 4 | 28.923 |
| 16 | 泰达宏利 | 泰达宏利首选企业 | 普通股票型基金 | 200 | 48 | 6.032 |
| 16 | 泰达宏利 | 泰达宏利量化增强 | 普通股票型基金 | 200 | 180 | 1.923 |
| 16 | 泰达宏利 | 泰达宏利聚利 | 混合债券型一级基金 | 126 | 63 | 3.391 |
| 16 | 泰达宏利 | 泰达宏利集利A | 混合债券型二级基金 | 329 | 232 | 13.638 |
| 16 | 泰达宏利 | 泰达宏利集利C | 混合债券型二级基金 | 329 | 251 | 0.185 |
| 16 | 泰达宏利 | 泰达宏利稳定 | 灵活配置型基金 | 1 312 | 106 | 2.497 |
| 16 | 泰达宏利 | 泰达宏利成长 | 灵活配置型基金 | 1 312 | 367 | 13.328 |

续表2-2

| 整体投资回报能力排名 | 基金公司（简称） | 基金名称 | 投资类型（二级分类） | 样本基金数量 | 同类基金中排名 | 期间内规模（亿） |
|---|---|---|---|---|---|---|
| 16 | 泰达宏利 | 泰达宏利复兴伟业 | 灵活配置型基金 | 1 312 | 444 | 6.154 |
| 16 | 泰达宏利 | 泰达宏利睿智稳健A | 灵活配置型基金 | 1 312 | 523 | 7.036 |
| 16 | 泰达宏利 | 泰达宏利创盈A | 灵活配置型基金 | 1 312 | 604 | 2.586 |
| 16 | 泰达宏利 | 泰达宏利创盈B | 灵活配置型基金 | 1 312 | 624 | 0.690 |
| 16 | 泰达宏利 | 泰达宏利新思路A | 灵活配置型基金 | 1 312 | 662 | 4.184 |
| 16 | 泰达宏利 | 泰达宏利新思路B | 灵活配置型基金 | 1 312 | 663 | 0.622 |
| 16 | 泰达宏利 | 泰达宏利改革动力A | 灵活配置型基金 | 1 312 | 723 | 11.421 |
| 16 | 泰达宏利 | 泰达宏利创益A | 灵活配置型基金 | 1 312 | 733 | 2.073 |
| 16 | 泰达宏利 | 泰达宏利创益B | 灵活配置型基金 | 1 312 | 743 | 1.388 |
| 16 | 泰达宏利 | 泰达宏利新起点A | 灵活配置型基金 | 1 312 | 1 036 | 4.883 |
| 16 | 泰达宏利 | 泰达宏利新起点B | 灵活配置型基金 | 1 312 | 1 045 | 0.233 |
| 16 | 泰达宏利 | 泰达宏利品质生活 | 灵活配置型基金 | 1 312 | 1 281 | 1.577 |
| 16 | 泰达宏利 | 泰达宏利京元宝B | 货币市场型基金 | 522 | 25 | 64.799 |
| 16 | 泰达宏利 | 泰达宏利货币B | 货币市场型基金 | 522 | 29 | 75.451 |
| 16 | 泰达宏利 | 泰达宏利活期友B | 货币市场型基金 | 522 | 113 | 25.707 |
| 16 | 泰达宏利 | 泰达宏利京元宝A | 货币市场型基金 | 522 | 168 | 0.528 |
| 16 | 泰达宏利 | 泰达宏利货币A | 货币市场型基金 | 522 | 196 | 3.827 |
| 16 | 泰达宏利 | 泰达宏利活期友A | 货币市场型基金 | 522 | 287 | 9.261 |
| 17 | 东证资管 | 东方红6个月定开 | 中长期纯债型基金 | 614 | 92 | 21.194 |
| 17 | 东证资管 | 东方红稳添利A | 中长期纯债型基金 | 614 | 217 | 55.309 |
| 17 | 东证资管 | 东方红益鑫纯债A | 中长期纯债型基金 | 614 | 322 | 3.537 |
| 17 | 东证资管 | 东方红益鑫纯债C | 中长期纯债型基金 | 614 | 446 | 3.347 |
| 17 | 东证资管 | 东方红睿逸 | 偏债混合型基金 | 86 | 5 | 30.840 |
| 17 | 东证资管 | 东方红价值精选A | 偏债混合型基金 | 86 | 10 | 13.368 |
| 17 | 东证资管 | 东方红稳健精选A | 偏债混合型基金 | 86 | 13 | 11.181 |

续表2-2

| 整体投资回报能力排名 | 基金公司（简称） | 基金名称 | 投资类型（二级分类） | 样本基金数量 | 同类基金中排名 | 期间内规模（亿） |
|---|---|---|---|---|---|---|
| 17 | 东证资管 | 东方红价值精选C | 偏债混合型基金 | 86 | 14 | 3.722 |
| 17 | 东证资管 | 东方红稳健精选C | 偏债混合型基金 | 86 | 18 | 3.616 |
| 17 | 东证资管 | 东方红战略精选A | 偏债混合型基金 | 86 | 50 | 29.048 |
| 17 | 东证资管 | 东方红战略精选C | 偏债混合型基金 | 86 | 55 | 3.802 |
| 17 | 东证资管 | 东方红信用债A | 混合债券型一级基金 | 126 | 20 | 32.373 |
| 17 | 东证资管 | 东方红信用债C | 混合债券型一级基金 | 126 | 30 | 17.509 |
| 17 | 东证资管 | 东方红汇利A | 混合债券型二级基金 | 329 | 118 | 19.051 |
| 17 | 东证资管 | 东方红汇阳A | 混合债券型二级基金 | 329 | 125 | 18.274 |
| 17 | 东证资管 | 东方红收益增强A | 混合债券型二级基金 | 329 | 128 | 17.853 |
| 17 | 东证资管 | 东方红汇利C | 混合债券型二级基金 | 329 | 142 | 4.281 |
| 17 | 东证资管 | 东方红收益增强C | 混合债券型二级基金 | 329 | 149 | 1.987 |
| 17 | 东证资管 | 东方红汇阳C | 混合债券型二级基金 | 329 | 152 | 6.323 |
| 17 | 东证资管 | 东方红睿满沪港深 | 灵活配置型基金 | 1 312 | 85 | 38.619 |
| 17 | 东证资管 | 东方红沪港深 | 灵活配置型基金 | 1 312 | 147 | 34.896 |
| 17 | 东证资管 | 东方红睿阳三年定开 | 灵活配置型基金 | 1 312 | 201 | 15.332 |
| 17 | 东证资管 | 东方红睿华沪港深 | 灵活配置型基金 | 1 312 | 215 | 46.888 |
| 17 | 东证资管 | 东方红中国优势 | 灵活配置型基金 | 1 312 | 253 | 43.864 |
| 17 | 东证资管 | 东方红睿元三年定期 | 灵活配置型基金 | 1 312 | 257 | 26.670 |
| 17 | 东证资管 | 东方红睿丰 | 灵活配置型基金 | 1 312 | 314 | 33.603 |
| 17 | 东证资管 | 东方红优势精选 | 灵活配置型基金 | 1 312 | 320 | 6.366 |
| 17 | 东证资管 | 东方红优享红利沪港深 | 灵活配置型基金 | 1 312 | 352 | 14.884 |
| 17 | 东证资管 | 东方红睿轩三年定开 | 灵活配置型基金 | 1 312 | 371 | 29.437 |
| 17 | 东证资管 | 东方红京东大数据 | 灵活配置型基金 | 1 312 | 380 | 10.098 |
| 17 | 东证资管 | 东方红产业升级 | 灵活配置型基金 | 1 312 | 382 | 29.158 |
| 17 | 东证资管 | 东方红新动力 | 灵活配置型基金 | 1 312 | 468 | 17.295 |

续表2-2

| 整体投资回报能力排名 | 基金公司（简称） | 基金名称 | 投资类型（二级分类） | 样本基金数量 | 同类基金中排名 | 期间内规模（亿） |
|---|---|---|---|---|---|---|
| 17 | 东证资管 | 东方红领先精选 | 灵活配置型基金 | 1 312 | 736 | 8.570 |
| 17 | 东证资管 | 东方红策略精选A | 灵活配置型基金 | 1 312 | 972 | 10.744 |
| 17 | 东证资管 | 东方红策略精选C | 灵活配置型基金 | 1 312 | 1 043 | 3.343 |
| 18 | 诺德 | 诺德价值优势 | 偏股混合型基金 | 435 | 22 | 30.132 |
| 18 | 诺德 | 诺德周期策略 | 偏股混合型基金 | 435 | 34 | 7.228 |
| 18 | 诺德 | 诺德成长优势 | 偏股混合型基金 | 435 | 341 | 4.758 |
| 18 | 诺德 | 诺德中小盘 | 偏股混合型基金 | 435 | 392 | 0.336 |
| 18 | 诺德 | 诺德优选30 | 偏股混合型基金 | 435 | 409 | 0.516 |
| 18 | 诺德 | 诺德增强收益 | 混合债券型二级基金 | 329 | 311 | 3.731 |
| 18 | 诺德 | 诺德主题灵活配置 | 灵活配置型基金 | 1 312 | 632 | 0.589 |
| 18 | 诺德 | 诺德货币B | 货币市场型基金 | 522 | 202 | 85.849 |
| 18 | 诺德 | 诺德货币A | 货币市场型基金 | 522 | 407 | 1.567 |
| 19 | 广发 | 广发景华纯债 | 中长期纯债型基金 | 614 | 76 | 19.279 |
| 19 | 广发 | 广发集利一年A | 中长期纯债型基金 | 614 | 119 | 64.636 |
| 19 | 广发 | 广发汇瑞3个月 | 中长期纯债型基金 | 614 | 168 | 40.966 |
| 19 | 广发 | 广发纯债A | 中长期纯债型基金 | 614 | 221 | 39.822 |
| 19 | 广发 | 广发双债添利A | 中长期纯债型基金 | 614 | 223 | 12.181 |
| 19 | 广发 | 广发集利一年C | 中长期纯债型基金 | 614 | 225 | 9.091 |
| 19 | 广发 | 广发鑫惠 | 中长期纯债型基金 | 614 | 293 | 12.671 |
| 19 | 广发 | 广发景丰纯债 | 中长期纯债型基金 | 614 | 338 | 15.012 |
| 19 | 广发 | 广发纯债C | 中长期纯债型基金 | 614 | 342 | 7.658 |
| 19 | 广发 | 广发双债添利C | 中长期纯债型基金 | 614 | 346 | 1.466 |
| 19 | 广发 | 广发聚源A | 中长期纯债型基金 | 614 | 435 | 51.407 |
| 19 | 广发 | 广发聚源C | 中长期纯债型基金 | 614 | 515 | 0.217 |
| 19 | 广发 | 广发聚安A | 偏债混合型基金 | 86 | 25 | 2.221 |

## 2 五年期公募基金管理公司整体投资回报能力评价

续表2-2

| 整体投资回报能力排名 | 基金公司（简称） | 基金名称 | 投资类型（二级分类） | 样本基金数量 | 同类基金中排名 | 期间内规模（亿） |
|---|---|---|---|---|---|---|
| 19 | 广发 | 广发聚安C | 偏债混合型基金 | 86 | 28 | 3.097 |
| 19 | 广发 | 广发聚宝A | 偏债混合型基金 | 86 | 29 | 5.718 |
| 19 | 广发 | 广发聚泰A | 偏债混合型基金 | 86 | 65 | 5.074 |
| 19 | 广发 | 广发聚泰C | 偏债混合型基金 | 86 | 68 | 2.659 |
| 19 | 广发 | 广发小盘成长A | 偏股混合型基金 | 435 | 33 | 75.051 |
| 19 | 广发 | 广发制造业精选A | 偏股混合型基金 | 435 | 40 | 17.910 |
| 19 | 广发 | 广发聚瑞A | 偏股混合型基金 | 435 | 47 | 20.143 |
| 19 | 广发 | 广发新经济A | 偏股混合型基金 | 435 | 113 | 10.664 |
| 19 | 广发 | 广发消费品精选A | 偏股混合型基金 | 435 | 222 | 3.067 |
| 19 | 广发 | 广发轮动配置 | 偏股混合型基金 | 435 | 248 | 8.737 |
| 19 | 广发 | 广发核心精选 | 偏股混合型基金 | 435 | 344 | 11.598 |
| 19 | 广发 | 广发聚丰A | 偏股混合型基金 | 435 | 347 | 64.150 |
| 19 | 广发 | 广发行业领先A | 偏股混合型基金 | 435 | 360 | 24.628 |
| 19 | 广发 | 广发行业领先H | 偏股混合型基金 | 435 | 368 | 0.034 |
| 19 | 广发 | 广发新动力 | 偏股混合型基金 | 435 | 399 | 9.592 |
| 19 | 广发 | 广发沪港深新起点A | 普通股票型基金 | 200 | 147 | 33.475 |
| 19 | 广发 | 广发沪港深新机遇 | 普通股票型基金 | 200 | 175 | 10.703 |
| 19 | 广发 | 广发聚利A | 混合债券型一级基金 | 126 | 68 | 12.531 |
| 19 | 广发 | 广发增强债券C | 混合债券型一级基金 | 126 | 83 | 10.530 |
| 19 | 广发 | 广发聚财信用A | 混合债券型一级基金 | 126 | 88 | 9.210 |
| 19 | 广发 | 广发聚财信用B | 混合债券型一级基金 | 126 | 101 | 2.582 |
| 19 | 广发 | 广发聚鑫A | 混合债券型二级基金 | 329 | 34 | 101.629 |
| 19 | 广发 | 广发聚鑫C | 混合债券型二级基金 | 329 | 41 | 11.741 |
| 19 | 广发 | 广发集裕A | 混合债券型二级基金 | 329 | 102 | 20.571 |
| 19 | 广发 | 广发集丰A | 混合债券型二级基金 | 329 | 103 | 17.463 |

续表2-2

| 整体投资回报能力排名 | 基金公司（简称） | 基金名称 | 投资类型（二级分类） | 样本基金数量 | 同类基金中排名 | 期间内规模（亿） |
|---|---|---|---|---|---|---|
| 19 | 广发 | 广发集丰C | 混合债券型二级基金 | 329 | 129 | 0.717 |
| 19 | 广发 | 广发集裕C | 混合债券型二级基金 | 329 | 132 | 2.162 |
| 19 | 广发 | 广发集瑞A | 混合债券型二级基金 | 329 | 280 | 3.613 |
| 19 | 广发 | 广发集瑞C | 混合债券型二级基金 | 329 | 292 | 0.041 |
| 19 | 广发 | 广发多因子 | 灵活配置型基金 | 1 312 | 3 | 117.655 |
| 19 | 广发 | 广发创新升级 | 灵活配置型基金 | 1 312 | 25 | 58.773 |
| 19 | 广发 | 广发鑫享 | 灵活配置型基金 | 1 312 | 49 | 29.016 |
| 19 | 广发 | 广发竞争优势A | 灵活配置型基金 | 1 312 | 73 | 9.977 |
| 19 | 广发 | 广发新兴产业精选A | 灵活配置型基金 | 1 312 | 86 | 6.156 |
| 19 | 广发 | 广发利鑫A | 灵活配置型基金 | 1 312 | 107 | 21.479 |
| 19 | 广发 | 广发优企精选A | 灵活配置型基金 | 1 312 | 129 | 12.554 |
| 19 | 广发 | 广发鑫益 | 灵活配置型基金 | 1 312 | 182 | 20.774 |
| 19 | 广发 | 广发聚优A | 灵活配置型基金 | 1 312 | 191 | 3.036 |
| 19 | 广发 | 广发大盘成长 | 灵活配置型基金 | 1 312 | 240 | 33.277 |
| 19 | 广发 | 广发改革先锋 | 灵活配置型基金 | 1 312 | 324 | 9.972 |
| 19 | 广发 | 广发内需增长A | 灵活配置型基金 | 1 312 | 333 | 10.766 |
| 19 | 广发 | 广发稳安A | 灵活配置型基金 | 1 312 | 354 | 18.691 |
| 19 | 广发 | 广发逆向策略A | 灵活配置型基金 | 1 312 | 364 | 1.395 |
| 19 | 广发 | 广发策略优选 | 灵活配置型基金 | 1 312 | 509 | 41.469 |
| 19 | 广发 | 广发多策略 | 灵活配置型基金 | 1 312 | 519 | 21.626 |
| 19 | 广发 | 广发聚富 | 灵活配置型基金 | 1 312 | 539 | 19.805 |
| 19 | 广发 | 广发聚祥灵活配置 | 灵活配置型基金 | 1 312 | 581 | 4.204 |
| 19 | 广发 | 广发百发大数据策略成长E | 灵活配置型基金 | 1 312 | 713 | 0.415 |
| 19 | 广发 | 广发百发大数据策略成长A | 灵活配置型基金 | 1 312 | 715 | 1.963 |

续表2-2

| 整体投资回报能力排名 | 基金公司（简称） | 基金名称 | 投资类型（二级分类） | 样本基金数量 | 同类基金中排名 | 期间内规模（亿） |
|---|---|---|---|---|---|---|
| 19 | 广发 | 广发主题领先 | 灵活配置型基金 | 1 312 | 838 | 12.020 |
| 19 | 广发 | 广发安盈A | 灵活配置型基金 | 1 312 | 896 | 5.436 |
| 19 | 广发 | 广发安盈C | 灵活配置型基金 | 1 312 | 918 | 0.625 |
| 19 | 广发 | 广发再融资主题A | 灵活配置型基金 | 1 312 | 955 | 2.060 |
| 19 | 广发 | 广发成长优选 | 灵活配置型基金 | 1 312 | 999 | 1.418 |
| 19 | 广发 | 广发鑫裕A | 灵活配置型基金 | 1 312 | 1 013 | 4.947 |
| 19 | 广发 | 广发安享A | 灵活配置型基金 | 1 312 | 1 031 | 7.374 |
| 19 | 广发 | 广发聚盛A | 灵活配置型基金 | 1 312 | 1 032 | 7.852 |
| 19 | 广发 | 广发聚盛C | 灵活配置型基金 | 1 312 | 1 037 | 0.929 |
| 19 | 广发 | 广发趋势优选A | 灵活配置型基金 | 1 312 | 1046 | 31.681 |
| 19 | 广发 | 广发安享C | 灵活配置型基金 | 1 312 | 1 064 | 1.389 |
| 19 | 广发 | 广发百发大数据A | 灵活配置型基金 | 1 312 | 1 088 | 0.358 |
| 19 | 广发 | 广发百发大数据E | 灵活配置型基金 | 1 312 | 1 096 | 0.733 |
| 19 | 广发 | 广发安悦回报A | 灵活配置型基金 | 1 312 | 1 099 | 8.090 |
| 19 | 广发 | 广发安宏回报C | 灵活配置型基金 | 1 312 | 1 167 | 0.261 |
| 19 | 广发 | 广发安宏回报A | 灵活配置型基金 | 1 312 | 1 181 | 3.559 |
| 19 | 广发 | 广发稳裕A | 灵活配置型基金 | 1 312 | 1 207 | 25.292 |
| 19 | 广发 | 广发鑫源C | 灵活配置型基金 | 1 312 | 1 221 | 0.001 |
| 19 | 广发 | 广发鑫源A | 灵活配置型基金 | 1 312 | 1 234 | 4.251 |
| 19 | 广发 | 广发安泽短债A | 短期纯债型基金 | 19 | 6 | 9.055 |
| 19 | 广发 | 广发安泽短债C | 短期纯债型基金 | 19 | 10 | 4.351 |
| 19 | 广发 | 广发理财年年红 | 短期纯债型基金 | 19 | 13 | 0.000 |
| 19 | 广发 | 广发对冲套利 | 股票多空 | 16 | 13 | 4.288 |
| 19 | 广发 | 广发7－10年国开行A | 被动指数型债券基金 | 17 | 3 | 30.411 |
| 19 | 广发 | 广发7－10年国开行C | 被动指数型债券基金 | 17 | 7 | 8.269 |
| 19 | 广发 | 广发中证百发100E | 被动指数型债券基金 | 346 | 70 | 4.765 |

续表2-2

| 整体投资回报能力排名 | 基金公司（简称） | 基金名称 | 投资类型（二级分类） | 样本基金数量 | 同类基金中排名 | 期间内规模（亿） |
|---|---|---|---|---|---|---|
| 19 | 广发 | 广发中证百发100A | 被动指数型基金 | 346 | 72 | 2.586 |
| 19 | 广发 | 广发中证环保产业联接A | 被动指数型基金 | 346 | 100 | 11.078 |
| 19 | 广发 | 广发沪深300ETF | 被动指数型基金 | 346 | 103 | 16.611 |
| 19 | 广发 | 广发中证环保产业联接C | 被动指数型基金 | 346 | 104 | 2.724 |
| 19 | 广发 | 广发沪深300ETF联接A | 被动指数型基金 | 346 | 135 | 12.282 |
| 19 | 广发 | 广发沪深300ETF联接C | 被动指数型基金 | 346 | 154 | 4.880 |
| 19 | 广发 | 广发中证军工ETF | 被动指数型基金 | 346 | 167 | 17.805 |
| 19 | 广发 | 广发中证全指医药卫生ETF | 被动指数型基金 | 346 | 170 | 12.060 |
| 19 | 广发 | 广发中证全指医药卫生ETF联接A | 被动指数型基金 | 346 | 184 | 7.619 |
| 19 | 广发 | 广发中证全指医药卫生ETF联接C | 被动指数型基金 | 346 | 191 | 1.012 |
| 19 | 广发 | 广发中证全指原材料ETF | 被动指数型基金 | 346 | 195 | 0.585 |
| 19 | 广发 | 广发中证军工ETF联接A | 被动指数型基金 | 346 | 205 | 3.596 |
| 19 | 广发 | 广发中小企业300ETF | 被动指数型基金 | 346 | 213 | 1.930 |
| 19 | 广发 | 广发中证全指信息技术ETF | 被动指数型基金 | 346 | 230 | 9.032 |
| 19 | 广发 | 广发中小企业300ETF联接A | 被动指数型基金 | 346 | 232 | 1.753 |
| 19 | 广发 | 广发中证全指信息技术ETF联接A | 被动指数型基金 | 346 | 240 | 5.106 |
| 19 | 广发 | 广发中证全指信息技术ETF联接C | 被动指数型基金 | 346 | 242 | 1.330 |

续表2-2

| 整体投资回报能力排名 | 基金公司（简称） | 基金名称 | 投资类型（二级分类） | 样本基金数量 | 同类基金中排名 | 期间内规模（亿） |
|---|---|---|---|---|---|---|
| 19 | 广发 | 广发中证全指金融地产ETF | 被动指数型基金 | 346 | 251 | 10.861 |
| 19 | 广发 | 广发中证全指可选消费ETF | 被动指数型基金 | 346 | 262 | 3.087 |
| 19 | 广发 | 广发中证500ETF | 被动指数型基金 | 346 | 272 | 22.421 |
| 19 | 广发 | 广发中证全指可选消费ETF联接A | 被动指数型基金 | 346 | 273 | 2.946 |
| 19 | 广发 | 广发中证全指可选消费ETF联接C | 被动指数型基金 | 346 | 283 | 0.250 |
| 19 | 广发 | 广发中证500ETF联接A | 被动指数型基金 | 346 | 286 | 15.057 |
| 19 | 广发 | 广发中证全指金融地产ETF联接A | 被动指数型基金 | 346 | 289 | 5.425 |
| 19 | 广发 | 广发中证500ETF联接C | 被动指数型基金 | 346 | 293 | 6.166 |
| 19 | 广发 | 广发中证全指金融地产ETF联接C | 被动指数型基金 | 346 | 296 | 4.625 |
| 19 | 广发 | 广发中证养老产业A | 被动指数型基金 | 346 | 301 | 5.725 |
| 19 | 广发 | 广发中证养老产业C | 被动指数型基金 | 346 | 303 | 0.611 |
| 19 | 广发 | 广发中证全指能源ETF | 被动指数型基金 | 346 | 306 | 0.982 |
| 19 | 广发 | 广发活期宝B | 货币市场型基金 | 522 | 11 | 652.989 |
| 19 | 广发 | 广发天天红B | 货币市场型基金 | 522 | 74 | 506.490 |
| 19 | 广发 | 广发活期宝A | 货币市场型基金 | 522 | 77 | 4.618 |
| 19 | 广发 | 广发天天利B | 货币市场型基金 | 522 | 81 | 21.188 |
| 19 | 广发 | 广发货币B | 货币市场型基金 | 522 | 100 | 635.116 |
| 19 | 广发 | 广发现金宝B | 货币市场型基金 | 522 | 111 | 2.393 |
| 19 | 广发 | 广发钱袋子A | 货币市场型基金 | 522 | 192 | 423.119 |
| 19 | 广发 | 广发天天红A | 货币市场型基金 | 522 | 280 | 45.795 |

续表2-2

| 整体投资回报能力排名 | 基金公司（简称） | 基金名称 | 投资类型（二级分类） | 样本基金数量 | 同类基金中排名 | 期间内规模（亿） |
|---|---|---|---|---|---|---|
| 19 | 广发 | 广发天天利 E | 货币市场型基金 | 522 | 294 | 549.870 |
| 19 | 广发 | 广发天天利 A | 货币市场型基金 | 522 | 295 | 7.432 |
| 19 | 广发 | 广发货币 A | 货币市场型基金 | 522 | 329 | 54.821 |
| 19 | 广发 | 广发货币 E | 货币市场型基金 | 522 | 382 | 4.372 |
| 19 | 广发 | 广发添利 A | 货币市场型基金 | 522 | 496 | 0.319 |
| 19 | 广发 | 广发现金宝 A | 货币市场型基金 | 522 | 497 | 2.724 |
| 20 | 银华 | 银华信用季季红 A | 中长期纯债型基金 | 614 | 94 | 35.812 |
| 20 | 银华 | 银华纯债信用主题 | 中长期纯债型基金 | 614 | 233 | 30.015 |
| 20 | 银华 | 银华信用四季红 A | 中长期纯债型基金 | 614 | 306 | 13.276 |
| 20 | 银华 | 银华添益 | 中长期纯债型基金 | 614 | 316 | 18.357 |
| 20 | 银华 | 银华富裕主题 | 偏股混合型基金 | 435 | 21 | 130.163 |
| 20 | 银华 | 银华中小盘精选 | 偏股混合型基金 | 435 | 112 | 33.577 |
| 20 | 银华 | 银华消费主题 A | 偏股混合型基金 | 435 | 150 | 4.044 |
| 20 | 银华 | 银华领先策略 | 偏股混合型基金 | 435 | 262 | 9.916 |
| 20 | 银华 | 银华优质增长 | 偏股混合型基金 | 435 | 326 | 26.720 |
| 20 | 银华 | 银华内需精选 | 偏股混合型基金 | 435 | 331 | 16.004 |
| 20 | 银华 | 银华核心价值优选 | 偏股混合型基金 | 435 | 365 | 43.578 |
| 20 | 银华 | 银华道琼斯88精选 A | 增强指数型基金 | 57 | 3 | 23.629 |
| 20 | 银华 | 银华沪港深增长 A | 普通股票型基金 | 200 | 54 | 2.513 |
| 20 | 银华 | 银华中国梦 30 | 普通股票型基金 | 200 | 60 | 10.726 |
| 20 | 银华 | 银华远景 | 混合债券型二级基金 | 329 | 131 | 43.761 |
| 20 | 银华 | 银华信用双利 A | 混合债券型二级基金 | 329 | 176 | 18.617 |
| 20 | 银华 | 银华增强收益 | 混合债券型二级基金 | 329 | 199 | 7.861 |
| 20 | 银华 | 银华信用双利 C | 混合债券型二级基金 | 329 | 200 | 2.251 |
| 20 | 银华 | 银华盛世精选 A | 灵活配置型基金 | 1 312 | 39 | 32.844 |
| 20 | 银华 | 银华互联网主题 | 灵活配置型基金 | 1 312 | 67 | 1.620 |

续表2-2

| 整体投资回报能力排名 | 基金公司（简称） | 基金名称 | 投资类型（二级分类） | 样本基金数量 | 同类基金中排名 | 期间内规模（亿） |
|---|---|---|---|---|---|---|
| 20 | 银华 | 银华多元视野 | 灵活配置型基金 | 1 312 | 125 | 3.281 |
| 20 | 银华 | 银华和谐主题 | 灵活配置型基金 | 1 312 | 178 | 3.646 |
| 20 | 银华 | 银华聚利A | 灵活配置型基金 | 1 312 | 230 | 6.199 |
| 20 | 银华 | 银华鑫盛灵活A | 灵活配置型基金 | 1 312 | 232 | 15.362 |
| 20 | 银华 | 银华聚利C | 灵活配置型基金 | 1 312 | 249 | 1.095 |
| 20 | 银华 | 银华高端制造业 | 灵活配置型基金 | 1 312 | 299 | 4.283 |
| 20 | 银华 | 银华战略新兴 | 灵活配置型基金 | 1 312 | 327 | 3.623 |
| 20 | 银华 | 银华鑫锐灵活配置A | 灵活配置型基金 | 1 312 | 497 | 29.565 |
| 20 | 银华 | 银华回报 | 灵活配置型基金 | 1 312 | 531 | 4.037 |
| 20 | 银华 | 银华体育文化 | 灵活配置型基金 | 1 312 | 607 | 1.416 |
| 20 | 银华 | 银华成长先锋 | 灵活配置型基金 | 1 312 | 677 | 2.414 |
| 20 | 银华 | 银华泰利A | 灵活配置型基金 | 1 312 | 761 | 6.335 |
| 20 | 银华 | 银华优势企业 | 灵活配置型基金 | 1 312 | 890 | 9.635 |
| 20 | 银华 | 银华泰利C | 灵活配置型基金 | 1 312 | 988 | 0.022 |
| 20 | 银华 | 银华通利A | 灵活配置型基金 | 1 312 | 1 076 | 8.467 |
| 20 | 银华 | 银华通利C | 灵活配置型基金 | 1 312 | 1 134 | 0.407 |
| 20 | 银华 | 银华汇利A | 灵活配置型基金 | 1 312 | 1 161 | 30.289 |
| 20 | 银华 | 银华大数据 | 灵活配置型基金 | 1 312 | 1 175 | 3.502 |
| 20 | 银华 | 银华汇利C | 灵活配置型基金 | 1 312 | 1 178 | 3.545 |
| 20 | 银华 | 银华稳利A | 灵活配置型基金 | 1 312 | 1 241 | 0.989 |
| 20 | 银华 | 银华稳利C | 灵活配置型基金 | 1 312 | 1 268 | 0.527 |
| 20 | 银华 | 银华深证100 | 被动指数型基金 | 346 | 68 | 4.988 |
| 20 | 银华 | 银华沪深300 | 被动指数型基金 | 346 | 75 | 0.974 |
| 20 | 银华 | 银华中证等权重90 | 被动指数型基金 | 346 | 174 | 1.444 |
| 20 | 银华 | 银华交易货币B | 货币市场型基金 | 522 | 1 | 11 468.358 |
| 20 | 银华 | 银华活钱宝F | 货币市场型基金 | 522 | 21 | 472.545 |

续表2-2

| 整体投资回报能力排名 | 基金公司（简称） | 基金名称 | 投资类型（二级分类） | 样本基金数量 | 同类基金中排名 | 期间内规模（亿） |
|---|---|---|---|---|---|---|
| 20 | 银华 | 银华多利宝B | 货币市场型基金 | 522 | 31 | 106.065 |
| 20 | 银华 | 银华惠增利 | 货币市场型基金 | 522 | 41 | 84.468 |
| 20 | 银华 | 银华多利宝A | 货币市场型基金 | 522 | 200 | 1.225 |
| 20 | 银华 | 银华货币B | 货币市场型基金 | 522 | 229 | 55.723 |
| 20 | 银华 | 银华交易货币A | 货币市场型基金 | 522 | 351 | 64 816.090 |
| 20 | 银华 | 银华惠添益 | 货币市场型基金 | 522 | 416 | 12.936 |
| 20 | 银华 | 银华货币A | 货币市场型基金 | 522 | 426 | 289.187 |
| 20 | 银华 | 银华活钱宝E | 货币市场型基金 | 522 | 517 | 0.000 |
| 20 | 银华 | 银华活钱宝C | 货币市场型基金 | 522 | 518 | 0.000 |
| 20 | 银华 | 银华活钱宝B | 货币市场型基金 | 522 | 520 | 0.000 |
| 20 | 银华 | 银华活钱宝D | 货币市场型基金 | 522 | 521 | 0.000 |
| 20 | 银华 | 银华活钱宝A | 货币市场型基金 | 522 | 522 | 0.000 |
| 21 | 圆信永丰 | 圆信永丰兴融A | 中长期纯债型基金 | 614 | 38 | 21.417 |
| 21 | 圆信永丰 | 圆信永丰兴融C | 中长期纯债型基金 | 614 | 70 | 0.091 |
| 21 | 圆信永丰 | 圆信永丰兴利C | 中长期纯债型基金 | 614 | 549 | 0.954 |
| 21 | 圆信永丰 | 圆信永丰兴利A | 中长期纯债型基金 | 614 | 559 | 10.286 |
| 21 | 圆信永丰 | 圆信永丰优加生活 | 普通股票型基金 | 200 | 34 | 29.353 |
| 21 | 圆信永丰 | 圆信永丰强化收益A | 混合债券型二级基金 | 329 | 99 | 18.321 |
| 21 | 圆信永丰 | 圆信永丰强化收益C | 混合债券型二级基金 | 329 | 120 | 2.480 |
| 21 | 圆信永丰 | 圆信永丰双红利A | 灵活配置型基金 | 1 312 | 305 | 11.098 |
| 21 | 圆信永丰 | 圆信永丰双红利C | 灵活配置型基金 | 1 312 | 362 | 0.743 |
| 22 | 上银 | 上银慧添利 | 中长期纯债型基金 | 614 | 57 | 55.623 |
| 22 | 上银 | 上银新兴价值成长 | 灵活配置型基金 | 1 312 | 533 | 3.798 |
| 22 | 上银 | 上银慧盈利 | 货币市场型基金 | 522 | 79 | 51.133 |
| 22 | 上银 | 上银慧财宝B | 货币市场型基金 | 522 | 164 | 226.449 |
| 22 | 上银 | 上银慧财宝A | 货币市场型基金 | 522 | 381 | 6.263 |

续表2-2

| 整体投资回报能力排名 | 基金公司（简称） | 基金名称 | 投资类型（二级分类） | 样本基金数量 | 同类基金中排名 | 期间内规模（亿） |
|---|---|---|---|---|---|---|
| 23 | 海富通 | 海富通一年定期开放C | 中长期纯债型基金 | 614 | 209 | 0.003 |
| 23 | 海富通 | 海富通一年定期开放A | 中长期纯债型基金 | 614 | 286 | 4.652 |
| 23 | 海富通 | 海富通聚利纯债 | 中长期纯债型基金 | 614 | 418 | 23.645 |
| 23 | 海富通 | 海富通纯债A | 中长期纯债型基金 | 614 | 561 | 30.328 |
| 23 | 海富通 | 海富通纯债C | 中长期纯债型基金 | 614 | 582 | 0.630 |
| 23 | 海富通 | 海富通集利 | 中长期纯债型基金 | 614 | 612 | 3.660 |
| 23 | 海富通 | 海富通富祥 | 偏债混合型基金 | 86 | 54 | 4.982 |
| 23 | 海富通 | 海富通内需热点 | 偏股混合型基金 | 435 | 14 | 2.661 |
| 23 | 海富通 | 海富通股票 | 偏股混合型基金 | 435 | 124 | 17.567 |
| 23 | 海富通 | 海富通中小盘 | 偏股混合型基金 | 435 | 174 | 3.246 |
| 23 | 海富通 | 海富通国策导向 | 偏股混合型基金 | 435 | 178 | 5.160 |
| 23 | 海富通 | 海富通领先成长 | 偏股混合型基金 | 435 | 221 | 1.375 |
| 23 | 海富通 | 海富通精选2号 | 偏股混合型基金 | 435 | 275 | 4.956 |
| 23 | 海富通 | 海富通风格优势 | 偏股混合型基金 | 435 | 310 | 5.067 |
| 23 | 海富通 | 海富通精选 | 偏股混合型基金 | 435 | 320 | 19.683 |
| 23 | 海富通 | 海富通中证500增强A | 增强指数型基金 | 57 | 47 | 0.287 |
| 23 | 海富通 | 海富通稳健添利A | 混合债券型一级基金 | 126 | 103 | 2.913 |
| 23 | 海富通 | 海富通稳健添利C | 混合债券型一级基金 | 126 | 110 | 0.097 |
| 23 | 海富通 | 海富通稳固收益 | 混合债券型二级基金 | 329 | 188 | 22.130 |
| 23 | 海富通 | 海富通瑞丰 | 混合债券型二级基金 | 329 | 278 | 8.637 |
| 23 | 海富通 | 海富通改革驱动 | 灵活配置型基金 | 1 312 | 34 | 89.195 |
| 23 | 海富通 | 海富通收益增长 | 灵活配置型基金 | 1 312 | 140 | 27.591 |
| 23 | 海富通 | 海富通欣荣A | 灵活配置型基金 | 1 312 | 485 | 3.025 |
| 23 | 海富通 | 海富通欣荣C | 灵活配置型基金 | 1 312 | 486 | 1.906 |
| 23 | 海富通 | 海富通沪港深 | 灵活配置型基金 | 1 312 | 543 | 2.430 |
| 23 | 海富通 | 海富通欣益A | 灵活配置型基金 | 1 312 | 792 | 3.842 |

续表2-2

| 整体投资回报能力排名 | 基金公司（简称） | 基金名称 | 投资类型（二级分类） | 样本基金数量 | 同类基金中排名 | 期间内规模（亿） |
|---|---|---|---|---|---|---|
| 23 | 海富通 | 海富通欣益C | 灵活配置型基金 | 1 312 | 892 | 2.627 |
| 23 | 海富通 | 海富通安颐收益C | 灵活配置型基金 | 1 312 | 1 003 | 6.137 |
| 23 | 海富通 | 海富通安颐收益A | 灵活配置型基金 | 1 312 | 1 024 | 4.409 |
| 23 | 海富通 | 海富通新内需A | 灵活配置型基金 | 1 312 | 1 110 | 2.025 |
| 23 | 海富通 | 海富通新内需C | 灵活配置型基金 | 1 312 | 1 122 | 1.190 |
| 23 | 海富通 | 海富通强化回报 | 灵活配置型基金 | 1 312 | 1 235 | 3.890 |
| 23 | 海富通 | 海富通阿尔法对冲A | 股票多空 | 16 | 1 | 26.954 |
| 23 | 海富通 | 海富通上证城投债ETF | 被动指数型债券基金 | 17 | 4 | 36.198 |
| 23 | 海富通 | 海富通中证100A | 被动指数型基金 | 346 | 28 | 1.069 |
| 23 | 海富通 | 海富通上证非周期ETF | 被动指数型基金 | 346 | 102 | 0.249 |
| 23 | 海富通 | 海富通上证非周期ETF联接 | 被动指数型基金 | 346 | 162 | 0.167 |
| 23 | 海富通 | 海富通上证周期ETF | 被动指数型基金 | 346 | 254 | 0.309 |
| 23 | 海富通 | 海富通上证周期ETF联接 | 被动指数型基金 | 346 | 278 | 0.213 |
| 23 | 海富通 | 海富通货币B | 货币市场型基金 | 522 | 198 | 105.018 |
| 23 | 海富通 | 海富通货币A | 货币市场型基金 | 522 | 405 | 5.981 |
| 24 | 国金 | 国金国鑫灵活配置A | 灵活配置型基金 | 1 312 | 688 | 3.388 |
| 24 | 国金 | 国金鑫新 | 灵活配置型基金 | 1 312 | 1 309 | 0.031 |
| 24 | 国金 | 国金众赢 | 货币市场型基金 | 522 | 14 | 62.768 |
| 24 | 国金 | 国金金腾通A | 货币市场型基金 | 522 | 38 | 112.241 |
| 24 | 国金 | 国金金腾通C | 货币市场型基金 | 522 | 500 | 43.763 |
| 24 | 国金 | 国金鑫盈货币 | 货币市场型基金 | 522 | 511 | 1.724 |
| 25 | 方正富邦 | 方正富邦睿利纯债A | 中长期纯债型基金 | 614 | 238 | 17.090 |
| 25 | 方正富邦 | 方正富邦睿利纯债C | 中长期纯债型基金 | 614 | 275 | 0.001 |
| 25 | 方正富邦 | 方正富邦惠利纯债C | 中长期纯债型基金 | 614 | 427 | 1.003 |

续表2-2

| 整体投资回报能力排名 | 基金公司（简称） | 基金名称 | 投资类型（二级分类） | 样本基金数量 | 同类基金中排名 | 期间内规模（亿） |
|---|---|---|---|---|---|---|
| 25 | 方正富邦 | 方正富邦惠利纯债A | 中长期纯债型基金 | 614 | 486 | 1.642 |
| 25 | 方正富邦 | 方正富邦红利精选A | 偏股混合型基金 | 435 | 268 | 1.801 |
| 25 | 方正富邦 | 方正富邦创新动力A | 偏股混合型基金 | 435 | 433 | 0.325 |
| 25 | 方正富邦 | 方正富邦中证保险 | 被动指数型基金 | 346 | 249 | 29.221 |
| 25 | 方正富邦 | 方正富邦金小宝 | 货币市场型基金 | 522 | 39 | 140.605 |
| 25 | 方正富邦 | 方正富邦货币B | 货币市场型基金 | 522 | 102 | 6.276 |
| 25 | 方正富邦 | 方正富邦货币A | 货币市场型基金 | 522 | 331 | 32.282 |
| 26 | 汇丰晋信 | 汇丰晋信2026 | 偏债混合型基金 | 86 | 3 | 0.980 |
| 26 | 汇丰晋信 | 汇丰晋信新动力 | 偏股混合型基金 | 435 | 289 | 2.212 |
| 26 | 汇丰晋信 | 汇丰晋信龙腾 | 偏股混合型基金 | 435 | 378 | 4.534 |
| 26 | 汇丰晋信 | 汇丰晋信智造先锋A | 普通股票型基金 | 200 | 2 | 13.647 |
| 26 | 汇丰晋信 | 汇丰晋信智造先锋C | 普通股票型基金 | 200 | 3 | 7.504 |
| 26 | 汇丰晋信 | 汇丰晋信低碳先锋A | 普通股票型基金 | 200 | 47 | 58.903 |
| 26 | 汇丰晋信 | 汇丰晋信消费红利 | 普通股票型基金 | 200 | 84 | 1.826 |
| 26 | 汇丰晋信 | 汇丰晋信大盘A | 普通股票型基金 | 200 | 130 | 22.369 |
| 26 | 汇丰晋信 | 汇丰晋信大盘H | 普通股票型基金 | 200 | 131 | 1.049 |
| 26 | 汇丰晋信 | 汇丰晋信中小盘 | 普通股票型基金 | 200 | 144 | 0.807 |
| 26 | 汇丰晋信 | 汇丰晋信沪港深A | 普通股票型基金 | 200 | 160 | 8.807 |
| 26 | 汇丰晋信 | 汇丰晋信科技先锋 | 普通股票型基金 | 200 | 162 | 5.382 |
| 26 | 汇丰晋信 | 汇丰晋信沪港深C | 普通股票型基金 | 200 | 165 | 1.990 |
| 26 | 汇丰晋信 | 汇丰晋信大盘波动精选A | 普通股票型基金 | 200 | 189 | 0.365 |
| 26 | 汇丰晋信 | 汇丰晋信大盘波动精选C | 普通股票型基金 | 200 | 190 | 0.031 |
| 26 | 汇丰晋信 | 汇丰晋信2016 | 混合债券型二级基金 | 329 | 236 | 2.012 |
| 26 | 汇丰晋信 | 汇丰晋信动态策略H | 灵活配置型基金 | 1 312 | 68 | 2.783 |

续表2-2

| 整体投资回报能力排名 | 基金公司（简称） | 基金名称 | 投资类型（二级分类） | 样本基金数量 | 同类基金中排名 | 期间内规模（亿） |
|---|---|---|---|---|---|---|
| 26 | 汇丰晋信 | 汇丰晋信动态策略A | 灵活配置型基金 | 1 312 | 70 | 53.191 |
| 26 | 汇丰晋信 | 汇丰晋信双核策略A | 灵活配置型基金 | 1 312 | 627 | 25.853 |
| 26 | 汇丰晋信 | 汇丰晋信双核策略C | 灵活配置型基金 | 1 312 | 654 | 2.055 |
| 26 | 汇丰晋信 | 汇丰晋信恒生A股A | 被动指数型基金 | 346 | 36 | 1.885 |
| 26 | 汇丰晋信 | 汇丰晋信恒生A股C | 被动指数型基金 | 346 | 48 | 0.049 |
| 26 | 汇丰晋信 | 汇丰晋信货币B | 货币市场型基金 | 522 | 412 | 96.871 |
| 26 | 汇丰晋信 | 汇丰晋信货币A | 货币市场型基金 | 522 | 494 | 0.215 |
| 27 | 平安 | 平安惠利纯债 | 中长期纯债型基金 | 614 | 108 | 3.919 |
| 27 | 平安 | 平安添利A | 中长期纯债型基金 | 614 | 131 | 72.385 |
| 27 | 平安 | 平安惠盈A | 中长期纯债型基金 | 614 | 134 | 6.324 |
| 27 | 平安 | 平安惠金定期开放A | 中长期纯债型基金 | 614 | 241 | 4.606 |
| 27 | 平安 | 平安添利C | 中长期纯债型基金 | 614 | 248 | 10.395 |
| 27 | 平安 | 平安惠享纯债A | 中长期纯债型基金 | 614 | 290 | 1.594 |
| 27 | 平安 | 平安惠融纯债 | 中长期纯债型基金 | 614 | 407 | 10.373 |
| 27 | 平安 | 平安惠隆纯债A | 中长期纯债型基金 | 614 | 518 | 6.951 |
| 27 | 平安 | 平安行业先锋 | 偏股混合型基金 | 435 | 313 | 2.965 |
| 27 | 平安 | 平安消费精选A | 偏股混合型基金 | 435 | 423 | 0.338 |
| 27 | 平安 | 平安消费精选C | 偏股混合型基金 | 435 | 424 | 0.058 |
| 27 | 平安 | 平安深证300指数增强 | 增强指数型基金 | 57 | 7 | 0.839 |
| 27 | 平安 | 平安鼎信 | 混合债券型二级基金 | 329 | 196 | 2.621 |
| 27 | 平安 | 平安策略先锋 | 灵活配置型基金 | 1 312 | 12 | 13.527 |
| 27 | 平安 | 平安睿享文娱A | 灵活配置型基金 | 1 312 | 61 | 2.011 |
| 27 | 平安 | 平安睿享文娱C | 灵活配置型基金 | 1 312 | 88 | 1.254 |
| 27 | 平安 | 平安鼎越 | 灵活配置型基金 | 1 312 | 109 | 4.095 |
| 27 | 平安 | 平安安盈灵活配置A | 灵活配置型基金 | 1 312 | 112 | 10.894 |
| 27 | 平安 | 平安新鑫先锋A | 灵活配置型基金 | 1 312 | 123 | 1.376 |

续表2-2

| 整体投资回报能力排名 | 基金公司（简称） | 基金名称 | 投资类型（二级分类） | 样本基金数量 | 同类基金中排名 | 期间内规模（亿） |
|---|---|---|---|---|---|---|
| 27 | 平安 | 平安新鑫先锋C | 灵活配置型基金 | 1 312 | 135 | 0.469 |
| 27 | 平安 | 平安智慧中国 | 灵活配置型基金 | 1 312 | 430 | 7.382 |
| 27 | 平安 | 平安鼎泰 | 灵活配置型基金 | 1 312 | 440 | 9.452 |
| 27 | 平安 | 平安灵活配置 | 灵活配置型基金 | 1 312 | 571 | 2.566 |
| 27 | 平安 | 平安安心灵活配置A | 灵活配置型基金 | 1 312 | 701 | 6.691 |
| 27 | 平安 | 平安鑫享A | 灵活配置型基金 | 1 312 | 1 035 | 2.008 |
| 27 | 平安 | 平安鑫享C | 灵活配置型基金 | 1 312 | 1 054 | 2.357 |
| 27 | 平安 | 平安安享灵活配置A | 灵活配置型基金 | 1 312 | 1 147 | 6.559 |
| 27 | 平安 | 平安鑫安A | 灵活配置型基金 | 1 312 | 1 218 | 1.678 |
| 27 | 平安 | 平安鑫安C | 灵活配置型基金 | 1 312 | 1 225 | 0.164 |
| 27 | 平安 | 平安鑫利A | 灵活配置型基金 | 1 312 | 1 271 | 1.083 |
| 27 | 平安 | 平安财富宝A | 货币市场型基金 | 522 | 18 | 301.015 |
| 27 | 平安 | 平安金管家A | 货币市场型基金 | 522 | 22 | 127.653 |
| 27 | 平安 | 平安日鑫A | 货币市场型基金 | 522 | 42 | 156.103 |
| 27 | 平安 | 场内货币 | 货币市场型基金 | 522 | 43 | 10.422 |
| 27 | 平安 | 平安日增利A | 货币市场型基金 | 522 | 282 | 945.752 |
| 28 | 北信瑞丰 | 北信瑞丰稳定收益A | 中长期纯债型基金 | 614 | 39 | 1.429 |
| 28 | 北信瑞丰 | 北信瑞丰稳定收益C | 中长期纯债型基金 | 614 | 88 | 2.047 |
| 28 | 北信瑞丰 | 北信瑞丰稳定增强 | 偏债混合型基金 | 86 | 64 | 0.531 |
| 28 | 北信瑞丰 | 北信瑞丰丰利 | 偏债混合型基金 | 86 | 84 | 1.886 |
| 28 | 北信瑞丰 | 北信瑞丰新成长 | 灵活配置型基金 | 1 312 | 473 | 0.353 |
| 28 | 北信瑞丰 | 北信瑞丰健康生活主题 | 灵活配置型基金 | 1 312 | 477 | 5.440 |
| 28 | 北信瑞丰 | 北信瑞丰外延增长 | 灵活配置型基金 | 1 312 | 657 | 0.216 |
| 28 | 北信瑞丰 | 北信瑞丰中国智造主题 | 灵活配置型基金 | 1 312 | 1 012 | 1.403 |
| 28 | 北信瑞丰 | 北信瑞丰平安中国 | 灵活配置型基金 | 1 312 | 1 204 | 1.713 |
| 28 | 北信瑞丰 | 北信瑞丰宜投宝B | 货币市场型基金 | 522 | 83 | 44.310 |

续表2-2

| 整体投资回报能力排名 | 基金公司（简称） | 基金名称 | 投资类型（二级分类） | 样本基金数量 | 同类基金中排名 | 期间内规模（亿） |
|---|---|---|---|---|---|---|
| 28 | 北信瑞丰 | 北信瑞丰现金添利B | 货币市场型基金 | 522 | 178 | 5.998 |
| 28 | 北信瑞丰 | 北信瑞丰宜投宝A | 货币市场型基金 | 522 | 302 | 1.166 |
| 28 | 北信瑞丰 | 北信瑞丰现金添利A | 货币市场型基金 | 522 | 395 | 0.965 |
| 29 | 建信 | 建信安心回报6个月A | 中长期纯债型基金 | 614 | 74 | 0.190 |
| 29 | 建信 | 建信纯债A | 中长期纯债型基金 | 614 | 118 | 36.240 |
| 29 | 建信 | 建信睿享纯债 | 中长期纯债型基金 | 614 | 197 | 29.686 |
| 29 | 建信 | 建信纯债C | 中长期纯债型基金 | 614 | 213 | 6.798 |
| 29 | 建信 | 建信安心回报6个月C | 中长期纯债型基金 | 614 | 287 | 0.991 |
| 29 | 建信 | 建信安心回报A | 中长期纯债型基金 | 614 | 295 | 5.682 |
| 29 | 建信 | 建信恒安一年定开 | 中长期纯债型基金 | 614 | 350 | 165.200 |
| 29 | 建信 | 建信睿怡纯债A | 中长期纯债型基金 | 614 | 402 | 61.333 |
| 29 | 建信 | 建信安心回报C | 中长期纯债型基金 | 614 | 423 | 0.680 |
| 29 | 建信 | 建信恒瑞一年定开 | 中长期纯债型基金 | 614 | 445 | 166.156 |
| 29 | 建信 | 建信睿富纯债 | 中长期纯债型基金 | 614 | 450 | 77.560 |
| 29 | 建信 | 建信恒远一年定开 | 中长期纯债型基金 | 614 | 464 | 165.776 |
| 29 | 建信 | 建信健康民生 | 偏股混合型基金 | 435 | 30 | 7.224 |
| 29 | 建信 | 建信创新中国 | 偏股混合型基金 | 435 | 54 | 2.460 |
| 29 | 建信 | 建信内生动力 | 偏股混合型基金 | 435 | 105 | 3.864 |
| 29 | 建信 | 建信恒久价值 | 偏股混合型基金 | 435 | 106 | 12.655 |
| 29 | 建信 | 建信优势动力 | 偏股混合型基金 | 435 | 132 | 5.754 |
| 29 | 建信 | 建信核心精选 | 偏股混合型基金 | 435 | 155 | 5.138 |
| 29 | 建信 | 建信优选成长H | 偏股混合型基金 | 435 | 256 | 0.049 |
| 29 | 建信 | 建信优选成长A | 偏股混合型基金 | 435 | 261 | 20.860 |
| 29 | 建信 | 建信社会责任 | 偏股混合型基金 | 435 | 364 | 0.270 |
| 29 | 建信 | 建信深证100指数增强 | 增强指数型基金 | 57 | 11 | 0.865 |
| 29 | 建信 | 建信精工制造指数增强 | 增强指数型基金 | 57 | 13 | 0.750 |

续表2-2

| 整体投资回报能力排名 | 基金公司（简称） | 基金名称 | 投资类型（二级分类） | 样本基金数量 | 同类基金中排名 | 期间内规模（亿） |
|---|---|---|---|---|---|---|
| 29 | 建信 | 建信中证500指数增强A | 增强指数型基金 | 57 | 55 | 27.591 |
| 29 | 建信 | 建信改革红利 | 普通股票型基金 | 200 | 9 | 6.317 |
| 29 | 建信 | 建信信息产业 | 普通股票型基金 | 200 | 29 | 8.622 |
| 29 | 建信 | 建信中小盘A | 普通股票型基金 | 200 | 30 | 12.654 |
| 29 | 建信 | 建信潜力新蓝筹 | 普通股票型基金 | 200 | 46 | 1.627 |
| 29 | 建信 | 建信大安全 | 普通股票型基金 | 200 | 49 | 1.882 |
| 29 | 建信 | 建信环保产业 | 普通股票型基金 | 200 | 113 | 23.952 |
| 29 | 建信 | 建信互联网＋产业升级 | 普通股票型基金 | 200 | 118 | 9.290 |
| 29 | 建信 | 建信现代服务业 | 普通股票型基金 | 200 | 127 | 0.465 |
| 29 | 建信 | 建信多因子量化 | 普通股票型基金 | 200 | 178 | 1.306 |
| 29 | 建信 | 建信稳定增利A | 混合债券型一级基金 | 126 | 78 | 8.169 |
| 29 | 建信 | 建信稳定增利C | 混合债券型一级基金 | 126 | 90 | 9.826 |
| 29 | 建信 | 建信信用增强A | 混合债券型一级基金 | 126 | 116 | 2.838 |
| 29 | 建信 | 建信双债增强A | 混合债券型一级基金 | 126 | 120 | 1.962 |
| 29 | 建信 | 建信信用增强C | 混合债券型一级基金 | 126 | 121 | 1.233 |
| 29 | 建信 | 建信双债增强C | 混合债券型一级基金 | 126 | 122 | 0.471 |
| 29 | 建信 | 建信转债增强A | 混合债券型二级基金 | 329 | 72 | 0.693 |
| 29 | 建信 | 建信转债增强C | 混合债券型二级基金 | 329 | 86 | 0.906 |
| 29 | 建信 | 建信稳定得利A | 混合债券型二级基金 | 329 | 148 | 38.815 |
| 29 | 建信 | 建信稳定得利C | 混合债券型二级基金 | 329 | 179 | 4.613 |
| 29 | 建信 | 建信双息红利H | 混合债券型二级基金 | 329 | 246 | 0.095 |
| 29 | 建信 | 建信双息红利A | 混合债券型二级基金 | 329 | 249 | 19.271 |
| 29 | 建信 | 建信双息红利C | 混合债券型二级基金 | 329 | 270 | 1.491 |
| 29 | 建信 | 建信收益增强A | 混合债券型二级基金 | 329 | 275 | 4.366 |
| 29 | 建信 | 建信收益增强C | 混合债券型二级基金 | 329 | 289 | 1.149 |

续表2-2

| 整体投资回报能力排名 | 基金公司（简称） | 基金名称 | 投资类型（二级分类） | 样本基金数量 | 同类基金中排名 | 期间内规模（亿） |
|---|---|---|---|---|---|---|
| 29 | 建信 | 建信鑫利 | 灵活配置型基金 | 1 312 | 100 | 23.232 |
| 29 | 建信 | 建信弘利 | 灵活配置型基金 | 1 312 | 156 | 20.645 |
| 29 | 建信 | 建信裕利 | 灵活配置型基金 | 1 312 | 181 | 24.283 |
| 29 | 建信 | 建信恒稳价值 | 灵活配置型基金 | 1 312 | 218 | 0.472 |
| 29 | 建信 | 建信新经济 | 灵活配置型基金 | 1 312 | 258 | 3.777 |
| 29 | 建信 | 建信丰裕多策略(LOF) | 灵活配置型基金 | 1 312 | 406 | 3.437 |
| 29 | 建信 | 建信鑫荣回报 | 灵活配置型基金 | 1 312 | 421 | 2.177 |
| 29 | 建信 | 建信汇利 | 灵活配置型基金 | 1 312 | 487 | 23.173 |
| 29 | 建信 | 建信积极配置 | 灵活配置型基金 | 1 312 | 546 | 2.115 |
| 29 | 建信 | 建信消费升级 | 灵活配置型基金 | 1 312 | 588 | 0.702 |
| 29 | 建信 | 建信睿盈 A | 灵活配置型基金 | 1 312 | 602 | 1.171 |
| 29 | 建信 | 建信优化配置 | 灵活配置型基金 | 1 312 | 616 | 23.863 |
| 29 | 建信 | 建信睿盈 C | 灵活配置型基金 | 1 312 | 648 | 0.648 |
| 29 | 建信 | 建信兴利 | 灵活配置型基金 | 1 312 | 809 | 25.632 |
| 29 | 建信 | 建信鑫安回报 | 灵活配置型基金 | 1 312 | 1 115 | 6.120 |
| 29 | 建信 | 建信灵活配置 | 灵活配置型基金 | 1 312 | 1 283 | 19.772 |
| 29 | 建信 | 建信央视财经50 | 被动指数型基金 | 346 | 23 | 2.224 |
| 29 | 建信 | 建信深证基本面60ETF | 被动指数型基金 | 346 | 25 | 2.802 |
| 29 | 建信 | 建信深证基本面60ETF联接A | 被动指数型基金 | 346 | 34 | 2.769 |
| 29 | 建信 | 建信上证社会责任ETF | 被动指数型基金 | 346 | 56 | 0.936 |
| 29 | 建信 | 建信沪深300 | 被动指数型基金 | 346 | 65 | 4.606 |
| 29 | 建信 | 建信上证社会责任ETF联接 | 被动指数型基金 | 346 | 67 | 0.965 |
| 29 | 建信 | 建信嘉薪宝B | 货币市场型基金 | 522 | 3 | 52.230 |
| 29 | 建信 | 建信现金增利货币A | 货币市场型基金 | 522 | 16 | 90.886 |

续表2-2

| 整体投资回报能力排名 | 基金公司（简称） | 基金名称 | 投资类型（二级分类） | 样本基金数量 | 同类基金中排名 | 期间内规模（亿） |
|---|---|---|---|---|---|---|
| 29 | 建信 | 建信现金添益 A | 货币市场型基金 | 522 | 33 | 135.755 |
| 29 | 建信 | 建信现金添利 B | 货币市场型基金 | 522 | 52 | 323.093 |
| 29 | 建信 | 建信嘉薪宝 A | 货币市场型基金 | 522 | 53 | 699.316 |
| 29 | 建信 | 建信货币 B | 货币市场型基金 | 522 | 60 | 51.697 |
| 29 | 建信 | 建信天添益 C | 货币市场型基金 | 522 | 62 | 357.641 |
| 29 | 建信 | 建信天添益 A | 货币市场型基金 | 522 | 63 | 3.523 |
| 29 | 建信 | 建信现金添利 A | 货币市场型基金 | 522 | 149 | 975.561 |
| 29 | 建信 | 建信现金添益 H | 货币市场型基金 | 522 | 209 | 159.678 |
| 29 | 建信 | 建信货币 A | 货币市场型基金 | 522 | 253 | 61.017 |
| 29 | 建信 | 建信天添益 B | 货币市场型基金 | 522 | 271 | 10.249 |
| 30 | 新华 | 新华安享惠金 A | 中长期纯债型基金 | 614 | 227 | 4.350 |
| 30 | 新华 | 新华安享惠金 C | 中长期纯债型基金 | 614 | 352 | 0.142 |
| 30 | 新华 | 新华纯债添利 A | 中长期纯债型基金 | 614 | 436 | 10.346 |
| 30 | 新华 | 新华纯债添利 C | 中长期纯债型基金 | 614 | 512 | 1.050 |
| 30 | 新华 | 新华优选成长 | 偏股混合型基金 | 435 | 91 | 7.453 |
| 30 | 新华 | 新华优选消费 | 偏股混合型基金 | 435 | 94 | 5.864 |
| 30 | 新华 | 新华行业周期轮换 | 偏股混合型基金 | 435 | 146 | 2.291 |
| 30 | 新华 | 新华趋势领航 | 偏股混合型基金 | 435 | 148 | 17.752 |
| 30 | 新华 | 新华中小市值优选 | 偏股混合型基金 | 435 | 235 | 1.313 |
| 30 | 新华 | 新华灵活主题 | 偏股混合型基金 | 435 | 315 | 0.280 |
| 30 | 新华 | 新华钻石品质企业 | 偏股混合型基金 | 435 | 336 | 3.092 |
| 30 | 新华 | 新华策略精选 | 普通股票型基金 | 200 | 102 | 9.814 |
| 30 | 新华 | 新华双利 A | 混合债券型二级基金 | 329 | 64 | 0.295 |
| 30 | 新华 | 新华双利 C | 混合债券型二级基金 | 329 | 80 | 0.242 |
| 30 | 新华 | 新华增盈回报 | 混合债券型二级基金 | 329 | 87 | 25.961 |
| 30 | 新华 | 新华增怡 A | 混合债券型二级基金 | 329 | 141 | 9.345 |

续表2-2

| 整体投资回报能力排名 | 基金公司（简称） | 基金名称 | 投资类型（二级分类） | 样本基金数量 | 同类基金中排名 | 期间内规模（亿） |
|---|---|---|---|---|---|---|
| 30 | 新华 | 新华增怡 C | 混合债券型二级基金 | 329 | 168 | 1.142 |
| 30 | 新华 | 新华增强 A | 混合债券型二级基金 | 329 | 228 | 1.863 |
| 30 | 新华 | 新华丰利 A | 混合债券型二级基金 | 329 | 230 | 2.059 |
| 30 | 新华 | 新华增强 C | 混合债券型二级基金 | 329 | 252 | 0.360 |
| 30 | 新华 | 新华丰利 C | 混合债券型二级基金 | 329 | 253 | 2.945 |
| 30 | 新华 | 新华鑫益 C | 灵活配置型基金 | 1 312 | 26 | 4.947 |
| 30 | 新华 | 新华泛资源优势 | 灵活配置型基金 | 1 312 | 54 | 7.793 |
| 30 | 新华 | 新华鑫动力 A | 灵活配置型基金 | 1 312 | 69 | 11.611 |
| 30 | 新华 | 新华鑫动力 C | 灵活配置型基金 | 1 312 | 71 | 7.206 |
| 30 | 新华 | 新华积极价值 | 灵活配置型基金 | 1 312 | 267 | 2.098 |
| 30 | 新华 | 新华科技创新主题 | 灵活配置型基金 | 1 312 | 463 | 1.798 |
| 30 | 新华 | 新华优选分红 | 灵活配置型基金 | 1 312 | 467 | 11.843 |
| 30 | 新华 | 新华稳健回报 | 灵活配置型基金 | 1 312 | 590 | 2.636 |
| 30 | 新华 | 新华战略新兴产业 | 灵活配置型基金 | 1 312 | 592 | 2.368 |
| 30 | 新华 | 新华行业轮换配置 A | 灵活配置型基金 | 1 312 | 771 | 15.852 |
| 30 | 新华 | 新华行业轮换配置 C | 灵活配置型基金 | 1 312 | 791 | 0.305 |
| 30 | 新华 | 新华鑫回报 | 灵活配置型基金 | 1 312 | 931 | 2.389 |
| 30 | 新华 | 新华鑫弘 | 灵活配置型基金 | 1 312 | 1 061 | 1.456 |
| 30 | 新华 | 新华鑫利 | 灵活配置型基金 | 1 312 | 1 214 | 0.504 |
| 30 | 新华 | 新华万银多元策略 | 灵活配置型基金 | 1 312 | 1 216 | 2.244 |
| 30 | 新华 | 新华中证环保产业 | 被动指数型基金 | 346 | 137 | 1.866 |
| 30 | 新华 | 新华活期添利 B | 货币市场型基金 | 522 | 27 | 50.491 |
| 30 | 新华 | 新华活期添利 A | 货币市场型基金 | 522 | 174 | 6.830 |
| 30 | 新华 | 新华壹诺宝 B | 货币市场型基金 | 522 | 188 | 127.585 |
| 30 | 新华 | 新华壹诺宝 A | 货币市场型基金 | 522 | 401 | 16.908 |
| 31 | 鹏华 | 鹏华丰融 | 中长期纯债型基金 | 614 | 1 | 4.411 |

续表2-2

| 整体投资回报能力排名 | 基金公司（简称） | 基金名称 | 投资类型（二级分类） | 样本基金数量 | 同类基金中排名 | 期间内规模（亿） |
|---|---|---|---|---|---|---|
| 31 | 鹏华 | 鹏华产业债 | 中长期纯债型基金 | 614 | 4 | 17.886 |
| 31 | 鹏华 | 鹏华丰禄 | 中长期纯债型基金 | 614 | 5 | 15.150 |
| 31 | 鹏华 | 鹏华丰尚A | 中长期纯债型基金 | 614 | 14 | 23.682 |
| 31 | 鹏华 | 鹏华永盛一年定开 | 中长期纯债型基金 | 614 | 26 | 20.007 |
| 31 | 鹏华 | 鹏华丰尚B | 中长期纯债型基金 | 614 | 34 | 6.178 |
| 31 | 鹏华 | 鹏华丰利 | 中长期纯债型基金 | 614 | 58 | 33.678 |
| 31 | 鹏华 | 鹏华丰实A | 中长期纯债型基金 | 614 | 63 | 42.700 |
| 31 | 鹏华 | 鹏华丰泽 | 中长期纯债型基金 | 614 | 82 | 6.344 |
| 31 | 鹏华 | 鹏华丰饶 | 中长期纯债型基金 | 614 | 91 | 24.073 |
| 31 | 鹏华 | 鹏华丰实B | 中长期纯债型基金 | 614 | 125 | 1.429 |
| 31 | 鹏华 | 鹏华永诚一年定开 | 中长期纯债型基金 | 614 | 173 | 5.184 |
| 31 | 鹏华 | 鹏华丰恒 | 中长期纯债型基金 | 614 | 215 | 68.888 |
| 31 | 鹏华 | 鹏华丰惠 | 中长期纯债型基金 | 614 | 284 | 15.418 |
| 31 | 鹏华 | 鹏华丰茂 | 中长期纯债型基金 | 614 | 375 | 12.574 |
| 31 | 鹏华 | 鹏华丰华 | 中长期纯债型基金 | 614 | 381 | 17.805 |
| 31 | 鹏华 | 鹏华丰达 | 中长期纯债型基金 | 614 | 383 | 8.846 |
| 31 | 鹏华 | 鹏华丰盈 | 中长期纯债型基金 | 614 | 433 | 24.938 |
| 31 | 鹏华 | 鹏华纯债 | 中长期纯债型基金 | 614 | 477 | 1.046 |
| 31 | 鹏华 | 鹏华丰泰A | 中长期纯债型基金 | 614 | 489 | 20.157 |
| 31 | 鹏华 | 鹏华丰泰B | 中长期纯债型基金 | 614 | 541 | 0.198 |
| 31 | 鹏华 | 鹏华丰腾 | 中长期纯债型基金 | 614 | 547 | 15.019 |
| 31 | 鹏华 | 鹏华消费优选 | 偏股混合型基金 | 435 | 77 | 5.823 |
| 31 | 鹏华 | 鹏华精选成长 | 偏股混合型基金 | 435 | 122 | 3.680 |
| 31 | 鹏华 | 鹏华价值优势 | 偏股混合型基金 | 435 | 204 | 19.187 |
| 31 | 鹏华 | 鹏华盛世创新 | 偏股混合型基金 | 435 | 260 | 2.023 |
| 31 | 鹏华 | 鹏华新兴产业 | 偏股混合型基金 | 435 | 267 | 35.572 |

续表2-2

| 整体投资回报能力排名 | 基金公司（简称） | 基金名称 | 投资类型（二级分类） | 样本基金数量 | 同类基金中排名 | 期间内规模（亿） |
|---|---|---|---|---|---|---|
| 31 | 鹏华 | 鹏华优质治理 | 偏股混合型基金 | 435 | 318 | 10.801 |
| 31 | 鹏华 | 鹏华环保产业 | 普通股票型基金 | 200 | 6 | 21.762 |
| 31 | 鹏华 | 鹏华养老产业 | 普通股票型基金 | 200 | 19 | 5.707 |
| 31 | 鹏华 | 鹏华价值精选 | 普通股票型基金 | 200 | 61 | 1.989 |
| 31 | 鹏华 | 鹏华先进制造 | 普通股票型基金 | 200 | 98 | 7.287 |
| 31 | 鹏华 | 鹏华医药科技 | 普通股票型基金 | 200 | 101 | 18.645 |
| 31 | 鹏华 | 鹏华医疗保健 | 普通股票型基金 | 200 | 132 | 14.283 |
| 31 | 鹏华 | 鹏华改革红利 | 普通股票型基金 | 200 | 140 | 12.292 |
| 31 | 鹏华 | 鹏华文化传媒娱乐 | 普通股票型基金 | 200 | 192 | 0.850 |
| 31 | 鹏华 | 鹏华丰润 | 混合债券型一级基金 | 126 | 91 | 52.495 |
| 31 | 鹏华 | 鹏华普天债券A | 混合债券型一级基金 | 126 | 97 | 3.738 |
| 31 | 鹏华 | 鹏华普天债券B | 混合债券型一级基金 | 126 | 106 | 0.351 |
| 31 | 鹏华 | 鹏华可转债A | 混合债券型二级基金 | 329 | 1 | 26.725 |
| 31 | 鹏华 | 鹏华双债加利A | 混合债券型二级基金 | 329 | 76 | 43.966 |
| 31 | 鹏华 | 鹏华丰和A | 混合债券型二级基金 | 329 | 77 | 4.621 |
| 31 | 鹏华 | 鹏华双债保利 | 混合债券型二级基金 | 329 | 88 | 56.731 |
| 31 | 鹏华 | 鹏华信用增利A | 混合债券型二级基金 | 329 | 94 | 33.235 |
| 31 | 鹏华 | 鹏华信用增利B | 混合债券型二级基金 | 329 | 109 | 0.712 |
| 31 | 鹏华 | 鹏华双债增利 | 混合债券型二级基金 | 329 | 112 | 27.463 |
| 31 | 鹏华 | 鹏华丰盛稳固收益 | 混合债券型二级基金 | 329 | 147 | 49.922 |
| 31 | 鹏华 | 鹏华丰收 | 混合债券型二级基金 | 329 | 154 | 26.102 |
| 31 | 鹏华 | 鹏华品牌传承 | 灵活配置型基金 | 1 312 | 11 | 3.592 |
| 31 | 鹏华 | 鹏华消费领先 | 灵活配置型基金 | 1 312 | 72 | 5.109 |
| 31 | 鹏华 | 鹏华外延成长 | 灵活配置型基金 | 1 312 | 96 | 16.638 |
| 31 | 鹏华 | 鹏华健康环保 | 灵活配置型基金 | 1 312 | 170 | 1.884 |
| 31 | 鹏华 | 鹏华弘嘉A | 灵活配置型基金 | 1 312 | 209 | 4.825 |

续表2-2

| 整体投资回报能力排名 | 基金公司（简称） | 基金名称 | 投资类型（二级分类） | 样本基金数量 | 同类基金中排名 | 期间内规模（亿） |
|---|---|---|---|---|---|---|
| 31 | 鹏华 | 鹏华弘嘉C | 灵活配置型基金 | 1 312 | 221 | 1.760 |
| 31 | 鹏华 | 鹏华增瑞（LOF） | 灵活配置型基金 | 1 312 | 310 | 9.961 |
| 31 | 鹏华 | 鹏华策略优选 | 灵活配置型基金 | 1 312 | 315 | 3.779 |
| 31 | 鹏华 | 鹏华动力增长 | 灵活配置型基金 | 1 312 | 319 | 17.463 |
| 31 | 鹏华 | 鹏华中国50 | 灵活配置型基金 | 1 312 | 336 | 13.688 |
| 31 | 鹏华 | 鹏华普天收益 | 灵活配置型基金 | 1 312 | 390 | 5.489 |
| 31 | 鹏华 | 鹏华金鼎灵活配置A | 灵活配置型基金 | 1 312 | 455 | 19.752 |
| 31 | 鹏华 | 鹏华金鼎灵活配置C | 灵活配置型基金 | 1 312 | 491 | 3.776 |
| 31 | 鹏华 | 鹏华沪深港新兴成长 | 灵活配置型基金 | 1 312 | 673 | 2.241 |
| 31 | 鹏华 | 鹏华兴安定期开放 | 灵活配置型基金 | 1 312 | 848 | 9.138 |
| 31 | 鹏华 | 鹏华兴泰 | 灵活配置型基金 | 1 312 | 865 | 10.329 |
| 31 | 鹏华 | 鹏华弘尚A | 灵活配置型基金 | 1 312 | 893 | 8.868 |
| 31 | 鹏华 | 鹏华弘尚C | 灵活配置型基金 | 1 312 | 916 | 1.488 |
| 31 | 鹏华 | 鹏华弘益A | 灵活配置型基金 | 1 312 | 946 | 2.187 |
| 31 | 鹏华 | 鹏华弘益C | 灵活配置型基金 | 1 312 | 960 | 9.578 |
| 31 | 鹏华 | 鹏华弘利A | 灵活配置型基金 | 1 312 | 983 | 9.816 |
| 31 | 鹏华 | 鹏华弘达A | 灵活配置型基金 | 1 312 | 989 | 8.357 |
| 31 | 鹏华 | 鹏华弘润A | 灵活配置型基金 | 1 312 | 990 | 8.987 |
| 31 | 鹏华 | 鹏华兴悦 | 灵活配置型基金 | 1 312 | 1 011 | 8.368 |
| 31 | 鹏华 | 鹏华弘利C | 灵活配置型基金 | 1 312 | 1 025 | 1.717 |
| 31 | 鹏华 | 鹏华弘润C | 灵活配置型基金 | 1 312 | 1 034 | 0.877 |
| 31 | 鹏华 | 鹏华弘安A | 灵活配置型基金 | 1 312 | 1 040 | 9.100 |
| 31 | 鹏华 | 鹏华弘安C | 灵活配置型基金 | 1 312 | 1 065 | 2.818 |
| 31 | 鹏华 | 鹏华弘和A | 灵活配置型基金 | 1 312 | 1 078 | 8.555 |
| 31 | 鹏华 | 鹏华弘华C | 灵活配置型基金 | 1 312 | 1 081 | 2.802 |
| 31 | 鹏华 | 鹏华弘实A | 灵活配置型基金 | 1 312 | 1 082 | 4.502 |

续表2-2

| 整体投资回报能力排名 | 基金公司（简称） | 基金名称 | 投资类型（二级分类） | 样本基金数量 | 同类基金中排名 | 期间内规模（亿） |
|---|---|---|---|---|---|---|
| 31 | 鹏华 | 鹏华弘信C | 灵活配置型基金 | 1 312 | 1 083 | 10.727 |
| 31 | 鹏华 | 鹏华弘华A | 灵活配置型基金 | 1 312 | 1 087 | 6.418 |
| 31 | 鹏华 | 鹏华弘信A | 灵活配置型基金 | 1 312 | 1 089 | 2.555 |
| 31 | 鹏华 | 鹏华弘实C | 灵活配置型基金 | 1 312 | 1 092 | 1.626 |
| 31 | 鹏华 | 鹏华弘和C | 灵活配置型基金 | 1 312 | 1 097 | 2.717 |
| 31 | 鹏华 | 鹏华弘泽A | 灵活配置型基金 | 1 312 | 1 100 | 9.987 |
| 31 | 鹏华 | 鹏华金城灵活配置 | 灵活配置型基金 | 1 312 | 1 111 | 26.481 |
| 31 | 鹏华 | 鹏华弘盛A | 灵活配置型基金 | 1 312 | 1 113 | 8.373 |
| 31 | 鹏华 | 鹏华弘泽C | 灵活配置型基金 | 1 312 | 1 119 | 0.599 |
| 31 | 鹏华 | 鹏华弘达C | 灵活配置型基金 | 1 312 | 1 125 | 0.686 |
| 31 | 鹏华 | 鹏华弘盛C | 灵活配置型基金 | 1 312 | 1 128 | 3.319 |
| 31 | 鹏华 | 鹏华宏观 | 灵活配置型基金 | 1 312 | 1 138 | 5.858 |
| 31 | 鹏华 | 鹏华弘惠A | 灵活配置型基金 | 1 312 | 1 143 | 5.671 |
| 31 | 鹏华 | 鹏华弘惠C | 灵活配置型基金 | 1 312 | 1 146 | 5.079 |
| 31 | 鹏华 | 鹏华弘鑫A | 灵活配置型基金 | 1 312 | 1 197 | 3.242 |
| 31 | 鹏华 | 鹏华弘鑫C | 灵活配置型基金 | 1 312 | 1 200 | 6.055 |
| 31 | 鹏华 | 鹏华弘康A | 灵活配置型基金 | 1 312 | 1 270 | 0.007 |
| 31 | 鹏华 | 鹏华弘泰C | 灵活配置型基金 | 1 312 | 1 273 | 0.444 |
| 31 | 鹏华 | 鹏华弘泰A | 灵活配置型基金 | 1 312 | 1 278 | 10.397 |
| 31 | 鹏华 | 鹏华弘康C | 灵活配置型基金 | 1 312 | 1 286 | 7.739 |
| 31 | 鹏华 | 鹏华中证酒A | 被动指数型基金 | 346 | 2 | 19.880 |
| 31 | 鹏华 | 鹏华沪深300A | 被动指数型基金 | 346 | 61 | 9.547 |
| 31 | 鹏华 | 鹏华中证环保产业 | 被动指数型基金 | 346 | 76 | 3.434 |
| 31 | 鹏华 | 鹏华中证移动互联网 | 被动指数型基金 | 346 | 89 | 1.088 |
| 31 | 鹏华 | 鹏华中证信息技术A | 被动指数型基金 | 346 | 96 | 3.449 |
| 31 | 鹏华 | 鹏华创业板 | 被动指数型基金 | 346 | 105 | 1.155 |

续表2-2

| 整体投资回报能力排名 | 基金公司（简称） | 基金名称 | 投资类型（二级分类） | 样本基金数量 | 同类基金中排名 | 期间内规模（亿） |
|---|---|---|---|---|---|---|
| 31 | 鹏华 | 鹏华中证A股资源产业A | 被动指数型基金 | 346 | 113 | 1.631 |
| 31 | 鹏华 | 鹏华中证一带一路 | 被动指数型基金 | 346 | 155 | 4.388 |
| 31 | 鹏华 | 鹏华中证国防A | 被动指数型基金 | 346 | 176 | 64.759 |
| 31 | 鹏华 | 鹏华中证500A | 被动指数型基金 | 346 | 180 | 3.228 |
| 31 | 鹏华 | 鹏华国证钢铁行业A | 被动指数型基金 | 346 | 219 | 7.649 |
| 31 | 鹏华 | 鹏华中证医药卫生A | 被动指数型基金 | 346 | 224 | 0.737 |
| 31 | 鹏华 | 鹏华中证银行A | 被动指数型基金 | 346 | 282 | 24.121 |
| 31 | 鹏华 | 鹏华中证800证券保险 | 被动指数型基金 | 346 | 302 | 10.925 |
| 31 | 鹏华 | 鹏华中证证券A | 被动指数型基金 | 346 | 305 | 9.204 |
| 31 | 鹏华 | 鹏华中证800地产 | 被动指数型基金 | 346 | 319 | 2.472 |
| 31 | 鹏华 | 鹏华港股通中证香港银行A | 被动指数型基金 | 346 | 332 | 2.183 |
| 31 | 鹏华 | 鹏华中证高铁产业 | 被动指数型基金 | 346 | 339 | 1.148 |
| 31 | 鹏华 | 鹏华中证传媒 | 被动指数型基金 | 346 | 341 | 7.091 |
| 31 | 鹏华 | 鹏华安盈宝 | 货币市场型基金 | 522 | 7 | 157.815 |
| 31 | 鹏华 | 鹏华添利宝A | 货币市场型基金 | 522 | 28 | 259.645 |
| 31 | 鹏华 | 鹏华增值宝 | 货币市场型基金 | 522 | 179 | 693.312 |
| 31 | 鹏华 | 鹏华货币B | 货币市场型基金 | 522 | 195 | 165.756 |
| 31 | 鹏华 | 鹏华货币A | 货币市场型基金 | 522 | 404 | 8.475 |
| 31 | 鹏华 | 鹏华添利B | 货币市场型基金 | 522 | 418 | 27.835 |
| 31 | 鹏华 | 鹏华添利A | 货币市场型基金 | 522 | 419 | 7.413 |
| 32 | 泓德 | 泓德裕荣纯债A | 中长期纯债型基金 | 614 | 154 | 4.648 |
| 32 | 泓德 | 泓德裕荣纯债C | 中长期纯债型基金 | 614 | 271 | 0.060 |
| 32 | 泓德 | 泓德裕和纯债A | 中长期纯债型基金 | 614 | 317 | 6.798 |
| 32 | 泓德 | 泓德裕和纯债C | 中长期纯债型基金 | 614 | 426 | 0.004 |

续表2-2

| 整体投资回报能力排名 | 基金公司（简称） | 基金名称 | 投资类型（二级分类） | 样本基金数量 | 同类基金中排名 | 期间内规模（亿） |
|---|---|---|---|---|---|---|
| 32 | 泓德 | 泓德泓益 | 偏股混合型基金 | 435 | 165 | 5.033 |
| 32 | 泓德 | 泓德优选成长 | 偏股混合型基金 | 435 | 230 | 35.841 |
| 32 | 泓德 | 泓德战略转型 | 普通股票型基金 | 200 | 74 | 20.829 |
| 32 | 泓德 | 泓德裕康A | 混合债券型二级基金 | 329 | 69 | 34.903 |
| 32 | 泓德 | 泓德裕康C | 混合债券型二级基金 | 329 | 82 | 0.641 |
| 32 | 泓德 | 泓德裕泰A | 混合债券型二级基金 | 329 | 204 | 23.169 |
| 32 | 泓德 | 泓德裕泰C | 混合债券型二级基金 | 329 | 218 | 0.156 |
| 32 | 泓德 | 泓德泓华 | 灵活配置型基金 | 1 312 | 65 | 7.077 |
| 32 | 泓德 | 泓德泓汇 | 灵活配置型基金 | 1 312 | 119 | 5.061 |
| 32 | 泓德 | 泓德远见回报 | 灵活配置型基金 | 1 312 | 180 | 25.776 |
| 32 | 泓德 | 泓德泓业 | 灵活配置型基金 | 1 312 | 188 | 5.881 |
| 32 | 泓德 | 泓德泓信 | 灵活配置型基金 | 1 312 | 300 | 5.982 |
| 32 | 泓德 | 泓德优势领航 | 灵活配置型基金 | 1 312 | 341 | 14.107 |
| 32 | 泓德 | 泓德泓富A | 灵活配置型基金 | 1 312 | 342 | 17.151 |
| 32 | 泓德 | 泓德泓富C | 灵活配置型基金 | 1 312 | 378 | 0.315 |
| 32 | 泓德 | 泓德泓利B | 货币市场型基金 | 522 | 314 | 12.613 |
| 32 | 泓德 | 泓德泓利A | 货币市场型基金 | 522 | 464 | 0.052 |
| 33 | 景顺长城 | 景顺长城景泰汇利A | 中长期纯债型基金 | 614 | 110 | 22.545 |
| 33 | 景顺长城 | 景顺长城鑫月薪 | 中长期纯债型基金 | 614 | 294 | 3.108 |
| 33 | 景顺长城 | 景顺长城优信增利A | 中长期纯债型基金 | 614 | 497 | 14.698 |
| 33 | 景顺长城 | 景顺长城优信增利C | 中长期纯债型基金 | 614 | 531 | 0.031 |
| 33 | 景顺长城 | 景顺长城景兴信用纯债A | 中长期纯债型基金 | 614 | 571 | 5.451 |
| 33 | 景顺长城 | 景顺长城景兴信用纯债C | 中长期纯债型基金 | 614 | 589 | 0.231 |
| 33 | 景顺长城 | 景顺长城景瑞收益债A | 中长期纯债型基金 | 614 | 594 | 10.970 |

续表2-2

| 整体投资回报能力排名 | 基金公司（简称） | 基金名称 | 投资类型（二级分类） | 样本基金数量 | 同类基金中排名 | 期间内规模（亿） |
|---|---|---|---|---|---|---|
| 33 | 景顺长城 | 景顺长城顺益回报A | 偏债混合型基金 | 86 | 32 | 3.954 |
| 33 | 景顺长城 | 景顺长城顺益回报C | 偏债混合型基金 | 86 | 44 | 1.645 |
| 33 | 景顺长城 | 景顺长城鼎益 | 偏股混合型基金 | 435 | 6 | 116.454 |
| 33 | 景顺长城 | 景顺长城新兴成长 | 偏股混合型基金 | 435 | 7 | 263.424 |
| 33 | 景顺长城 | 景顺长城公司治理 | 偏股混合型基金 | 435 | 28 | 2.546 |
| 33 | 景顺长城 | 景顺长城优势企业 | 偏股混合型基金 | 435 | 43 | 3.892 |
| 33 | 景顺长城 | 景顺长城优选 | 偏股混合型基金 | 435 | 85 | 42.566 |
| 33 | 景顺长城 | 景顺长城品质投资 | 偏股混合型基金 | 435 | 96 | 9.926 |
| 33 | 景顺长城 | 景顺长城内需增长 | 偏股混合型基金 | 435 | 117 | 24.658 |
| 33 | 景顺长城 | 景顺长城核心竞争力A | 偏股混合型基金 | 435 | 135 | 16.715 |
| 33 | 景顺长城 | 景顺长城内需增长贰号 | 偏股混合型基金 | 435 | 136 | 40.428 |
| 33 | 景顺长城 | 景顺长城核心竞争力H | 偏股混合型基金 | 435 | 140 | 0.323 |
| 33 | 景顺长城 | 景顺长城资源垄断 | 偏股混合型基金 | 435 | 212 | 16.834 |
| 33 | 景顺长城 | 景顺长城精选蓝筹 | 偏股混合型基金 | 435 | 224 | 26.416 |
| 33 | 景顺长城 | 景顺长城支柱产业 | 偏股混合型基金 | 435 | 286 | 0.430 |
| 33 | 景顺长城 | 景顺长城中小盘 | 偏股混合型基金 | 435 | 291 | 1.753 |
| 33 | 景顺长城 | 景顺长城能源基建 | 偏股混合型基金 | 435 | 355 | 12.187 |
| 33 | 景顺长城 | 景顺长城沪深300增强 | 增强指数型基金 | 57 | 40 | 29.669 |
| 33 | 景顺长城 | 景顺长城环保优势 | 普通股票型基金 | 200 | 13 | 47.820 |
| 33 | 景顺长城 | 景顺长城成长之星 | 普通股票型基金 | 200 | 28 | 2.324 |
| 33 | 景顺长城 | 景顺长城量化新动力 | 普通股票型基金 | 200 | 107 | 7.618 |
| 33 | 景顺长城 | 景顺长城沪港深精选 | 普通股票型基金 | 200 | 150 | 37.526 |
| 33 | 景顺长城 | 景顺长城中小创 | 普通股票型基金 | 200 | 156 | 5.078 |
| 33 | 景顺长城 | 景顺长城优质成长 | 普通股票型基金 | 200 | 163 | 0.471 |
| 33 | 景顺长城 | 景顺长城研究精选 | 普通股票型基金 | 200 | 168 | 0.407 |
| 33 | 景顺长城 | 景顺长城量化精选 | 普通股票型基金 | 200 | 177 | 9.260 |

续表2-2

| 整体投资回报能力排名 | 基金公司（简称） | 基金名称 | 投资类型（二级分类） | 样本基金数量 | 同类基金中排名 | 期间内规模（亿） |
|---|---|---|---|---|---|---|
| 33 | 景顺长城 | 景顺长城稳定收益A | 混合债券型一级基金 | 126 | 100 | 7.710 |
| 33 | 景顺长城 | 景顺长城稳定收益C | 混合债券型一级基金 | 126 | 109 | 2.029 |
| 33 | 景顺长城 | 景顺长城景颐双利A | 混合债券型二级基金 | 329 | 134 | 236.834 |
| 33 | 景顺长城 | 景顺长城景颐双利C | 混合债券型二级基金 | 329 | 162 | 14.374 |
| 33 | 景顺长城 | 景顺长城景盈双利A | 混合债券型二级基金 | 329 | 248 | 21.370 |
| 33 | 景顺长城 | 景顺长城景盈双利C | 混合债券型二级基金 | 329 | 274 | 0.087 |
| 33 | 景顺长城 | 景顺长城四季金利A | 混合债券型二级基金 | 329 | 281 | 11.691 |
| 33 | 景顺长城 | 景顺长城四季金利C | 混合债券型二级基金 | 329 | 294 | 0.030 |
| 33 | 景顺长城 | 景顺长城景盛双息A | 混合债券型二级基金 | 329 | 305 | 0.932 |
| 33 | 景顺长城 | 景顺长城景盛双息C | 混合债券型二级基金 | 329 | 312 | 0.404 |
| 33 | 景顺长城 | 景顺长城策略精选 | 灵活配置型基金 | 1 312 | 101 | 10.999 |
| 33 | 景顺长城 | 景顺长城动力平衡 | 灵活配置型基金 | 1 312 | 288 | 15.294 |
| 33 | 景顺长城 | 景顺长城低碳科技主题 | 灵活配置型基金 | 1 312 | 660 | 1.804 |
| 33 | 景顺长城 | 景顺长城中国回报 | 灵活配置型基金 | 1 312 | 762 | 7.573 |
| 33 | 景顺长城 | 景顺长城领先回报A | 灵活配置型基金 | 1 312 | 815 | 4.830 |
| 33 | 景顺长城 | 景顺长城领先回报C | 灵活配置型基金 | 1 312 | 835 | 2.282 |
| 33 | 景顺长城 | 景顺长城泰安A | 灵活配置型基金 | 1 312 | 959 | 4.586 |
| 33 | 景顺长城 | 景顺长城安享回报A | 灵活配置型基金 | 1 312 | 963 | 6.254 |
| 33 | 景顺长城 | 景顺长城安享回报C | 灵活配置型基金 | 1 312 | 978 | 1.827 |
| 33 | 景顺长城 | 景顺长城泰安C | 灵活配置型基金 | 1 312 | 986 | 1.613 |
| 33 | 景顺长城 | 景顺长城改革机遇A | 灵活配置型基金 | 1 312 | 1 073 | 0.794 |
| 33 | 景顺长城 | 景顺长城稳健回报A | 灵活配置型基金 | 1 312 | 1 093 | 7.222 |
| 33 | 景顺长城 | 景顺长城稳健回报C | 灵活配置型基金 | 1 312 | 1 117 | 1.712 |
| 33 | 景顺长城 | 景顺长城泰和回报A | 灵活配置型基金 | 1 312 | 1 228 | 4.439 |
| 33 | 景顺长城 | 景顺长城泰和回报C | 灵活配置型基金 | 1 312 | 1 238 | 0.003 |

续表2-2

| 整体投资回报能力排名 | 基金公司（简称） | 基金名称 | 投资类型（二级分类） | 样本基金数量 | 同类基金中排名 | 期间内规模（亿） |
|---|---|---|---|---|---|---|
| 33 | 景顺长城 | 景顺长城中证科技传媒通信150ETF | 被动指数型基金 | 346 | 227 | 4.028 |
| 33 | 景顺长城 | 景顺长城中证科技传媒通信150ETF联接 | 被动指数型基金 | 346 | 238 | 4.111 |
| 33 | 景顺长城 | 景顺长城中证500ETF | 被动指数型基金 | 346 | 241 | 0.783 |
| 33 | 景顺长城 | 景顺长城中证500ETF联接 | 被动指数型基金 | 346 | 264 | 0.770 |
| 33 | 景顺长城 | 景顺长城景丰B | 货币市场型基金 | 522 | 138 | 254.712 |
| 33 | 景顺长城 | 景顺长城货币B | 货币市场型基金 | 522 | 171 | 19.610 |
| 33 | 景顺长城 | 景顺长城景益货币B | 货币市场型基金 | 522 | 265 | 7.194 |
| 33 | 景顺长城 | 景顺长城景丰A | 货币市场型基金 | 522 | 362 | 4.900 |
| 33 | 景顺长城 | 景顺长城景益货币A | 货币市场型基金 | 522 | 372 | 589.458 |
| 33 | 景顺长城 | 景顺长城货币A | 货币市场型基金 | 522 | 389 | 180.472 |
| 34 | 富国 | 富国强回报A | 中长期纯债型基金 | 614 | 10 | 6.323 |
| 34 | 富国 | 富国强回报C | 中长期纯债型基金 | 614 | 30 | 0.468 |
| 34 | 富国 | 富国泰利 | 中长期纯债型基金 | 614 | 67 | 17.259 |
| 34 | 富国 | 富国新天锋 | 中长期纯债型基金 | 614 | 86 | 17.406 |
| 34 | 富国 | 富国产业债A | 中长期纯债型基金 | 614 | 87 | 74.041 |
| 34 | 富国 | 富国信用债A | 中长期纯债型基金 | 614 | 100 | 131.312 |
| 34 | 富国 | 富国目标齐利一年 | 中长期纯债型基金 | 614 | 143 | 35.310 |
| 34 | 富国 | 富国纯债AB | 中长期纯债型基金 | 614 | 153 | 50.970 |
| 34 | 富国 | 富国一年期纯债 | 中长期纯债型基金 | 614 | 156 | 33.736 |
| 34 | 富国 | 富国信用债C | 中长期纯债型基金 | 614 | 196 | 4.909 |
| 34 | 富国 | 富国纯债C | 中长期纯债型基金 | 614 | 289 | 1.920 |
| 34 | 富国 | 富国两年期理财A | 中长期纯债型基金 | 614 | 376 | 168.645 |
| 34 | 富国 | 富国国有企业债AB | 中长期纯债型基金 | 614 | 380 | 4.022 |

续表2-2

| 整体投资回报能力排名 | 基金公司（简称） | 基金名称 | 投资类型（二级分类） | 样本基金数量 | 同类基金中排名 | 期间内规模（亿） |
|---|---|---|---|---|---|---|
| 34 | 富国 | 富国两年期理财C | 中长期纯债型基金 | 614 | 469 | 0.002 |
| 34 | 富国 | 富国国有企业债C | 中长期纯债型基金 | 614 | 485 | 39.874 |
| 34 | 富国 | 富国睿利定期开放 | 偏债混合型基金 | 86 | 35 | 2.138 |
| 34 | 富国 | 富国久利稳健配置A | 偏债混合型基金 | 86 | 71 | 2.857 |
| 34 | 富国 | 富国久利稳健配置C | 偏债混合型基金 | 86 | 74 | 0.602 |
| 34 | 富国 | 富国价值优势 | 偏股混合型基金 | 435 | 8 | 40.981 |
| 34 | 富国 | 富国低碳新经济A | 偏股混合型基金 | 435 | 27 | 31.375 |
| 34 | 富国 | 富国高新技术产业 | 偏股混合型基金 | 435 | 35 | 21.236 |
| 34 | 富国 | 富国美丽中国A | 偏股混合型基金 | 435 | 38 | 39.670 |
| 34 | 富国 | 富国通胀通缩主题 | 偏股混合型基金 | 435 | 42 | 4.397 |
| 34 | 富国 | 富国天博创新主题 | 偏股混合型基金 | 435 | 62 | 25.062 |
| 34 | 富国 | 富国中小盘精选 | 偏股混合型基金 | 435 | 74 | 8.909 |
| 34 | 富国 | 富国创新科技A | 偏股混合型基金 | 435 | 88 | 26.918 |
| 34 | 富国 | 富国消费主题A | 偏股混合型基金 | 435 | 108 | 23.389 |
| 34 | 富国 | 富国天合稳健优选 | 偏股混合型基金 | 435 | 127 | 46.153 |
| 34 | 富国 | 富国医疗保健行业A | 偏股混合型基金 | 435 | 137 | 13.334 |
| 34 | 富国 | 富国天惠精选成长A | 偏股混合型基金 | 435 | 177 | 205.515 |
| 34 | 富国 | 富国国家安全主题A | 偏股混合型基金 | 435 | 287 | 11.761 |
| 34 | 富国 | 富国低碳环保 | 偏股混合型基金 | 435 | 385 | 46.909 |
| 34 | 富国 | 富国改革动力 | 偏股混合型基金 | 435 | 415 | 46.793 |
| 34 | 富国 | 富国中证医药主题指数增强A | 增强指数型基金 | 57 | 5 | 4.084 |
| 34 | 富国 | 富国沪深300增强A | 增强指数型基金 | 57 | 27 | 39.142 |
| 34 | 富国 | 富国中证红利指数增强A | 增强指数型基金 | 57 | 49 | 30.216 |

续表2-2

| 整体投资回报能力排名 | 基金公司（简称） | 基金名称 | 投资类型（二级分类） | 样本基金数量 | 同类基金中排名 | 期间内规模（亿） |
|---|---|---|---|---|---|---|
| 34 | 富国 | 富国中证500指数增强A | 增强指数型基金 | 57 | 50 | 43.319 |
| 34 | 富国 | 富国文体健康A | 普通股票型基金 | 200 | 20 | 19.577 |
| 34 | 富国 | 富国高端制造行业 | 普通股票型基金 | 200 | 31 | 12.110 |
| 34 | 富国 | 富国新兴产业 | 普通股票型基金 | 200 | 139 | 19.819 |
| 34 | 富国 | 富国城镇发展 | 普通股票型基金 | 200 | 187 | 24.364 |
| 34 | 富国 | 富国天丰强化收益 | 混合债券型一级基金 | 126 | 25 | 23.472 |
| 34 | 富国 | 富国天盈C | 混合债券型一级基金 | 126 | 39 | 15.575 |
| 34 | 富国 | 富国天利增长债券 | 混合债券型一级基金 | 126 | 45 | 126.052 |
| 34 | 富国 | 富国可转债A | 混合债券型二级基金 | 329 | 23 | 27.712 |
| 34 | 富国 | 富国收益增强A | 混合债券型二级基金 | 329 | 65 | 43.618 |
| 34 | 富国 | 富国收益增强C | 混合债券型二级基金 | 329 | 84 | 3.876 |
| 34 | 富国 | 富国稳健增强AB | 混合债券型二级基金 | 329 | 163 | 30.227 |
| 34 | 富国 | 富国优化增强A | 混合债券型二级基金 | 329 | 180 | 18.852 |
| 34 | 富国 | 富国优化增强B | 混合债券型二级基金 | 329 | 181 | 18.852 |
| 34 | 富国 | 富国稳健增强C | 混合债券型二级基金 | 329 | 195 | 4.551 |
| 34 | 富国 | 富国优化增强C | 混合债券型二级基金 | 329 | 205 | 2.313 |
| 34 | 富国 | 富国祥利 | 混合债券型二级基金 | 329 | 263 | 5.343 |
| 34 | 富国 | 富国新动力A | 灵活配置型基金 | 1 312 | 14 | 15.363 |
| 34 | 富国 | 富国新动力C | 灵活配置型基金 | 1 312 | 18 | 4.052 |
| 34 | 富国 | 富国天瑞强势精选 | 灵活配置型基金 | 1 312 | 78 | 36.314 |
| 34 | 富国 | 富国研究优选沪港深 | 灵活配置型基金 | 1 312 | 83 | 1.762 |
| 34 | 富国 | 富国天益价值A | 灵活配置型基金 | 1 312 | 104 | 65.674 |
| 34 | 富国 | 富国天盛 | 灵活配置型基金 | 1 312 | 120 | 5.903 |
| 34 | 富国 | 富国宏观策略A | 灵活配置型基金 | 1 312 | 160 | 4.270 |

续表2-2

| 整体投资回报能力排名 | 基金公司（简称） | 基金名称 | 投资类型（二级分类） | 样本基金数量 | 同类基金中排名 | 期间内规模（亿） |
|---|---|---|---|---|---|---|
| 34 | 富国 | 富国天成红利 | 灵活配置型基金 | 1 312 | 278 | 17.604 |
| 34 | 富国 | 富国沪港深价值精选A | 灵活配置型基金 | 1 312 | 398 | 45.479 |
| 34 | 富国 | 富国天源沪港深 | 灵活配置型基金 | 1 312 | 434 | 5.969 |
| 34 | 富国 | 富国新收益A | 灵活配置型基金 | 1 312 | 545 | 4.524 |
| 34 | 富国 | 富国新收益C | 灵活配置型基金 | 1 312 | 577 | 2.155 |
| 34 | 富国 | 富国研究精选 | 灵活配置型基金 | 1 312 | 587 | 12.889 |
| 34 | 富国 | 富国新回报AB | 灵活配置型基金 | 1 312 | 681 | 1.795 |
| 34 | 富国 | 富国新回报C | 灵活配置型基金 | 1 312 | 718 | 0.128 |
| 34 | 富国 | 富国绝对收益多策略A | 股票多空 | 16 | 3 | 2.621 |
| 34 | 富国 | 富国中证新能源汽车A | 被动指数型基金 | 346 | 10 | 69.090 |
| 34 | 富国 | 富国中证智能汽车A | 被动指数型基金 | 346 | 17 | 2.002 |
| 34 | 富国 | 富国中证工业4.0A | 被动指数型基金 | 346 | 30 | 16.899 |
| 34 | 富国 | 富国创业板指数A | 被动指数型基金 | 346 | 119 | 9.319 |
| 34 | 富国 | 富国中证移动互联网A | 被动指数型基金 | 346 | 126 | 6.364 |
| 34 | 富国 | 富国中证煤炭A | 被动指数型基金 | 346 | 138 | 12.698 |
| 34 | 富国 | 富国国企改革A | 被动指数型基金 | 346 | 196 | 63.159 |
| 34 | 富国 | 富国上证综指ETF | 被动指数型基金 | 346 | 208 | 3.024 |
| 34 | 富国 | 富国上证指数ETF联接A | 被动指数型基金 | 346 | 225 | 1.539 |
| 34 | 富国 | 富国中证军工A | 被动指数型基金 | 346 | 243 | 88.391 |
| 34 | 富国 | 富国中证全指证券公司A | 被动指数型基金 | 346 | 309 | 12.794 |
| 34 | 富国 | 富国中证体育产业A | 被动指数型基金 | 346 | 336 | 2.364 |
| 34 | 富国 | 富国安益A | 货币市场型基金 | 522 | 73 | 223.883 |
| 34 | 富国 | 富国收益宝B | 货币市场型基金 | 522 | 124 | 102.441 |

续表2-2

| 整体投资回报能力排名 | 基金公司（简称） | 基金名称 | 投资类型（二级分类） | 样本基金数量 | 同类基金中排名 | 期间内规模（亿） |
|---|---|---|---|---|---|---|
| 34 | 富国 | 富国富钱包A | 货币市场型基金 | 522 | 141 | 809.303 |
| 34 | 富国 | 富国天时货币B | 货币市场型基金 | 522 | 214 | 158.012 |
| 34 | 富国 | 富国收益宝A | 货币市场型基金 | 522 | 348 | 2.712 |
| 34 | 富国 | 富国收益宝H | 货币市场型基金 | 522 | 352 | 83.124 |
| 34 | 富国 | 富国天时货币C | 货币市场型基金 | 522 | 414 | 8.606 |
| 34 | 富国 | 富国天时货币A | 货币市场型基金 | 522 | 417 | 3.687 |
| 34 | 富国 | 富国天时货币D | 货币市场型基金 | 522 | 463 | 0.086 |
| 35 | 交银施罗德 | 交银裕隆纯债A | 中长期纯债型基金 | 614 | 71 | 112.410 |
| 35 | 交银施罗德 | 交银裕隆纯债C | 中长期纯债型基金 | 614 | 116 | 11.635 |
| 35 | 交银施罗德 | 交银纯债AB | 中长期纯债型基金 | 614 | 191 | 88.706 |
| 35 | 交银施罗德 | 交银双轮动AB | 中长期纯债型基金 | 614 | 198 | 47.026 |
| 35 | 交银施罗德 | 交银裕通纯债A | 中长期纯债型基金 | 614 | 305 | 10.989 |
| 35 | 交银施罗德 | 交银纯债C | 中长期纯债型基金 | 614 | 319 | 2.195 |
| 35 | 交银施罗德 | 交银双轮动C | 中长期纯债型基金 | 614 | 333 | 0.587 |
| 35 | 交银施罗德 | 交银裕通纯债C | 中长期纯债型基金 | 614 | 336 | 0.007 |
| 35 | 交银施罗德 | 交银丰润收益A | 中长期纯债型基金 | 614 | 403 | 27.983 |
| 35 | 交银施罗德 | 交银裕利纯债A | 中长期纯债型基金 | 614 | 414 | 19.165 |
| 35 | 交银施罗德 | 交银裕盈纯债A | 中长期纯债型基金 | 614 | 419 | 3.891 |
| 35 | 交银施罗德 | 交银裕盈纯债C | 中长期纯债型基金 | 614 | 457 | 0.001 |
| 35 | 交银施罗德 | 交银裕利纯债C | 中长期纯债型基金 | 614 | 501 | 0.000 |
| 35 | 交银施罗德 | 交银丰享收益C | 中长期纯债型基金 | 614 | 507 | 1.348 |
| 35 | 交银施罗德 | 交银丰盈收益A | 中长期纯债型基金 | 614 | 556 | 8.169 |
| 35 | 交银施罗德 | 交银丰润收益C | 中长期纯债型基金 | 614 | 572 | 0.058 |
| 35 | 交银施罗德 | 交银趋势优先A | 偏股混合型基金 | 435 | 2 | 51.918 |
| 35 | 交银施罗德 | 交银先进制造 | 偏股混合型基金 | 435 | 20 | 64.088 |

续表2-2

| 整体投资回报能力排名 | 基金公司（简称） | 基金名称 | 投资类型（二级分类） | 样本基金数量 | 同类基金中排名 | 期间内规模（亿） |
|---|---|---|---|---|---|---|
| 35 | 交银施罗德 | 交银新成长 | 偏股混合型基金 | 435 | 87 | 65.591 |
| 35 | 交银施罗德 | 交银阿尔法A | 偏股混合型基金 | 435 | 92 | 37.357 |
| 35 | 交银施罗德 | 交银成长30 | 偏股混合型基金 | 435 | 123 | 8.306 |
| 35 | 交银施罗德 | 交银精选 | 偏股混合型基金 | 435 | 143 | 62.157 |
| 35 | 交银施罗德 | 交银蓝筹 | 偏股混合型基金 | 435 | 191 | 23.069 |
| 35 | 交银施罗德 | 交银先锋A | 偏股混合型基金 | 435 | 255 | 16.238 |
| 35 | 交银施罗德 | 交银成长A | 偏股混合型基金 | 435 | 358 | 33.793 |
| 35 | 交银施罗德 | 交银成长H | 偏股混合型基金 | 435 | 359 | 0.112 |
| 35 | 交银施罗德 | 交银消费新驱动 | 普通股票型基金 | 200 | 24 | 11.525 |
| 35 | 交银施罗德 | 交银增利债券A | 混合债券型一级基金 | 126 | 32 | 21.138 |
| 35 | 交银施罗德 | 交银增利债券B | 混合债券型一级基金 | 126 | 33 | 21.138 |
| 35 | 交银施罗德 | 交银增利债券C | 混合债券型一级基金 | 126 | 44 | 7.563 |
| 35 | 交银施罗德 | 交银信用添利 | 混合债券型一级基金 | 126 | 81 | 28.039 |
| 35 | 交银施罗德 | 交银安心收益 | 混合债券型二级基金 | 329 | 267 | 7.821 |
| 35 | 交银施罗德 | 交银强化回报AB | 混合债券型二级基金 | 329 | 268 | 3.875 |
| 35 | 交银施罗德 | 交银稳固收益 | 混合债券型二级基金 | 329 | 285 | 5.278 |
| 35 | 交银施罗德 | 交银强化回报C | 混合债券型二级基金 | 329 | 286 | 0.107 |
| 35 | 交银施罗德 | 交银定期支付月月丰A | 混合债券型二级基金 | 329 | 290 | 0.742 |
| 35 | 交银施罗德 | 交银定期支付月月丰C | 混合债券型二级基金 | 329 | 300 | 0.067 |
| 35 | 交银施罗德 | 交银双利AB | 混合债券型二级基金 | 329 | 310 | 4.481 |
| 35 | 交银施罗德 | 交银双利C | 混合债券型二级基金 | 329 | 315 | 0.182 |
| 35 | 交银施罗德 | 交银经济新动力A | 灵活配置型基金 | 1 312 | 22 | 33.698 |
| 35 | 交银施罗德 | 交银新生活力 | 灵活配置型基金 | 1 312 | 128 | 41.210 |
| 35 | 交银施罗德 | 交银策略回报 | 灵活配置型基金 | 1 312 | 157 | 5.383 |
| 35 | 交银施罗德 | 交银科技创新 | 灵活配置型基金 | 1 312 | 183 | 2.683 |

2 五年期公募基金管理公司整体投资回报能力评价

续表2-2

| 整体投资回报能力排名 | 基金公司（简称） | 基金名称 | 投资类型（二级分类） | 样本基金数量 | 同类基金中排名 | 期间内规模（亿） |
|---|---|---|---|---|---|---|
| 35 | 交银施罗德 | 交银优势行业 | 灵活配置型基金 | 1 312 | 196 | 33.051 |
| 35 | 交银施罗德 | 交银数据产业 | 灵活配置型基金 | 1 312 | 198 | 19.335 |
| 35 | 交银施罗德 | 交银主题优选A | 灵活配置型基金 | 1 312 | 247 | 13.205 |
| 35 | 交银施罗德 | 交银沪港深价值精选 | 灵活配置型基金 | 1 312 | 276 | 6.924 |
| 35 | 交银施罗德 | 交银稳健配置A | 灵活配置型基金 | 1 312 | 403 | 20.485 |
| 35 | 交银施罗德 | 交银国企改革 | 灵活配置型基金 | 1 312 | 483 | 8.465 |
| 35 | 交银施罗德 | 交银瑞鑫定期开放 | 灵活配置型基金 | 1 312 | 721 | 7.857 |
| 35 | 交银施罗德 | 交银多策略回报C | 灵活配置型基金 | 1 312 | 843 | 13.552 |
| 35 | 交银施罗德 | 交银多策略回报A | 灵活配置型基金 | 1 312 | 846 | 17.813 |
| 35 | 交银施罗德 | 交银周期回报A | 灵活配置型基金 | 1 312 | 908 | 14.536 |
| 35 | 交银施罗德 | 交银优择回报C | 灵活配置型基金 | 1 312 | 921 | 2.961 |
| 35 | 交银施罗德 | 交银周期回报C | 灵活配置型基金 | 1 312 | 922 | 16.313 |
| 35 | 交银施罗德 | 交银新回报C | 灵活配置型基金 | 1 312 | 927 | 11.956 |
| 35 | 交银施罗德 | 交银优选回报A | 灵活配置型基金 | 1 312 | 928 | 8.790 |
| 35 | 交银施罗德 | 交银新回报A | 灵活配置型基金 | 1 312 | 933 | 23.781 |
| 35 | 交银施罗德 | 交银优择回报A | 灵活配置型基金 | 1 312 | 938 | 7.883 |
| 35 | 交银施罗德 | 交银优选回报C | 灵活配置型基金 | 1 312 | 947 | 3.223 |
| 35 | 交银施罗德 | 交银荣鑫 | 灵活配置型基金 | 1 312 | 1 148 | 12.357 |
| 35 | 交银施罗德 | 交银国证新能源A | 被动指数型基金 | 346 | 42 | 5.504 |
| 35 | 交银施罗德 | 交银深证300价值ETF | 被动指数型基金 | 346 | 127 | 0.476 |
| 35 | 交银施罗德 | 交银深证300价值ETF联接 | 被动指数型基金 | 346 | 159 | 0.468 |
| 35 | 交银施罗德 | 交银180治理ETF | 被动指数型基金 | 346 | 163 | 3.784 |
| 35 | 交银施罗德 | 交银180治理ETF联接 | 被动指数型基金 | 346 | 179 | 3.767 |
| 35 | 交银施罗德 | 交银中证环境治理A | 被动指数型基金 | 346 | 346 | 1.847 |

续表2-2

| 整体投资回报能力排名 | 基金公司（简称） | 基金名称 | 投资类型（二级分类） | 样本基金数量 | 同类基金中排名 | 期间内规模（亿） |
|---|---|---|---|---|---|---|
| 35 | 交银施罗德 | 交银天利宝货币E | 货币市场型基金 | 522 | 9 | 10.121 |
| 35 | 交银施罗德 | 交银天鑫宝E | 货币市场型基金 | 522 | 50 | 259.077 |
| 35 | 交银施罗德 | 交银天益宝E | 货币市场型基金 | 522 | 51 | 61.122 |
| 35 | 交银施罗德 | 交银活期通E | 货币市场型基金 | 522 | 80 | 68.341 |
| 35 | 交银施罗德 | 交银天利宝货币A | 货币市场型基金 | 522 | 82 | 14.906 |
| 35 | 交银施罗德 | 交银现金宝E | 货币市场型基金 | 522 | 197 | 26.561 |
| 35 | 交银施罗德 | 交银天鑫宝A | 货币市场型基金 | 522 | 232 | 0.103 |
| 35 | 交银施罗德 | 交银天益宝A | 货币市场型基金 | 522 | 235 | 0.221 |
| 35 | 交银施罗德 | 交银活期通A | 货币市场型基金 | 522 | 292 | 60.226 |
| 35 | 交银施罗德 | 交银货币B | 货币市场型基金 | 522 | 385 | 188.090 |
| 35 | 交银施罗德 | 交银现金宝A | 货币市场型基金 | 522 | 403 | 291.094 |
| 35 | 交银施罗德 | 交银货币A | 货币市场型基金 | 522 | 485 | 5.931 |
| 36 | 南方 | 南方金利A | 中长期纯债型基金 | 614 | 15 | 2.522 |
| 36 | 南方 | 南方颐元A | 中长期纯债型基金 | 614 | 19 | 4.463 |
| 36 | 南方 | 南方金利C | 中长期纯债型基金 | 614 | 32 | 0.786 |
| 36 | 南方 | 南方双元A | 中长期纯债型基金 | 614 | 75 | 33.076 |
| 36 | 南方 | 南方多元定开 | 中长期纯债型基金 | 614 | 81 | 83.737 |
| 36 | 南方 | 南方丰元信用增强A | 中长期纯债型基金 | 614 | 84 | 92.429 |
| 36 | 南方 | 南方弘利 | 中长期纯债型基金 | 614 | 89 | 21.892 |
| 36 | 南方 | 南方双元C | 中长期纯债型基金 | 614 | 142 | 3.581 |
| 36 | 南方 | 南方丰元信用增强C | 中长期纯债型基金 | 614 | 161 | 10.326 |
| 36 | 南方 | 南方宣利定期开放A | 中长期纯债型基金 | 614 | 187 | 5.169 |
| 36 | 南方 | 南方通利A | 中长期纯债型基金 | 614 | 199 | 43.101 |
| 36 | 南方 | 南方宣利定期开放C | 中长期纯债型基金 | 614 | 314 | 0.002 |
| 36 | 南方 | 南方通利C | 中长期纯债型基金 | 614 | 343 | 6.165 |

续表2-2

| 整体投资回报能力排名 | 基金公司（简称） | 基金名称 | 投资类型（二级分类） | 样本基金数量 | 同类基金中排名 | 期间内规模（亿） |
|---|---|---|---|---|---|---|
| 36 | 南方 | 南方润元纯债AB | 中长期纯债型基金 | 614 | 361 | 17.282 |
| 36 | 南方 | 南方稳利1年A | 中长期纯债型基金 | 614 | 364 | 40.849 |
| 36 | 南方 | 南方润元纯债C | 中长期纯债型基金 | 614 | 479 | 3.080 |
| 36 | 南方 | 南方启元A | 中长期纯债型基金 | 614 | 480 | 22.439 |
| 36 | 南方 | 南方稳利1年C | 中长期纯债型基金 | 614 | 484 | 1.058 |
| 36 | 南方 | 南方启元C | 中长期纯债型基金 | 614 | 533 | 0.560 |
| 36 | 南方 | 南方安泰A | 偏债混合型基金 | 86 | 27 | 66.023 |
| 36 | 南方 | 南方安裕A | 偏债混合型基金 | 86 | 38 | 30.370 |
| 36 | 南方 | 南方安颐 | 偏债混合型基金 | 86 | 62 | 7.702 |
| 36 | 南方 | 南方潜力新蓝筹 | 偏股混合型基金 | 435 | 139 | 12.706 |
| 36 | 南方 | 南方优选价值A | 偏股混合型基金 | 435 | 227 | 12.031 |
| 36 | 南方 | 南方优选价值H | 偏股混合型基金 | 435 | 228 | 0.055 |
| 36 | 南方 | 南方绩优成长A | 偏股混合型基金 | 435 | 237 | 50.515 |
| 36 | 南方 | 南方隆元产业主题 | 偏股混合型基金 | 435 | 243 | 17.262 |
| 36 | 南方 | 南方盛元红利 | 偏股混合型基金 | 435 | 290 | 10.057 |
| 36 | 南方 | 南方成份精选A | 偏股混合型基金 | 435 | 292 | 34.015 |
| 36 | 南方 | 南方高增长 | 偏股混合型基金 | 435 | 300 | 19.478 |
| 36 | 南方 | 南方策略优化 | 偏股混合型基金 | 435 | 412 | 9.391 |
| 36 | 南方 | 南方中证500增强A | 增强指数型基金 | 57 | 53 | 3.736 |
| 36 | 南方 | 南方中证500增强C | 增强指数型基金 | 57 | 54 | 0.910 |
| 36 | 南方 | 南方国策动力 | 普通股票型基金 | 200 | 68 | 2.444 |
| 36 | 南方 | 南方天元新产业 | 普通股票型基金 | 200 | 92 | 11.619 |
| 36 | 南方 | 南方新兴消费A | 普通股票型基金 | 200 | 104 | 5.758 |
| 36 | 南方 | 南方中小盘成长 | 普通股票型基金 | 200 | 109 | 15.149 |
| 36 | 南方 | 南方产业活力 | 普通股票型基金 | 200 | 185 | 13.886 |

续表2-2

| 整体投资回报能力排名 | 基金公司（简称） | 基金名称 | 投资类型（二级分类） | 样本基金数量 | 同类基金中排名 | 期间内规模（亿） |
|---|---|---|---|---|---|---|
| 36 | 南方 | 南方量化成长 | 普通股票型基金 | 200 | 198 | 7.465 |
| 36 | 南方 | 南方多利增强 A | 混合债券型一级基金 | 126 | 47 | 27.959 |
| 36 | 南方 | 南方多利增强 C | 混合债券型一级基金 | 126 | 59 | 7.033 |
| 36 | 南方 | 南方广利回报 AB | 混合债券型二级基金 | 329 | 61 | 41.448 |
| 36 | 南方 | 南方宝元债券 A | 混合债券型二级基金 | 329 | 63 | 83.614 |
| 36 | 南方 | 南方广利回报 C | 混合债券型二级基金 | 329 | 67 | 8.465 |
| 36 | 南方 | 南方卓元 A | 混合债券型二级基金 | 329 | 187 | 5.267 |
| 36 | 南方 | 南方卓元 C | 混合债券型二级基金 | 329 | 209 | 0.073 |
| 36 | 南方 | 南方高端装备 A | 灵活配置型基金 | 1 312 | 56 | 10.887 |
| 36 | 南方 | 南方转型驱动 | 灵活配置型基金 | 1 312 | 66 | 2.638 |
| 36 | 南方 | 南方创新经济 | 灵活配置型基金 | 1 312 | 159 | 26.156 |
| 36 | 南方 | 南方新优享 A | 灵活配置型基金 | 1 312 | 199 | 30.228 |
| 36 | 南方 | 南方医药保健 | 灵活配置型基金 | 1 312 | 227 | 21.309 |
| 36 | 南方 | 南方转型增长 A | 灵活配置型基金 | 1 312 | 282 | 11.257 |
| 36 | 南方 | 南方优选成长 A | 灵活配置型基金 | 1 312 | 290 | 23.613 |
| 36 | 南方 | 南方核心竞争 | 灵活配置型基金 | 1 312 | 317 | 20.409 |
| 36 | 南方 | 南方益和灵活配置 | 灵活配置型基金 | 1 312 | 328 | 15.686 |
| 36 | 南方 | 南方品质优选 A | 灵活配置型基金 | 1 312 | 363 | 10.488 |
| 36 | 南方 | 南方稳健成长 2 号 | 灵活配置型基金 | 1 312 | 422 | 18.184 |
| 36 | 南方 | 南方稳健成长 | 灵活配置型基金 | 1 312 | 435 | 21.852 |
| 36 | 南方 | 南方君选 | 灵活配置型基金 | 1 312 | 453 | 2.988 |
| 36 | 南方 | 南方改革机遇 | 灵活配置型基金 | 1 312 | 465 | 12.109 |
| 36 | 南方 | 南方瑞利 | 灵活配置型基金 | 1 312 | 560 | 12.319 |
| 36 | 南方 | 南方新兴龙头 | 灵活配置型基金 | 1 312 | 570 | 4.780 |
| 36 | 南方 | 南方中国梦 | 灵活配置型基金 | 1 312 | 647 | 2.194 |

续表2-2

| 整体投资回报能力排名 | 基金公司（简称） | 基金名称 | 投资类型（二级分类） | 样本基金数量 | 同类基金中排名 | 期间内规模（亿） |
|---|---|---|---|---|---|---|
| 36 | 南方 | 南方积极配置 | 灵活配置型基金 | 1 312 | 789 | 8.438 |
| 36 | 南方 | 南方利淘A | 灵活配置型基金 | 1 312 | 954 | 11.457 |
| 36 | 南方 | 南方利鑫A | 灵活配置型基金 | 1 312 | 964 | 8.862 |
| 36 | 南方 | 南方利淘C | 灵活配置型基金 | 1 312 | 965 | 1.103 |
| 36 | 南方 | 南方利鑫C | 灵活配置型基金 | 1 312 | 967 | 1.865 |
| 36 | 南方 | 南方荣光C | 灵活配置型基金 | 1 312 | 979 | 5.152 |
| 36 | 南方 | 南方荣光A | 灵活配置型基金 | 1 312 | 980 | 3.386 |
| 36 | 南方 | 南方利达A | 灵活配置型基金 | 1 312 | 1 001 | 7.397 |
| 36 | 南方 | 南方利达C | 灵活配置型基金 | 1 312 | 1 007 | 1.629 |
| 36 | 南方 | 南方利众C | 灵活配置型基金 | 1 312 | 1 009 | 1.609 |
| 36 | 南方 | 南方利众A | 灵活配置型基金 | 1 312 | 1 051 | 5.179 |
| 36 | 南方 | 南方利安A | 灵活配置型基金 | 1 312 | 1 154 | 8.600 |
| 36 | 南方 | 南方利安C | 灵活配置型基金 | 1 312 | 1 156 | 2.629 |
| 36 | 南方 | 南方绝对收益策略 | 股票多空 | 16 | 2 | 3.390 |
| 36 | 南方 | 南方创业板ETF | 被动指数型基金 | 346 | 80 | 12.387 |
| 36 | 南方 | 南方创业板ETF联接A | 被动指数型基金 | 346 | 81 | 8.836 |
| 36 | 南方 | 南方沪深300ETF | 被动指数型基金 | 346 | 84 | 14.941 |
| 36 | 南方 | 南方沪深300ETF联接A | 被动指数型基金 | 346 | 95 | 10.835 |
| 36 | 南方 | 南方大数据300A | 被动指数型基金 | 346 | 128 | 6.474 |
| 36 | 南方 | 南方大数据300C | 被动指数型基金 | 346 | 143 | 0.777 |
| 36 | 南方 | 南方深成ETF | 被动指数型基金 | 346 | 149 | 3.967 |
| 36 | 南方 | 南方深成ETF联接A | 被动指数型基金 | 346 | 160 | 2.511 |
| 36 | 南方 | 南方中证互联网 | 被动指数型基金 | 346 | 166 | 1.605 |
| 36 | 南方 | 南方上证380ETF | 被动指数型基金 | 346 | 183 | 2.092 |

续表2-2

| 整体投资回报能力排名 | 基金公司（简称） | 基金名称 | 投资类型（二级分类） | 样本基金数量 | 同类基金中排名 | 期间内规模（亿） |
|---|---|---|---|---|---|---|
| 36 | 南方 | 南方上证380ETF联接A | 被动指数型基金 | 346 | 197 | 1.826 |
| 36 | 南方 | 南方中证500信息技术ETF | 被动指数型基金 | 346 | 199 | 4.001 |
| 36 | 南方 | 南方中证100A | 被动指数型基金 | 346 | 207 | 3.583 |
| 36 | 南方 | 南方中证500信息技术ETF联接A | 被动指数型基金 | 346 | 214 | 2.122 |
| 36 | 南方 | 南方小康产业ETF | 被动指数型基金 | 346 | 217 | 5.482 |
| 36 | 南方 | 南方小康产业ETF联接A | 被动指数型基金 | 346 | 222 | 5.597 |
| 36 | 南方 | 南方大数据100A | 被动指数型基金 | 346 | 258 | 42.835 |
| 36 | 南方 | 南方中证500ETF联接A | 被动指数型基金 | 346 | 279 | 63.578 |
| 36 | 南方 | 南方中证500ETF | 被动指数型基金 | 346 | 281 | 356.362 |
| 36 | 南方 | 南方中证1000ETF | 被动指数型基金 | 346 | 294 | 11.204 |
| 36 | 南方 | 南方恒生ETF | 被动指数型基金 | 346 | 323 | 2.488 |
| 36 | 南方 | 南方中证高铁产业 | 被动指数型基金 | 346 | 340 | 2.537 |
| 36 | 南方 | 南方天天利B | 货币市场型基金 | 522 | 5 | 690.537 |
| 36 | 南方 | 南方现金通C | 货币市场型基金 | 522 | 32 | 32.323 |
| 36 | 南方 | 南方收益宝B | 货币市场型基金 | 522 | 54 | 400.909 |
| 36 | 南方 | 南方天天利A | 货币市场型基金 | 522 | 68 | 46.563 |
| 36 | 南方 | 南方现金通B | 货币市场型基金 | 522 | 70 | 0.338 |
| 36 | 南方 | 南方现金通A | 货币市场型基金 | 522 | 99 | 0.074 |
| 36 | 南方 | 南方现金增利B | 货币市场型基金 | 522 | 108 | 411.438 |
| 36 | 南方 | 南方日添益E | 货币市场型基金 | 522 | 126 | 8.886 |
| 36 | 南方 | 南方现金通E | 货币市场型基金 | 522 | 150 | 753.472 |

续表2-2

| 整体投资回报能力排名 | 基金公司（简称） | 基金名称 | 投资类型（二级分类） | 样本基金数量 | 同类基金中排名 | 期间内规模（亿） |
|---|---|---|---|---|---|---|
| 36 | 南方 | 南方薪金宝A | 货币市场型基金 | 522 | 163 | 38.822 |
| 36 | 南方 | 南方日添益A | 货币市场型基金 | 522 | 227 | 49.112 |
| 36 | 南方 | 南方收益宝A | 货币市场型基金 | 522 | 240 | 5.123 |
| 36 | 南方 | 南方理财金A | 货币市场型基金 | 522 | 318 | 253.053 |
| 36 | 南方 | 南方理财金H | 货币市场型基金 | 522 | 320 | 141.433 |
| 36 | 南方 | 南方现金增利F | 货币市场型基金 | 522 | 336 | 8.512 |
| 36 | 南方 | 南方现金增利A | 货币市场型基金 | 522 | 339 | 138.122 |
| 36 | 南方 | 南方现金增利E | 货币市场型基金 | 522 | 340 | 25.232 |
| 37 | 金元顺安 | 金元顺安丰祥 | 中长期纯债型基金 | 614 | 208 | 3.652 |
| 37 | 金元顺安 | 金元顺安消费主题 | 偏股混合型基金 | 435 | 276 | 1.015 |
| 37 | 金元顺安 | 金元顺安价值增长 | 偏股混合型基金 | 435 | 416 | 0.240 |
| 37 | 金元顺安 | 金元顺安沣楹 | 混合债券型二级基金 | 329 | 138 | 13.170 |
| 37 | 金元顺安 | 金元顺安丰利 | 混合债券型二级基金 | 329 | 264 | 19.312 |
| 37 | 金元顺安 | 金元顺安成长动力 | 灵活配置型基金 | 1 312 | 558 | 0.182 |
| 37 | 金元顺安 | 金元顺安优质精选A | 灵活配置型基金 | 1 312 | 818 | 0.150 |
| 37 | 金元顺安 | 金元顺安优质精选C | 灵活配置型基金 | 1 312 | 828 | 2.229 |
| 37 | 金元顺安 | 金元顺安金元宝B | 货币市场型基金 | 522 | 48 | 71.197 |
| 37 | 金元顺安 | 金元顺安金元宝A | 货币市场型基金 | 522 | 225 | 0.475 |
| 38 | 中加 | 中加纯债 | 中长期纯债型基金 | 614 | 52 | 32.688 |
| 38 | 中加 | 中加纯债一年A | 中长期纯债型基金 | 614 | 90 | 18.983 |
| 38 | 中加 | 中加丰泽 | 中长期纯债型基金 | 614 | 102 | 3.845 |
| 38 | 中加 | 中加丰裕纯债 | 中长期纯债型基金 | 614 | 144 | 5.099 |
| 38 | 中加 | 中加纯债两年A | 中长期纯债型基金 | 614 | 159 | 10.729 |
| 38 | 中加 | 中加纯债一年C | 中长期纯债型基金 | 614 | 171 | 2.425 |
| 38 | 中加 | 中加丰盈 | 中长期纯债型基金 | 614 | 206 | 11.637 |

续表2-2

| 整体投资回报能力排名 | 基金公司（简称） | 基金名称 | 投资类型（二级分类） | 样本基金数量 | 同类基金中排名 | 期间内规模（亿） |
|---|---|---|---|---|---|---|
| 38 | 中加 | 中加纯债两年C | 中长期纯债型基金 | 614 | 232 | 0.000 |
| 38 | 中加 | 中加丰尚纯债 | 中长期纯债型基金 | 614 | 242 | 25.052 |
| 38 | 中加 | 中加丰润纯债A | 中长期纯债型基金 | 614 | 261 | 1.749 |
| 38 | 中加 | 中加丰享纯债 | 中长期纯债型基金 | 614 | 272 | 51.146 |
| 38 | 中加 | 中加丰润纯债C | 中长期纯债型基金 | 614 | 349 | 1.348 |
| 38 | 中加 | 中加改革红利 | 灵活配置型基金 | 1 312 | 638 | 1.759 |
| 38 | 中加 | 中加心享C | 灵活配置型基金 | 1 312 | 1 168 | 2.048 |
| 38 | 中加 | 中加心享A | 灵活配置型基金 | 1 312 | 1 172 | 18.057 |
| 38 | 中加 | 中加货币C | 货币市场型基金 | 522 | 143 | 165.778 |
| 38 | 中加 | 中加货币A | 货币市场型基金 | 522 | 366 | 10.336 |
| 39 | 大成 | 大成惠利纯债 | 中长期纯债型基金 | 614 | 320 | 15.276 |
| 39 | 大成 | 大成景旭纯债A | 中长期纯债型基金 | 614 | 385 | 0.194 |
| 39 | 大成 | 大成景旭纯债C | 中长期纯债型基金 | 614 | 490 | 0.895 |
| 39 | 大成 | 大成财富管理2020 | 偏债混合型基金 | 86 | 79 | 20.557 |
| 39 | 大成 | 大成新锐产业 | 偏股混合型基金 | 435 | 3 | 63.472 |
| 39 | 大成 | 大成行业轮动 | 偏股混合型基金 | 435 | 90 | 1.606 |
| 39 | 大成 | 大成中小盘A | 偏股混合型基金 | 435 | 111 | 6.556 |
| 39 | 大成 | 大成积极成长 | 偏股混合型基金 | 435 | 116 | 14.786 |
| 39 | 大成 | 大成消费主题 | 偏股混合型基金 | 435 | 128 | 2.460 |
| 39 | 大成 | 大成健康产业 | 偏股混合型基金 | 435 | 203 | 2.040 |
| 39 | 大成 | 大成优选 | 偏股混合型基金 | 435 | 210 | 11.255 |
| 39 | 大成 | 大成内需增长A | 偏股混合型基金 | 435 | 216 | 4.386 |
| 39 | 大成 | 大成内需增长H | 偏股混合型基金 | 435 | 219 | 0.313 |
| 39 | 大成 | 大成景恒A | 偏股混合型基金 | 435 | 239 | 1.020 |
| 39 | 大成 | 大成景阳领先 | 偏股混合型基金 | 435 | 282 | 13.530 |

续表2-2

| 整体投资回报能力排名 | 基金公司（简称） | 基金名称 | 投资类型（二级分类） | 样本基金数量 | 同类基金中排名 | 期间内规模（亿） |
|---|---|---|---|---|---|---|
| 39 | 大成 | 大成策略回报 | 偏股混合型基金 | 435 | 293 | 10.596 |
| 39 | 大成 | 大成核心双动力 | 偏股混合型基金 | 435 | 356 | 1.719 |
| 39 | 大成 | 大成竞争优势 | 偏股混合型基金 | 435 | 369 | 10.018 |
| 39 | 大成 | 大成高新技术产业A | 普通股票型基金 | 200 | 17 | 23.554 |
| 39 | 大成 | 大成产业升级 | 普通股票型基金 | 200 | 42 | 3.598 |
| 39 | 大成 | 大成债券AB | 混合债券型一级基金 | 126 | 24 | 9.190 |
| 39 | 大成 | 大成景兴信用债A | 混合债券型一级基金 | 126 | 28 | 1.953 |
| 39 | 大成 | 大成债券C | 混合债券型一级基金 | 126 | 31 | 5.652 |
| 39 | 大成 | 大成景兴信用债C | 混合债券型一级基金 | 126 | 40 | 0.694 |
| 39 | 大成 | 大成可转债增强 | 混合债券型二级基金 | 329 | 33 | 0.829 |
| 39 | 大成 | 大成景盛一年A | 混合债券型二级基金 | 329 | 279 | 9.287 |
| 39 | 大成 | 大成景盛一年C | 混合债券型二级基金 | 329 | 291 | 0.279 |
| 39 | 大成 | 大成景荣A | 混合债券型二级基金 | 329 | 298 | 14.773 |
| 39 | 大成 | 大成景荣C | 混合债券型二级基金 | 329 | 304 | 0.001 |
| 39 | 大成 | 大成睿景A | 灵活配置型基金 | 1 312 | 31 | 25.272 |
| 39 | 大成 | 大成睿景C | 灵活配置型基金 | 1 312 | 43 | 17.110 |
| 39 | 大成 | 大成灵活配置 | 灵活配置型基金 | 1 312 | 222 | 4.801 |
| 39 | 大成 | 大成正向回报 | 灵活配置型基金 | 1 312 | 239 | 1.376 |
| 39 | 大成 | 大成互联网思维 | 灵活配置型基金 | 1 312 | 296 | 8.654 |
| 39 | 大成 | 大成创新成长 | 灵活配置型基金 | 1 312 | 338 | 19.391 |
| 39 | 大成 | 大成国家安全 | 灵活配置型基金 | 1 312 | 360 | 0.888 |
| 39 | 大成 | 大成精选增值 | 灵活配置型基金 | 1 312 | 445 | 12.774 |
| 39 | 大成 | 大成蓝筹稳健 | 灵活配置型基金 | 1 312 | 628 | 26.925 |
| 39 | 大成 | 大成价值增长 | 灵活配置型基金 | 1 312 | 684 | 26.685 |
| 39 | 大成 | 大成多策略 | 灵活配置型基金 | 1 312 | 692 | 6.103 |

续表2-2

| 整体投资回报能力排名 | 基金公司（简称） | 基金名称 | 投资类型（二级分类） | 样本基金数量 | 同类基金中排名 | 期间内规模（亿） |
|---|---|---|---|---|---|---|
| 39 | 大成 | 大成动态量化 | 灵活配置型基金 | 1 312 | 763 | 2.565 |
| 39 | 大成 | 大成景禄 A | 灵活配置型基金 | 1 312 | 857 | 0.992 |
| 39 | 大成 | 大成景禄 C | 灵活配置型基金 | 1 312 | 859 | 6.141 |
| 39 | 大成 | 大成趋势回报 | 灵活配置型基金 | 1 312 | 997 | 3.318 |
| 39 | 大成 | 大成景尚 A | 灵活配置型基金 | 1 312 | 1 068 | 5.699 |
| 39 | 大成 | 大成景尚 C | 灵活配置型基金 | 1 312 | 1 075 | 0.835 |
| 39 | 大成 | 大成景安短融 B | 短期纯债型基金 | 19 | 1 | 22.697 |
| 39 | 大成 | 大成景安短融 E | 短期纯债型基金 | 19 | 2 | 9.290 |
| 39 | 大成 | 大成景安短融 A | 短期纯债型基金 | 19 | 7 | 19.033 |
| 39 | 大成 | 大成绝对收益 A | 股票多空 | 16 | 15 | 0.219 |
| 39 | 大成 | 大成绝对收益 C | 股票多空 | 16 | 16 | 0.135 |
| 39 | 大成 | 大成中证 100ETF | 被动指数型基金 | 346 | 109 | 0.352 |
| 39 | 大成 | 大成中证红利 A | 被动指数型基金 | 346 | 112 | 15.387 |
| 39 | 大成 | 大成深证成长 40ETF | 被动指数型基金 | 346 | 114 | 1.561 |
| 39 | 大成 | 大成深证成份 ETF | 被动指数型基金 | 346 | 122 | 2.706 |
| 39 | 大成 | 大成深证成长 40ETF 联接 | 被动指数型基金 | 346 | 150 | 1.435 |
| 39 | 大成 | 大成沪深 300A | 被动指数型基金 | 346 | 161 | 16.449 |
| 39 | 大成 | 大成互联网＋大数据 A | 被动指数型基金 | 346 | 201 | 0.905 |
| 39 | 大成 | 大成中证 500 沪市 ETF | 被动指数型基金 | 346 | 277 | 0.434 |
| 39 | 大成 | 大成中证 500 深市 ETF | 被动指数型基金 | 346 | 317 | 0.385 |
| 39 | 大成 | 大成添益 B | 货币市场型基金 | 522 | 49 | 3.319 |
| 39 | 大成 | 大成丰财宝 B | 货币市场型基金 | 522 | 97 | 144.908 |
| 39 | 大成 | 大成货币 B | 货币市场型基金 | 522 | 136 | 107.603 |
| 39 | 大成 | 大成添利宝 B | 货币市场型基金 | 522 | 140 | 71.831 |

续表2-2

| 整体投资回报能力排名 | 基金公司（简称） | 基金名称 | 投资类型（二级分类） | 样本基金数量 | 同类基金中排名 | 期间内规模（亿） |
|---|---|---|---|---|---|---|
| 39 | 大成 | 大成现金宝B | 货币市场型基金 | 522 | 165 | 2.886 |
| 39 | 大成 | 大成现金增利B | 货币市场型基金 | 522 | 169 | 1.171 |
| 39 | 大成 | 大成添益A | 货币市场型基金 | 522 | 226 | 11.990 |
| 39 | 大成 | 大成添益E | 货币市场型基金 | 522 | 228 | 24.942 |
| 39 | 大成 | 大成添利宝E | 货币市场型基金 | 522 | 276 | 14.643 |
| 39 | 大成 | 大成丰财宝A | 货币市场型基金 | 522 | 328 | 0.428 |
| 39 | 大成 | 大成慧成B | 货币市场型基金 | 522 | 335 | 53.086 |
| 39 | 大成 | 大成恒丰宝B | 货币市场型基金 | 522 | 343 | 25.650 |
| 39 | 大成 | 大成货币A | 货币市场型基金 | 522 | 359 | 3.958 |
| 39 | 大成 | 大成添利宝A | 货币市场型基金 | 522 | 367 | 0.304 |
| 39 | 大成 | 大成现金增利A | 货币市场型基金 | 522 | 387 | 168.297 |
| 39 | 大成 | 大成慧成E | 货币市场型基金 | 522 | 472 | 0.002 |
| 39 | 大成 | 大成慧成A | 货币市场型基金 | 522 | 473 | 0.038 |
| 39 | 大成 | 大成恒丰宝E | 货币市场型基金 | 522 | 476 | 0.465 |
| 39 | 大成 | 大成恒丰宝A | 货币市场型基金 | 522 | 477 | 0.052 |
| 39 | 大成 | 大成现金宝A | 货币市场型基金 | 522 | 502 | 5.594 |
| 40 | 浦银安盛 | 浦银安盛盛元定开A | 中长期纯债型基金 | 614 | 33 | 81.569 |
| 40 | 浦银安盛 | 浦银安盛盛元定开C | 中长期纯债型基金 | 614 | 69 | 0.007 |
| 40 | 浦银安盛 | 浦银安盛盛鑫A | 中长期纯债型基金 | 614 | 182 | 3.345 |
| 40 | 浦银安盛 | 浦银安盛盛达纯债A | 中长期纯债型基金 | 614 | 193 | 51.806 |
| 40 | 浦银安盛 | 浦银安盛盛达纯债C | 中长期纯债型基金 | 614 | 298 | 0.000 |
| 40 | 浦银安盛 | 浦银安盛盛鑫C | 中长期纯债型基金 | 614 | 304 | 0.007 |
| 40 | 浦银安盛 | 浦银安盛盛泰A | 中长期纯债型基金 | 614 | 410 | 6.019 |
| 40 | 浦银安盛 | 浦银安盛6个月A | 中长期纯债型基金 | 614 | 449 | 0.546 |
| 40 | 浦银安盛 | 浦银安盛6个月C | 中长期纯债型基金 | 614 | 498 | 0.053 |

续表2-2

| 整体投资回报能力排名 | 基金公司（简称） | 基金名称 | 投资类型（二级分类） | 样本基金数量 | 同类基金中排名 | 期间内规模（亿） |
|---|---|---|---|---|---|---|
| 40 | 浦银安盛 | 浦银安盛盛泰C | 中长期纯债型基金 | 614 | 510 | 0.002 |
| 40 | 浦银安盛 | 浦银安盛幸福回报A | 中长期纯债型基金 | 614 | 538 | 8.360 |
| 40 | 浦银安盛 | 浦银安盛幸福回报B | 中长期纯债型基金 | 614 | 568 | 0.770 |
| 40 | 浦银安盛 | 浦银安盛红利精选A | 偏股混合型基金 | 435 | 53 | 1.450 |
| 40 | 浦银安盛 | 浦银安盛价值成长A | 偏股混合型基金 | 435 | 317 | 15.685 |
| 40 | 浦银安盛 | 浦银安盛沪深300指数增强 | 增强指数型基金 | 57 | 14 | 4.834 |
| 40 | 浦银安盛 | 浦银安盛稳健增利C | 混合债券型一级基金 | 126 | 96 | 24.320 |
| 40 | 浦银安盛 | 浦银安盛优化收益A | 混合债券型二级基金 | 329 | 321 | 0.263 |
| 40 | 浦银安盛 | 浦银安盛优化收益C | 混合债券型二级基金 | 329 | 323 | 0.062 |
| 40 | 浦银安盛 | 浦银安盛医疗健康A | 灵活配置型基金 | 1 312 | 143 | 14.011 |
| 40 | 浦银安盛 | 浦银安盛新经济结构A | 灵活配置型基金 | 1 312 | 149 | 23.385 |
| 40 | 浦银安盛 | 浦银安盛消费升级C | 灵活配置型基金 | 1 312 | 417 | 1.263 |
| 40 | 浦银安盛 | 浦银安盛精致生活 | 灵活配置型基金 | 1 312 | 420 | 5.143 |
| 40 | 浦银安盛 | 浦银安盛消费升级A | 灵活配置型基金 | 1 312 | 425 | 2.051 |
| 40 | 浦银安盛 | 浦银安盛战略新兴产业A | 灵活配置型基金 | 1 312 | 520 | 6.767 |
| 40 | 浦银安盛 | 浦银安盛睿智精选A | 灵活配置型基金 | 1 312 | 584 | 0.890 |
| 40 | 浦银安盛 | 浦银安盛睿智精选C | 灵活配置型基金 | 1 312 | 621 | 0.584 |
| 40 | 浦银安盛 | 浦银安盛增长动力A | 灵活配置型基金 | 1 312 | 637 | 16.400 |
| 40 | 浦银安盛 | 浦银安盛盛世精选A | 灵活配置型基金 | 1 312 | 768 | 4.463 |
| 40 | 浦银安盛 | 浦银安盛盛世精选C | 灵活配置型基金 | 1 312 | 797 | 3.284 |
| 40 | 浦银安盛 | 浦银安盛基本面400 | 被动指数型基金 | 346 | 276 | 0.426 |
| 40 | 浦银安盛 | 浦银安盛货币B | 货币市场型基金 | 522 | 46 | 144.660 |
| 40 | 浦银安盛 | 浦银安盛日日丰B | 货币市场型基金 | 522 | 61 | 39.928 |

续表2-2

| 整体投资回报能力排名 | 基金公司（简称） | 基金名称 | 投资类型（二级分类） | 样本基金数量 | 同类基金中排名 | 期间内规模（亿） |
|---|---|---|---|---|---|---|
| 40 | 浦银安盛 | 浦银安盛日日鑫B | 货币市场型基金 | 522 | 91 | 27.325 |
| 40 | 浦银安盛 | 浦银安盛货币A | 货币市场型基金 | 522 | 221 | 2.140 |
| 40 | 浦银安盛 | 浦银安盛日日丰A | 货币市场型基金 | 522 | 222 | 0.271 |
| 40 | 浦银安盛 | 浦银安盛货币E | 货币市场型基金 | 522 | 224 | 0.036 |
| 40 | 浦银安盛 | 浦银安盛日日丰D | 货币市场型基金 | 522 | 254 | 426.229 |
| 40 | 浦银安盛 | 浦银安盛日日鑫A | 货币市场型基金 | 522 | 310 | 0.242 |
| 40 | 浦银安盛 | 浦银安盛日日盈B | 货币市场型基金 | 522 | 326 | 80.939 |
| 40 | 浦银安盛 | 浦银安盛日日盈A | 货币市场型基金 | 522 | 466 | 0.240 |
| 40 | 浦银安盛 | 浦银安盛日日盈D | 货币市场型基金 | 522 | 467 | 13.933 |
| 41 | 国海富兰克林 | 国富恒久信用A | 中长期纯债型基金 | 614 | 395 | 0.645 |
| 41 | 国海富兰克林 | 国富恒久信用C | 中长期纯债型基金 | 614 | 482 | 0.014 |
| 41 | 国海富兰克林 | 国富中国收益 | 偏债混合型基金 | 86 | 1 | 11.741 |
| 41 | 国海富兰克林 | 国富深化价值 | 偏股混合型基金 | 435 | 29 | 12.349 |
| 41 | 国海富兰克林 | 国富研究精选 | 偏股混合型基金 | 435 | 84 | 3.527 |
| 41 | 国海富兰克林 | 国富潜力组合H人民币 | 偏股混合型基金 | 435 | 100 | 0.025 |
| 41 | 国海富兰克林 | 国富潜力组合A人民币 | 偏股混合型基金 | 435 | 102 | 24.270 |
| 41 | 国海富兰克林 | 国富弹性市值 | 偏股混合型基金 | 435 | 202 | 33.120 |
| 41 | 国海富兰克林 | 国富成长动力 | 偏股混合型基金 | 435 | 299 | 0.801 |
| 41 | 国海富兰克林 | 国富沪深300指数增强 | 增强指数型基金 | 57 | 30 | 3.185 |
| 41 | 国海富兰克林 | 国富沪港深成长精选 | 普通股票型基金 | 200 | 56 | 27.796 |
| 41 | 国海富兰克林 | 国富中小盘 | 普通股票型基金 | 200 | 79 | 26.576 |
| 41 | 国海富兰克林 | 国富健康优质生活 | 普通股票型基金 | 200 | 154 | 0.142 |
| 41 | 国海富兰克林 | 国富岁岁恒丰A | 混合债券型一级基金 | 126 | 84 | 1.453 |
| 41 | 国海富兰克林 | 国富岁岁恒丰C | 混合债券型一级基金 | 126 | 94 | 0.238 |
| 41 | 国海富兰克林 | 国富恒瑞A | 混合债券型二级基金 | 329 | 124 | 25.559 |

续表2-2

| 整体投资回报能力排名 | 基金公司（简称） | 基金名称 | 投资类型（二级分类） | 样本基金数量 | 同类基金中排名 | 期间内规模（亿） |
|---|---|---|---|---|---|---|
| 41 | 国海富兰克林 | 国富恒瑞C | 混合债券型二级基金 | 329 | 151 | 1.933 |
| 41 | 国海富兰克林 | 国富强化收益A | 混合债券型二级基金 | 329 | 191 | 11.114 |
| 41 | 国海富兰克林 | 国富强化收益C | 混合债券型二级基金 | 329 | 207 | 0.230 |
| 41 | 国海富兰克林 | 国富策略回报 | 灵活配置型基金 | 1 312 | 461 | 2.539 |
| 41 | 国海富兰克林 | 国富新机遇A | 灵活配置型基金 | 1 312 | 783 | 9.083 |
| 41 | 国海富兰克林 | 国富焦点驱动灵活配置 | 灵活配置型基金 | 1 312 | 799 | 12.839 |
| 41 | 国海富兰克林 | 国富新机遇C | 灵活配置型基金 | 1 312 | 803 | 2.765 |
| 41 | 国海富兰克林 | 国富金融地产C | 灵活配置型基金 | 1 312 | 1 129 | 1.693 |
| 41 | 国海富兰克林 | 国富金融地产A | 灵活配置型基金 | 1 312 | 1 194 | 1.083 |
| 41 | 国海富兰克林 | 国富日日收益B | 货币市场型基金 | 522 | 251 | 32.442 |
| 41 | 国海富兰克林 | 国富日日收益A | 货币市场型基金 | 522 | 437 | 15.537 |
| 42 | 工银瑞信 | 工银信用纯债一年A | 中长期纯债型基金 | 614 | 99 | 13.832 |
| 42 | 工银瑞信 | 工银瑞信瑞享 | 中长期纯债型基金 | 614 | 165 | 27.430 |
| 42 | 工银瑞信 | 工银信用纯债一年C | 中长期纯债型基金 | 614 | 190 | 0.837 |
| 42 | 工银瑞信 | 工银瑞信瑞丰半年定开 | 中长期纯债型基金 | 614 | 269 | 84.326 |
| 42 | 工银瑞信 | 工银信用纯债三个月定开债A | 中长期纯债型基金 | 614 | 303 | 6.371 |
| 42 | 工银瑞信 | 工银中高等级信用债A | 中长期纯债型基金 | 614 | 313 | 5.759 |
| 42 | 工银瑞信 | 工银信用纯债三个月定开债C | 中长期纯债型基金 | 614 | 442 | 0.205 |
| 42 | 工银瑞信 | 工银中高等级信用债B | 中长期纯债型基金 | 614 | 459 | 1.549 |
| 42 | 工银瑞信 | 工银瑞信纯债A | 中长期纯债型基金 | 614 | 472 | 89.322 |
| 42 | 工银瑞信 | 工银瑞信恒享纯债 | 中长期纯债型基金 | 614 | 517 | 196.977 |
| 42 | 工银瑞信 | 工银瑞信纯债B | 中长期纯债型基金 | 614 | 532 | 10.192 |
| 42 | 工银瑞信 | 工银瑞信纯债 | 中长期纯债型基金 | 614 | 535 | 3.210 |

续表2-2

| 整体投资回报能力排名 | 基金公司（简称） | 基金名称 | 投资类型（二级分类） | 样本基金数量 | 同类基金中排名 | 期间内规模（亿） |
|---|---|---|---|---|---|---|
| 42 | 工银瑞信 | 工银瑞信泰享三年 | 中长期纯债型基金 | 614 | 539 | 176.085 |
| 42 | 工银瑞信 | 工银瑞信目标收益一年C | 中长期纯债型基金 | 614 | 544 | 9.871 |
| 42 | 工银瑞信 | 工银瑞信信用纯债A | 中长期纯债型基金 | 614 | 576 | 13.525 |
| 42 | 工银瑞信 | 工银瑞信信用纯债B | 中长期纯债型基金 | 614 | 592 | 0.604 |
| 42 | 工银瑞信 | 工银瑞信银和利 | 偏债混合型基金 | 86 | 11 | 3.373 |
| 42 | 工银瑞信 | 工银瑞信新得益 | 偏债混合型基金 | 86 | 26 | 9.597 |
| 42 | 工银瑞信 | 工银瑞信新生利 | 偏债混合型基金 | 86 | 43 | 4.539 |
| 42 | 工银瑞信 | 工银瑞信新增益 | 偏债混合型基金 | 86 | 51 | 4.705 |
| 42 | 工银瑞信 | 工银瑞信新增利 | 偏债混合型基金 | 86 | 59 | 5.996 |
| 42 | 工银瑞信 | 工银瑞信信息产业A | 偏股混合型基金 | 435 | 69 | 18.969 |
| 42 | 工银瑞信 | 工银瑞信中小盘成长 | 偏股混合型基金 | 435 | 89 | 13.604 |
| 42 | 工银瑞信 | 工银瑞信量化策略A | 偏股混合型基金 | 435 | 107 | 4.342 |
| 42 | 工银瑞信 | 工银瑞信主题策略A | 偏股混合型基金 | 435 | 118 | 13.316 |
| 42 | 工银瑞信 | 工银瑞信红利 | 偏股混合型基金 | 435 | 131 | 6.390 |
| 42 | 工银瑞信 | 工银瑞信大盘蓝筹 | 偏股混合型基金 | 435 | 169 | 3.916 |
| 42 | 工银瑞信 | 工银瑞信消费服务A | 偏股混合型基金 | 435 | 171 | 3.552 |
| 42 | 工银瑞信 | 工银瑞信核心价值A | 偏股混合型基金 | 435 | 187 | 48.400 |
| 42 | 工银瑞信 | 工银瑞信精选平衡 | 偏股混合型基金 | 435 | 316 | 17.445 |
| 42 | 工银瑞信 | 工银瑞信金融地产A | 偏股混合型基金 | 435 | 335 | 40.040 |
| 42 | 工银瑞信 | 工银瑞信稳健成长A | 偏股混合型基金 | 435 | 408 | 21.650 |
| 42 | 工银瑞信 | 工银瑞信核心价值H | 偏股混合型基金 | 435 | 429 | 0.001 |
| 42 | 工银瑞信 | 工银瑞信稳健成长H | 偏股混合型基金 | 435 | 431 | 0.000 |
| 42 | 工银瑞信 | 工银瑞信战略转型主题A | 普通股票型基金 | 200 | 5 | 28.393 |

续表2-2

| 整体投资回报能力排名 | 基金公司（简称） | 基金名称 | 投资类型（二级分类） | 样本基金数量 | 同类基金中排名 | 期间内规模（亿） |
|---|---|---|---|---|---|---|
| 42 | 工银瑞信 | 工银瑞信前沿医疗A | 普通股票型基金 | 200 | 7 | 88.699 |
| 42 | 工银瑞信 | 工银瑞信物流产业 | 普通股票型基金 | 200 | 8 | 27.924 |
| 42 | 工银瑞信 | 工银瑞信新金融A | 普通股票型基金 | 200 | 10 | 60.671 |
| 42 | 工银瑞信 | 工银瑞信文体产业A | 普通股票型基金 | 200 | 12 | 64.479 |
| 42 | 工银瑞信 | 工银瑞信美丽城镇主题A | 普通股票型基金 | 200 | 21 | 12.575 |
| 42 | 工银瑞信 | 工银瑞信养老产业A | 普通股票型基金 | 200 | 22 | 21.935 |
| 42 | 工银瑞信 | 工银瑞信生态环境 | 普通股票型基金 | 200 | 27 | 39.293 |
| 42 | 工银瑞信 | 工银瑞信研究精选 | 普通股票型基金 | 200 | 35 | 1.228 |
| 42 | 工银瑞信 | 工银瑞信国企改革主题 | 普通股票型基金 | 200 | 37 | 17.190 |
| 42 | 工银瑞信 | 工银瑞信医疗保健行业 | 普通股票型基金 | 200 | 43 | 44.043 |
| 42 | 工银瑞信 | 工银瑞信国家战略主题 | 普通股票型基金 | 200 | 64 | 1.581 |
| 42 | 工银瑞信 | 工银瑞信新材料新能源行业 | 普通股票型基金 | 200 | 67 | 25.271 |
| 42 | 工银瑞信 | 工银瑞信新蓝筹A | 普通股票型基金 | 200 | 72 | 2.860 |
| 42 | 工银瑞信 | 工银瑞信农业产业 | 普通股票型基金 | 200 | 86 | 8.460 |
| 42 | 工银瑞信 | 工银瑞信聚焦30 | 普通股票型基金 | 200 | 117 | 4.403 |
| 42 | 工银瑞信 | 工银瑞信高端制造行业 | 普通股票型基金 | 200 | 125 | 16.072 |
| 42 | 工银瑞信 | 工银瑞信互联网加 | 普通股票型基金 | 200 | 171 | 57.597 |
| 42 | 工银瑞信 | 工银瑞信沪港深A | 普通股票型基金 | 200 | 181 | 22.393 |
| 42 | 工银瑞信 | 工银瑞信创新动力 | 普通股票型基金 | 200 | 199 | 11.651 |
| 42 | 工银瑞信 | 工银瑞信四季收益 | 混合债券型一级基金 | 126 | 62 | 26.917 |
| 42 | 工银瑞信 | 工银瑞信增强收益A | 混合债券型一级基金 | 126 | 75 | 14.363 |
| 42 | 工银瑞信 | 工银瑞信增强收益B | 混合债券型一级基金 | 126 | 89 | 4.823 |
| 42 | 工银瑞信 | 工银瑞信信用添利A | 混合债券型一级基金 | 126 | 102 | 16.817 |

续表2-2

| 整体投资回报能力排名 | 基金公司（简称） | 基金名称 | 投资类型（二级分类） | 样本基金数量 | 同类基金中排名 | 期间内规模（亿） |
|---|---|---|---|---|---|---|
| 42 | 工银瑞信 | 工银瑞信信用添利 B | 混合债券型一级基金 | 126 | 112 | 15.908 |
| 42 | 工银瑞信 | 工银瑞信可转债 | 混合债券型二级基金 | 329 | 24 | 5.813 |
| 42 | 工银瑞信 | 工银瑞信双债增强 | 混合债券型二级基金 | 329 | 71 | 1.225 |
| 42 | 工银瑞信 | 工银瑞信产业债 A | 混合债券型二级基金 | 329 | 104 | 120.819 |
| 42 | 工银瑞信 | 工银瑞信添颐 A | 混合债券型二级基金 | 329 | 123 | 10.750 |
| 42 | 工银瑞信 | 工银瑞信产业债 B | 混合债券型二级基金 | 329 | 127 | 1.899 |
| 42 | 工银瑞信 | 工银瑞信添颐 B | 混合债券型二级基金 | 329 | 153 | 10.562 |
| 42 | 工银瑞信 | 工银瑞信双利 A | 混合债券型二级基金 | 329 | 192 | 150.636 |
| 42 | 工银瑞信 | 工银瑞信双利 B | 混合债券型二级基金 | 329 | 212 | 22.827 |
| 42 | 工银瑞信 | 工银月月薪定期支付 A | 混合债券型二级基金 | 329 | 216 | 5.912 |
| 42 | 工银瑞信 | 工银月月薪定期支付 C | 混合债券型二级基金 | 329 | 233 | 0.594 |
| 42 | 工银瑞信 | 工银瑞信添福 B | 混合债券型二级基金 | 329 | 295 | 0.557 |
| 42 | 工银瑞信 | 工银瑞信添福 A | 混合债券型二级基金 | 329 | 296 | 30.505 |
| 42 | 工银瑞信 | 工银瑞信瑞盈 | 混合债券型二级基金 | 329 | 317 | 7.701 |
| 42 | 工银瑞信 | 工银瑞信新趋势 A | 灵活配置型基金 | 1 312 | 16 | 8.266 |
| 42 | 工银瑞信 | 工银瑞信新趋势 C | 灵活配置型基金 | 1 312 | 38 | 3.684 |
| 42 | 工银瑞信 | 工银瑞信优质精选 | 灵活配置型基金 | 1 312 | 130 | 4.441 |
| 42 | 工银瑞信 | 工银瑞信灵活配置 A | 灵活配置型基金 | 1 312 | 179 | 4.192 |
| 42 | 工银瑞信 | 工银瑞信新焦点 A | 灵活配置型基金 | 1 312 | 231 | 2.184 |
| 42 | 工银瑞信 | 工银瑞信总回报 A | 灵活配置型基金 | 1 312 | 234 | 14.861 |
| 42 | 工银瑞信 | 工银瑞信新焦点 C | 灵活配置型基金 | 1 312 | 262 | 1.633 |
| 42 | 工银瑞信 | 工银瑞信丰盈回报 A | 灵活配置型基金 | 1 312 | 277 | 6.469 |
| 42 | 工银瑞信 | 工银瑞信现代服务业 | 灵活配置型基金 | 1 312 | 401 | 1.779 |
| 42 | 工银瑞信 | 工银瑞信新财富 | 灵活配置型基金 | 1 312 | 429 | 12.060 |
| 42 | 工银瑞信 | 工银瑞信丰收回报 A | 灵活配置型基金 | 1 312 | 591 | 3.445 |

续表2-2

| 整体投资回报能力排名 | 基金公司（简称） | 基金名称 | 投资类型（二级分类） | 样本基金数量 | 同类基金中排名 | 期间内规模（亿） |
|---|---|---|---|---|---|---|
| 42 | 工银瑞信 | 工银瑞信丰收回报C | 灵活配置型基金 | 1 312 | 605 | 1.569 |
| 42 | 工银瑞信 | 工银瑞信成长收益A | 灵活配置型基金 | 1 312 | 930 | 18.916 |
| 42 | 工银瑞信 | 工银瑞信成长收益B | 灵活配置型基金 | 1 312 | 1 019 | 3.294 |
| 42 | 工银瑞信 | 工银瑞信灵活配置B | 灵活配置型基金 | 1 312 | 1 312 | 0.000 |
| 42 | 工银瑞信 | 工银瑞信绝对收益A | 股票多空 | 16 | 4 | 4.400 |
| 42 | 工银瑞信 | 工银瑞信绝对收益B | 股票多空 | 16 | 6 | 1.224 |
| 42 | 工银瑞信 | 工银瑞信深证红利ETF | 被动指数型基金 | 346 | 27 | 19.523 |
| 42 | 工银瑞信 | 工银瑞信深证红利ETF联接A | 被动指数型基金 | 346 | 40 | 10.688 |
| 42 | 工银瑞信 | 工银瑞信沪深300A | 被动指数型基金 | 346 | 157 | 16.691 |
| 42 | 工银瑞信 | 工银上证央企50ETF | 被动指数型基金 | 346 | 245 | 1.539 |
| 42 | 工银瑞信 | 工银瑞信中证传媒A | 被动指数型基金 | 346 | 345 | 1.765 |
| 42 | 工银瑞信 | 工银瑞信如意B | 货币市场型基金 | 522 | 15 | 474.329 |
| 42 | 工银瑞信 | 工银瑞信安盈B | 货币市场型基金 | 522 | 26 | 119.728 |
| 42 | 工银瑞信 | 工银瑞信薪金B | 货币市场型基金 | 522 | 35 | 216.096 |
| 42 | 工银瑞信 | 工银瑞信如意A | 货币市场型基金 | 522 | 134 | 3.284 |
| 42 | 工银瑞信 | 工银瑞信现金快线 | 货币市场型基金 | 522 | 146 | 409.721 |
| 42 | 工银瑞信 | 工银瑞信添益快线 | 货币市场型基金 | 522 | 147 | 524.583 |
| 42 | 工银瑞信 | 工银瑞信安盈A | 货币市场型基金 | 522 | 170 | 0.682 |
| 42 | 工银瑞信 | 工银瑞信货币 | 货币市场型基金 | 522 | 189 | 849.644 |
| 42 | 工银瑞信 | 工银瑞信薪金A | 货币市场型基金 | 522 | 218 | 56.036 |
| 42 | 工银瑞信 | 工银瑞信财富快线B | 货币市场型基金 | 522 | 268 | 45.598 |
| 42 | 工银瑞信 | 工银瑞信财富快线A | 货币市场型基金 | 522 | 377 | 7.495 |
| 43 | 英大 | 英大纯债A | 中长期纯债型基金 | 614 | 334 | 15.562 |
| 43 | 英大 | 英大纯债C | 中长期纯债型基金 | 614 | 452 | 0.087 |

续表2-2

| 整体投资回报能力排名 | 基金公司（简称） | 基金名称 | 投资类型（二级分类） | 样本基金数量 | 同类基金中排名 | 期间内规模（亿） |
|---|---|---|---|---|---|---|
| 43 | 英大 | 英大策略优选C | 灵活配置型基金 | 1 312 | 144 | 0.016 |
| 43 | 英大 | 英大睿盛C | 灵活配置型基金 | 1 312 | 212 | 1.377 |
| 43 | 英大 | 英大策略优选A | 灵活配置型基金 | 1 312 | 220 | 1.354 |
| 43 | 英大 | 英大睿盛A | 灵活配置型基金 | 1 312 | 235 | 2.688 |
| 43 | 英大 | 英大睿鑫A | 灵活配置型基金 | 1 312 | 309 | 0.039 |
| 43 | 英大 | 英大睿鑫C | 灵活配置型基金 | 1 312 | 345 | 0.665 |
| 43 | 英大 | 英大领先回报 | 灵活配置型基金 | 1 312 | 385 | 1.147 |
| 43 | 英大 | 英大灵活配置A | 灵活配置型基金 | 1 312 | 387 | 2.712 |
| 43 | 英大 | 英大灵活配置B | 灵活配置型基金 | 1 312 | 424 | 0.766 |
| 43 | 英大 | 英大现金宝A | 货币市场型基金 | 522 | 167 | 145.489 |
| 44 | 东兴 | 东兴改革精选 | 灵活配置型基金 | 1 312 | 794 | 0.302 |
| 44 | 东兴 | 东兴蓝海财富 | 灵活配置型基金 | 1 312 | 1 291 | 0.825 |
| 44 | 东兴 | 东兴安盈宝B | 货币市场型基金 | 522 | 125 | 47.007 |
| 44 | 东兴 | 东兴安盈宝A | 货币市场型基金 | 522 | 346 | 12.643 |
| 45 | 国投瑞银 | 国投瑞银中高等级A | 中长期纯债型基金 | 614 | 21 | 4.188 |
| 45 | 国投瑞银 | 国投瑞银中高等级C | 中长期纯债型基金 | 614 | 44 | 1.666 |
| 45 | 国投瑞银 | 国投瑞银顺鑫 | 中长期纯债型基金 | 614 | 347 | 15.496 |
| 45 | 国投瑞银 | 国投瑞银新活力定开A | 偏债混合型基金 | 86 | 78 | 3.030 |
| 45 | 国投瑞银 | 国投瑞银新活力定开C | 偏债混合型基金 | 86 | 80 | 0.641 |
| 45 | 国投瑞银 | 国投瑞银融华债券 | 偏债混合型基金 | 86 | 86 | 2.985 |
| 45 | 国投瑞银 | 国投瑞银成长优选 | 偏股混合型基金 | 435 | 173 | 5.544 |
| 45 | 国投瑞银 | 国投瑞银核心企业 | 偏股混合型基金 | 435 | 233 | 11.981 |
| 45 | 国投瑞银 | 国投瑞银创新动力 | 偏股混合型基金 | 435 | 236 | 13.725 |
| 45 | 国投瑞银 | 国投瑞银白银期货 | 商品型基金 | 14 | 14 | 10.653 |
| 45 | 国投瑞银 | 国投瑞银双债增利A | 混合债券型一级基金 | 126 | 15 | 4.819 |

续表2-2

| 整体投资回报能力排名 | 基金公司（简称） | 基金名称 | 投资类型（二级分类） | 样本基金数量 | 同类基金中排名 | 期间内规模（亿） |
|---|---|---|---|---|---|---|
| 45 | 国投瑞银 | 国投瑞银双债增利C | 混合债券型一级基金 | 126 | 22 | 0.801 |
| 45 | 国投瑞银 | 国投瑞银稳定增利 | 混合债券型一级基金 | 126 | 57 | 4.645 |
| 45 | 国投瑞银 | 国投瑞银优化增强AB | 混合债券型二级基金 | 329 | 85 | 25.522 |
| 45 | 国投瑞银 | 国投瑞银优化增强C | 混合债券型二级基金 | 329 | 98 | 2.618 |
| 45 | 国投瑞银 | 国投瑞银境煊A | 灵活配置型基金 | 1312 | 53 | 3.208 |
| 45 | 国投瑞银 | 国投瑞银境煊C | 灵活配置型基金 | 1312 | 63 | 13.892 |
| 45 | 国投瑞银 | 国投瑞银美丽中国 | 灵活配置型基金 | 1312 | 116 | 5.540 |
| 45 | 国投瑞银 | 国投瑞银瑞盈 | 灵活配置型基金 | 1312 | 136 | 6.015 |
| 45 | 国投瑞银 | 国投瑞银瑞源 | 灵活配置型基金 | 1312 | 167 | 8.961 |
| 45 | 国投瑞银 | 国投瑞银瑞利 | 灵活配置型基金 | 1312 | 243 | 3.475 |
| 45 | 国投瑞银 | 国投瑞银新机遇A | 灵活配置型基金 | 1312 | 266 | 6.401 |
| 45 | 国投瑞银 | 国投瑞银策略精选 | 灵活配置型基金 | 1312 | 268 | 6.652 |
| 45 | 国投瑞银 | 国投瑞银新机遇C | 灵活配置型基金 | 1312 | 293 | 1.576 |
| 45 | 国投瑞银 | 国投瑞银新兴产业 | 灵活配置型基金 | 1312 | 308 | 5.968 |
| 45 | 国投瑞银 | 国投瑞银稳健增长 | 灵活配置型基金 | 1312 | 376 | 6.502 |
| 45 | 国投瑞银 | 国投瑞银景气行业 | 灵活配置型基金 | 1312 | 459 | 8.182 |
| 45 | 国投瑞银 | 国投瑞银锐意改革 | 灵活配置型基金 | 1312 | 508 | 9.893 |
| 45 | 国投瑞银 | 国投瑞银精选收益 | 灵活配置型基金 | 1312 | 594 | 7.882 |
| 45 | 国投瑞银 | 国投瑞银新丝路 | 灵活配置型基金 | 1312 | 606 | 2.141 |
| 45 | 国投瑞银 | 国投瑞银国家安全 | 灵活配置型基金 | 1312 | 630 | 23.285 |
| 45 | 国投瑞银 | 国投瑞银新增长A | 灵活配置型基金 | 1312 | 686 | 5.534 |
| 45 | 国投瑞银 | 国投瑞银医疗保健行业A | 灵活配置型基金 | 1312 | 698 | 6.005 |
| 45 | 国投瑞银 | 国投瑞银瑞祥A | 灵活配置型基金 | 1312 | 703 | 8.584 |
| 45 | 国投瑞银 | 国投瑞银瑞盛 | 灵活配置型基金 | 1312 | 876 | 10.331 |

续表2-2

| 整体投资回报能力排名 | 基金公司（简称） | 基金名称 | 投资类型（二级分类） | 样本基金数量 | 同类基金中排名 | 期间内规模（亿） |
|---|---|---|---|---|---|---|
| 45 | 国投瑞银 | 国投瑞银信息消费 | 灵活配置型基金 | 1 312 | 958 | 1.882 |
| 45 | 国投瑞银 | 国投瑞银中证上游 | 被动指数型基金 | 346 | 33 | 2.201 |
| 45 | 国投瑞银 | 国投瑞银瑞福深证100 | 被动指数型基金 | 346 | 53 | 5.074 |
| 45 | 国投瑞银 | 国投瑞银沪深300金融地产ETF | 被动指数型基金 | 346 | 172 | 3.130 |
| 45 | 国投瑞银 | 国投瑞银沪深300金融地产ETF联接 | 被动指数型基金 | 346 | 185 | 3.242 |
| 45 | 国投瑞银 | 国投瑞银钱多宝A | 货币市场型基金 | 522 | 6 | 95.373 |
| 45 | 国投瑞银 | 国投瑞银钱多宝I | 货币市场型基金 | 522 | 8 | 0.822 |
| 45 | 国投瑞银 | 国投瑞银货币B | 货币市场型基金 | 522 | 183 | 190.680 |
| 45 | 国投瑞银 | 国投瑞银增利宝B | 货币市场型基金 | 522 | 239 | 29.998 |
| 45 | 国投瑞银 | 国投瑞银添利宝A | 货币市场型基金 | 522 | 243 | 173.448 |
| 45 | 国投瑞银 | 国投瑞银添利宝B | 货币市场型基金 | 522 | 248 | 10.682 |
| 45 | 国投瑞银 | 国投瑞银增利宝A | 货币市场型基金 | 522 | 250 | 0.999 |
| 45 | 国投瑞银 | 国投瑞银货币A | 货币市场型基金 | 522 | 398 | 23.114 |
| 46 | 汇添富 | 汇添富鑫瑞A | 中长期纯债型基金 | 614 | 428 | 6.508 |
| 46 | 汇添富 | 汇添富纯债 | 中长期纯债型基金 | 614 | 460 | 8.199 |
| 46 | 汇添富 | 汇添富长添利A | 中长期纯债型基金 | 614 | 499 | 150.940 |
| 46 | 汇添富 | 汇添富安心中国C | 中长期纯债型基金 | 614 | 503 | 0.286 |
| 46 | 汇添富 | 汇添富实业债A | 中长期纯债型基金 | 614 | 514 | 3.210 |
| 46 | 汇添富 | 汇添富安心中国A | 中长期纯债型基金 | 614 | 519 | 1.820 |
| 46 | 汇添富 | 汇添富鑫瑞C | 中长期纯债型基金 | 614 | 524 | 0.000 |
| 46 | 汇添富 | 汇添富年年利A | 中长期纯债型基金 | 614 | 540 | 31.268 |
| 46 | 汇添富 | 汇添富长添利C | 中长期纯债型基金 | 614 | 542 | 0.000 |
| 46 | 汇添富 | 汇添富高息债A | 中长期纯债型基金 | 614 | 546 | 36.414 |

续表2-2

| 整体投资回报能力排名 | 基金公司（简称） | 基金名称 | 投资类型（二级分类） | 样本基金数量 | 同类基金中排名 | 期间内规模（亿） |
|---|---|---|---|---|---|---|
| 46 | 汇添富 | 汇添富实业债C | 中长期纯债型基金 | 614 | 563 | 0.645 |
| 46 | 汇添富 | 汇添富年年利C | 中长期纯债型基金 | 614 | 574 | 5.198 |
| 46 | 汇添富 | 汇添富稳健添利A | 中长期纯债型基金 | 614 | 579 | 17.584 |
| 46 | 汇添富 | 汇添富稳健添利C | 中长期纯债型基金 | 614 | 593 | 0.003 |
| 46 | 汇添富 | 汇添富高息债C | 中长期纯债型基金 | 614 | 596 | 1.849 |
| 46 | 汇添富 | 汇添富消费行业 | 偏股混合型基金 | 435 | 18 | 120.066 |
| 46 | 汇添富 | 汇添富逆向投资 | 偏股混合型基金 | 435 | 126 | 36.826 |
| 46 | 汇添富 | 汇添富策略回报 | 偏股混合型基金 | 435 | 141 | 15.159 |
| 46 | 汇添富 | 汇添富成长焦点 | 偏股混合型基金 | 435 | 185 | 53.870 |
| 46 | 汇添富 | 汇添富医药保健A | 偏股混合型基金 | 435 | 193 | 49.055 |
| 46 | 汇添富 | 汇添富价值精选A | 偏股混合型基金 | 435 | 229 | 110.918 |
| 46 | 汇添富 | 汇添富民营活力A | 偏股混合型基金 | 435 | 249 | 44.253 |
| 46 | 汇添富 | 汇添富美丽30 | 偏股混合型基金 | 435 | 250 | 21.070 |
| 46 | 汇添富 | 汇添富均衡增长 | 偏股混合型基金 | 435 | 279 | 52.382 |
| 46 | 汇添富 | 汇添富社会责任 | 偏股混合型基金 | 435 | 323 | 22.454 |
| 46 | 汇添富 | 汇添富国企创新增长 | 普通股票型基金 | 200 | 94 | 12.141 |
| 46 | 汇添富 | 汇添富新兴消费 | 普通股票型基金 | 200 | 120 | 12.107 |
| 46 | 汇添富 | 汇添富民营新动力 | 普通股票型基金 | 200 | 121 | 5.527 |
| 46 | 汇添富 | 汇添富环保行业 | 普通股票型基金 | 200 | 124 | 46.822 |
| 46 | 汇添富 | 汇添富外延增长主题A | 普通股票型基金 | 200 | 159 | 29.348 |
| 46 | 汇添富 | 汇添富成长多因子量化策略 | 普通股票型基金 | 200 | 161 | 14.531 |
| 46 | 汇添富 | 汇添富移动互联 | 普通股票型基金 | 200 | 170 | 49.943 |
| 46 | 汇添富 | 汇添富沪港深新价值 | 普通股票型基金 | 200 | 182 | 9.912 |
| 46 | 汇添富 | 汇添富季季红 | 混合债券型一级基金 | 126 | 79 | 2.350 |

续表2-2

| 整体投资回报能力排名 | 基金公司（简称） | 基金名称 | 投资类型（二级分类） | 样本基金数量 | 同类基金中排名 | 期间内规模（亿） |
|---|---|---|---|---|---|---|
| 46 | 汇添富 | 汇添富增强收益A | 混合债券型一级基金 | 126 | 113 | 3.866 |
| 46 | 汇添富 | 汇添富增强收益C | 混合债券型一级基金 | 126 | 117 | 1.225 |
| 46 | 汇添富 | 汇添富可转债A | 混合债券型二级基金 | 329 | 4 | 50.671 |
| 46 | 汇添富 | 汇添富可转债C | 混合债券型二级基金 | 329 | 6 | 7.159 |
| 46 | 汇添富 | 汇添富双利A | 混合债券型二级基金 | 329 | 81 | 109.904 |
| 46 | 汇添富 | 汇添富多元收益A | 混合债券型二级基金 | 329 | 97 | 8.246 |
| 46 | 汇添富 | 汇添富双利C | 混合债券型二级基金 | 329 | 100 | 13.425 |
| 46 | 汇添富 | 汇添富多元收益C | 混合债券型二级基金 | 329 | 116 | 0.913 |
| 46 | 汇添富 | 汇添富6月红添利A | 混合债券型二级基金 | 329 | 133 | 17.523 |
| 46 | 汇添富 | 汇添富6月红添利C | 混合债券型二级基金 | 329 | 158 | 0.047 |
| 46 | 汇添富 | 汇添富双利增强A | 混合债券型二级基金 | 329 | 237 | 1.998 |
| 46 | 汇添富 | 汇添富双利增强C | 混合债券型二级基金 | 329 | 260 | 0.315 |
| 46 | 汇添富 | 汇添富医疗服务 | 灵活配置型基金 | 1 312 | 205 | 99.636 |
| 46 | 汇添富 | 汇添富盈安 | 灵活配置型基金 | 1 312 | 259 | 24.629 |
| 46 | 汇添富 | 汇添富盈泰 | 灵活配置型基金 | 1 312 | 271 | 21.736 |
| 46 | 汇添富 | 汇添富蓝筹稳健A | 灵活配置型基金 | 1 312 | 285 | 43.864 |
| 46 | 汇添富 | 汇添富优势精选 | 灵活配置型基金 | 1 312 | 316 | 25.103 |
| 46 | 汇添富 | 汇添富优选回报A | 灵活配置型基金 | 1 312 | 405 | 1.320 |
| 46 | 汇添富 | 汇添富优选回报C | 灵活配置型基金 | 1 312 | 423 | 0.200 |
| 46 | 汇添富 | 汇添富盈鑫灵活配置 | 灵活配置型基金 | 1 312 | 482 | 25.652 |
| 46 | 汇添富 | 汇添富多策略 | 灵活配置型基金 | 1 312 | 535 | 9.293 |
| 46 | 汇添富 | 汇添富安鑫智选C | 灵活配置型基金 | 1 312 | 655 | 0.952 |
| 46 | 汇添富 | 汇添富达欣A | 灵活配置型基金 | 1 312 | 661 | 5.452 |
| 46 | 汇添富 | 汇添富达欣C | 灵活配置型基金 | 1 312 | 693 | 0.834 |
| 46 | 汇添富 | 汇添富安鑫智选A | 灵活配置型基金 | 1 312 | 725 | 4.147 |

续表2-2

| 整体投资回报能力排名 | 基金公司（简称） | 基金名称 | 投资类型（二级分类） | 样本基金数量 | 同类基金中排名 | 期间内规模（亿） |
|---|---|---|---|---|---|---|
| 46 | 汇添富 | 汇添富新睿精选A | 灵活配置型基金 | 1 312 | 727 | 4.992 |
| 46 | 汇添富 | 汇添富新睿精选C | 灵活配置型基金 | 1 312 | 732 | 0.363 |
| 46 | 汇添富 | 汇添富保鑫A | 灵活配置型基金 | 1 312 | 1108 | 6.230 |
| 46 | 汇添富 | 汇添富中证主要消费ETF | 被动指数型基金 | 346 | 5 | 63.283 |
| 46 | 汇添富 | 汇添富中证主要消费ETF联接A | 被动指数型基金 | 346 | 9 | 32.142 |
| 46 | 汇添富 | 汇添富中证生物科技A | 被动指数型基金 | 346 | 22 | 11.050 |
| 46 | 汇添富 | 汇添富中证生物科技C | 被动指数型基金 | 346 | 24 | 8.864 |
| 46 | 汇添富 | 汇添富沪深300安中动态策略 | 被动指数型基金 | 346 | 45 | 2.627 |
| 46 | 汇添富 | 汇添富深证300ETF | 被动指数型基金 | 346 | 153 | 0.853 |
| 46 | 汇添富 | 汇添富深证300ETF联接 | 被动指数型基金 | 346 | 168 | 0.647 |
| 46 | 汇添富 | 汇添富中证医药卫生ETF | 被动指数型基金 | 346 | 186 | 5.425 |
| 46 | 汇添富 | 汇添富中证精准医疗A | 被动指数型基金 | 346 | 209 | 9.599 |
| 46 | 汇添富 | 汇添富中证精准医疗C | 被动指数型基金 | 346 | 220 | 3.094 |
| 46 | 汇添富 | 汇添富上证综指 | 被动指数型基金 | 346 | 233 | 11.062 |
| 46 | 汇添富 | 汇添富中证中药A | 被动指数型基金 | 346 | 256 | 4.774 |
| 46 | 汇添富 | 汇添富中证中药C | 被动指数型基金 | 346 | 265 | 2.489 |
| 46 | 汇添富 | 汇添富中证互联网医疗A | 被动指数型基金 | 346 | 280 | 0.887 |
| 46 | 汇添富 | 汇添富中证互联网医疗C | 被动指数型基金 | 346 | 291 | 0.596 |
| 46 | 汇添富 | 汇添富中证金融地产ETF | 被动指数型基金 | 346 | 313 | 0.546 |

续表2-2

| 整体投资回报能力排名 | 基金公司（简称） | 基金名称 | 投资类型（二级分类） | 样本基金数量 | 同类基金中排名 | 期间内规模（亿） |
|---|---|---|---|---|---|---|
| 46 | 汇添富 | 汇添富中证能源ETF | 被动指数型基金 | 346 | 320 | 1.013 |
| 46 | 汇添富 | 汇添富中证上海国企ETF | 被动指数型基金 | 346 | 334 | 111.865 |
| 46 | 汇添富 | 汇添富中证上海国企ETF联接 | 被动指数型基金 | 346 | 335 | 13.375 |
| 46 | 汇添富 | 汇添富中证环境治理A | 被动指数型基金 | 346 | 343 | 3.572 |
| 46 | 汇添富 | 汇添富中证环境治理C | 被动指数型基金 | 346 | 344 | 1.422 |
| 46 | 汇添富 | 汇添富货币B | 货币市场型基金 | 522 | 59 | 140.845 |
| 46 | 汇添富 | 汇添富和聚宝 | 货币市场型基金 | 522 | 92 | 123.675 |
| 46 | 汇添富 | 汇添富现金宝A | 货币市场型基金 | 522 | 120 | 535.173 |
| 46 | 汇添富 | 汇添富全额宝 | 货币市场型基金 | 522 | 133 | 823.484 |
| 46 | 汇添富 | 汇添富收益快线货币B | 货币市场型基金 | 522 | 187 | 96.048 |
| 46 | 汇添富 | 汇添富货币D | 货币市场型基金 | 522 | 245 | 4.597 |
| 46 | 汇添富 | 汇添富货币A | 货币市场型基金 | 522 | 246 | 4.688 |
| 46 | 汇添富 | 汇添富货币C | 货币市场型基金 | 522 | 247 | 17.788 |
| 46 | 汇添富 | 汇添富添富通B | 货币市场型基金 | 522 | 300 | 172.968 |
| 46 | 汇添富 | 汇添富添富通A | 货币市场型基金 | 522 | 460 | 15.029 |
| 46 | 汇添富 | 汇添富添富通E | 货币市场型基金 | 522 | 462 | 36.339 |
| 46 | 汇添富 | 汇添富收益快钱B | 货币市场型基金 | 522 | 503 | 0.531 |
| 46 | 汇添富 | 汇添富收益快线货币A | 货币市场型基金 | 522 | 504 | 76.614 |
| 46 | 汇添富 | 汇添富收益快钱A | 货币市场型基金 | 522 | 509 | 0.430 |
| 47 | 宝盈 | 宝盈祥泰A | 偏债混合型基金 | 86 | 67 | 4.819 |
| 47 | 宝盈 | 宝盈祥瑞A | 偏债混合型基金 | 86 | 85 | 3.828 |
| 47 | 宝盈 | 宝盈泛沿海增长 | 偏股混合型基金 | 435 | 352 | 11.610 |
| 47 | 宝盈 | 宝盈策略增长 | 偏股混合型基金 | 435 | 383 | 22.941 |

续表2-2

| 整体投资回报能力排名 | 基金公司（简称） | 基金名称 | 投资类型（二级分类） | 样本基金数量 | 同类基金中排名 | 期间内规模（亿） |
|---|---|---|---|---|---|---|
| 47 | 宝盈 | 宝盈资源优选 | 偏股混合型基金 | 435 | 401 | 28.653 |
| 47 | 宝盈 | 宝盈中证100指数增强A | 增强指数型基金 | 57 | 2 | 1.610 |
| 47 | 宝盈 | 宝盈医疗健康沪港深 | 普通股票型基金 | 200 | 114 | 4.698 |
| 47 | 宝盈 | 宝盈国家安全战略沪港深A | 普通股票型基金 | 200 | 167 | 10.741 |
| 47 | 宝盈 | 宝盈增强收益AB | 混合债券型二级基金 | 329 | 159 | 3.343 |
| 47 | 宝盈 | 宝盈增强收益C | 混合债券型二级基金 | 329 | 194 | 1.126 |
| 47 | 宝盈 | 宝盈优势产业A | 灵活配置型基金 | 1312 | 4 | 13.046 |
| 47 | 宝盈 | 宝盈先进制造A | 灵活配置型基金 | 1312 | 6 | 11.717 |
| 47 | 宝盈 | 宝盈互联网沪港深 | 灵活配置型基金 | 1312 | 15 | 5.630 |
| 47 | 宝盈 | 宝盈新锐A | 灵活配置型基金 | 1312 | 19 | 2.084 |
| 47 | 宝盈 | 宝盈鸿利收益A | 灵活配置型基金 | 1312 | 45 | 12.722 |
| 47 | 宝盈 | 宝盈科技30 | 灵活配置型基金 | 1312 | 127 | 22.176 |
| 47 | 宝盈 | 宝盈核心优势A | 灵活配置型基金 | 1312 | 287 | 14.655 |
| 47 | 宝盈 | 宝盈睿丰创新AB | 灵活配置型基金 | 1312 | 337 | 0.897 |
| 47 | 宝盈 | 宝盈核心优势C | 灵活配置型基金 | 1312 | 396 | 0.282 |
| 47 | 宝盈 | 宝盈睿丰创新C | 灵活配置型基金 | 1312 | 397 | 2.235 |
| 47 | 宝盈 | 宝盈新价值A | 灵活配置型基金 | 1312 | 502 | 14.340 |
| 47 | 宝盈 | 宝盈新兴产业A | 灵活配置型基金 | 1312 | 507 | 27.503 |
| 47 | 宝盈 | 宝盈转型动力 | 灵活配置型基金 | 1312 | 822 | 19.039 |
| 47 | 宝盈 | 宝盈货币B | 货币市场型基金 | 522 | 103 | 101.526 |
| 47 | 宝盈 | 宝盈货币A | 货币市场型基金 | 522 | 333 | 102.462 |
| 48 | 中金 | 中金纯债A | 中长期纯债型基金 | 614 | 443 | 4.045 |
| 48 | 中金 | 中金金利A | 中长期纯债型基金 | 614 | 451 | 4.247 |

续表2-2

| 整体投资回报能力排名 | 基金公司（简称） | 基金名称 | 投资类型（二级分类） | 样本基金数量 | 同类基金中排名 | 期间内规模（亿） |
|---|---|---|---|---|---|---|
| 48 | 中金 | 中金金利C | 中长期纯债型基金 | 614 | 474 | 0.000 |
| 48 | 中金 | 中金纯债C | 中长期纯债型基金 | 614 | 525 | 0.580 |
| 48 | 中金 | 中金中证500指数增强A | 增强指数型基金 | 57 | 19 | 1.685 |
| 48 | 中金 | 中金中证500指数增强C | 增强指数型基金 | 57 | 20 | 0.723 |
| 48 | 中金 | 中金沪深300指数增强C | 增强指数型基金 | 57 | 21 | 0.517 |
| 48 | 中金 | 中金沪深300指数增强A | 增强指数型基金 | 57 | 24 | 1.031 |
| 48 | 中金 | 中金消费升级 | 普通股票型基金 | 200 | 173 | 3.353 |
| 48 | 中金 | 中金量化多策略 | 灵活配置型基金 | 1 312 | 666 | 1.006 |
| 48 | 中金 | 中金绝对收益策略 | 股票多空 | 16 | 14 | 1.544 |
| 48 | 中金 | 中金现金管家B | 货币市场型基金 | 522 | 137 | 80.074 |
| 48 | 中金 | 中金现金管家A | 货币市场型基金 | 522 | 360 | 1.582 |
| 49 | 东方 | 东方永兴18个月A | 中长期纯债型基金 | 614 | 28 | 3.022 |
| 49 | 东方 | 东方永兴18个月C | 中长期纯债型基金 | 614 | 72 | 0.437 |
| 49 | 东方 | 东方添益 | 中长期纯债型基金 | 614 | 250 | 14.782 |
| 49 | 东方 | 东方臻享纯债C | 中长期纯债型基金 | 614 | 335 | 0.012 |
| 49 | 东方 | 东方臻享纯债A | 中长期纯债型基金 | 614 | 528 | 19.745 |
| 49 | 东方 | 东方新能源汽车主题 | 偏股混合型基金 | 435 | 72 | 112.322 |
| 49 | 东方 | 东方策略成长 | 偏股混合型基金 | 435 | 246 | 3.695 |
| 49 | 东方 | 东方核心动力 | 偏股混合型基金 | 435 | 375 | 1.367 |
| 49 | 东方 | 东方成长回报 | 偏股混合型基金 | 435 | 398 | 10.824 |
| 49 | 东方 | 东方稳健回报A | 混合债券型一级基金 | 126 | 107 | 1.739 |
| 49 | 东方 | 东方双债添利A | 混合债券型二级基金 | 329 | 184 | 9.791 |

续表2-2

| 整体投资回报能力排名 | 基金公司（简称） | 基金名称 | 投资类型（二级分类） | 样本基金数量 | 同类基金中排名 | 期间内规模（亿） |
|---|---|---|---|---|---|---|
| 49 | 东方 | 东方强化收益 | 混合债券型二级基金 | 329 | 189 | 6.226 |
| 49 | 东方 | 东方双债添利C | 混合债券型二级基金 | 329 | 206 | 0.367 |
| 49 | 东方 | 东方创新科技 | 灵活配置型基金 | 1 312 | 64 | 5.230 |
| 49 | 东方 | 东方主题精选 | 灵活配置型基金 | 1 312 | 161 | 19.423 |
| 49 | 东方 | 东方新兴成长 | 灵活配置型基金 | 1 312 | 256 | 2.316 |
| 49 | 东方 | 东方睿鑫热点挖掘A | 灵活配置型基金 | 1 312 | 297 | 0.434 |
| 49 | 东方 | 东方睿鑫热点挖掘C | 灵活配置型基金 | 1 312 | 374 | 1.524 |
| 49 | 东方 | 东方新思路A | 灵活配置型基金 | 1 312 | 414 | 2.867 |
| 49 | 东方 | 东方新思路C | 灵活配置型基金 | 1 312 | 448 | 2.081 |
| 49 | 东方 | 东方岳 | 灵活配置型基金 | 1 312 | 479 | 5.560 |
| 49 | 东方 | 东方鼎新C | 灵活配置型基金 | 1 312 | 833 | 1.513 |
| 49 | 东方 | 东方鼎新A | 灵活配置型基金 | 1 312 | 842 | 3.391 |
| 49 | 东方 | 东方龙 | 灵活配置型基金 | 1 312 | 909 | 7.302 |
| 49 | 东方 | 东方区域发展 | 灵活配置型基金 | 1 312 | 995 | 0.351 |
| 49 | 东方 | 东方盛世A | 灵活配置型基金 | 1 312 | 1 005 | 3.962 |
| 49 | 东方 | 东方新策略C | 灵活配置型基金 | 1 312 | 1 118 | 2.148 |
| 49 | 东方 | 东方新策略A | 灵活配置型基金 | 1 312 | 1 158 | 3.934 |
| 49 | 东方 | 东方新价值A | 灵活配置型基金 | 1 312 | 1 160 | 3.439 |
| 49 | 东方 | 东方新价值C | 灵活配置型基金 | 1 312 | 1 176 | 0.899 |
| 49 | 东方 | 东方精选 | 灵活配置型基金 | 1 312 | 1 219 | 21.869 |
| 49 | 东方 | 东方惠新A | 灵活配置型基金 | 1 312 | 1 251 | 2.700 |
| 49 | 东方 | 东方惠新C | 灵活配置型基金 | 1 312 | 1 267 | 0.064 |
| 49 | 东方 | 东方互联网嘉 | 灵活配置型基金 | 1 312 | 1 272 | 1.076 |
| 49 | 东方 | 东方多策略A | 灵活配置型基金 | 1 312 | 1 274 | 3.567 |
| 49 | 东方 | 东方多策略C | 灵活配置型基金 | 1 312 | 1 280 | 1.639 |

续表2-2

| 整体投资回报能力排名 | 基金公司（简称） | 基金名称 | 投资类型（二级分类） | 样本基金数量 | 同类基金中排名 | 期间内规模（亿） |
|---|---|---|---|---|---|---|
| 49 | 东方 | 东方金账簿货币B | 货币市场型基金 | 522 | 114 | 39.560 |
| 49 | 东方 | 东方金元宝 | 货币市场型基金 | 522 | 157 | 4.141 |
| 49 | 东方 | 东方金账簿货币A | 货币市场型基金 | 522 | 342 | 2.108 |
| 49 | 东方 | 东方金证通A | 货币市场型基金 | 522 | 374 | 2.624 |
| 50 | 浙商 | 浙商惠丰定期开放 | 中长期纯债型基金 | 614 | 175 | 5.038 |
| 50 | 浙商 | 浙商惠裕纯债 | 中长期纯债型基金 | 614 | 186 | 8.603 |
| 50 | 浙商 | 浙商聚盈纯债A | 中长期纯债型基金 | 614 | 194 | 9.405 |
| 50 | 浙商 | 浙商聚盈纯债C | 中长期纯债型基金 | 614 | 251 | 0.008 |
| 50 | 浙商 | 浙商惠享纯债 | 中长期纯债型基金 | 614 | 279 | 20.481 |
| 50 | 浙商 | 浙商惠利纯债 | 中长期纯债型基金 | 614 | 360 | 6.132 |
| 50 | 浙商 | 浙商惠南纯债 | 中长期纯债型基金 | 614 | 391 | 17.680 |
| 50 | 浙商 | 浙商惠盈纯债A | 中长期纯债型基金 | 614 | 555 | 0.367 |
| 50 | 浙商 | 浙商聚潮产业成长A | 偏股混合型基金 | 435 | 325 | 5.094 |
| 50 | 浙商 | 浙商中证500指数增强A | 增强指数型基金 | 57 | 36 | 10.202 |
| 50 | 浙商 | 浙商聚潮新思维 | 灵活配置型基金 | 1 312 | 171 | 14.740 |
| 50 | 浙商 | 浙商日添金B | 货币市场型基金 | 522 | 94 | 37.293 |
| 50 | 浙商 | 浙商日添金A | 货币市场型基金 | 522 | 313 | 0.001 |
| 50 | 浙商 | 浙商日添利B | 货币市场型基金 | 522 | 358 | 6.785 |
| 50 | 浙商 | 浙商日添利A | 货币市场型基金 | 522 | 479 | 0.770 |
| 51 | 摩根士丹利华鑫 | 大摩纯债稳定添利A | 中长期纯债型基金 | 614 | 16 | 18.007 |
| 51 | 摩根士丹利华鑫 | 大摩纯债稳定添利C | 中长期纯债型基金 | 614 | 37 | 8.197 |
| 51 | 摩根士丹利华鑫 | 大摩纯债稳定增利 | 中长期纯债型基金 | 614 | 42 | 21.127 |

续表2-2

| 整体投资回报能力排名 | 基金公司（简称） | 基金名称 | 投资类型（二级分类） | 样本基金数量 | 同类基金中排名 | 期间内规模（亿） |
|---|---|---|---|---|---|---|
| 51 | 摩根士丹利华鑫 | 大摩纯债稳定增值A | 中长期纯债型基金 | 614 | 46 | 9.559 |
| 51 | 摩根士丹利华鑫 | 大摩双利增强A | 中长期纯债型基金 | 614 | 79 | 29.171 |
| 51 | 摩根士丹利华鑫 | 大摩纯债稳定增值C | 中长期纯债型基金 | 614 | 97 | 3.702 |
| 51 | 摩根士丹利华鑫 | 大摩双利增强C | 中长期纯债型基金 | 614 | 151 | 11.890 |
| 51 | 摩根士丹利华鑫 | 大摩优质信价纯债A | 中长期纯债型基金 | 614 | 178 | 6.672 |
| 51 | 摩根士丹利华鑫 | 大摩优质信价纯债C | 中长期纯债型基金 | 614 | 281 | 1.314 |
| 51 | 摩根士丹利华鑫 | 大摩健康产业A | 偏股混合型基金 | 435 | 39 | 9.423 |
| 51 | 摩根士丹利华鑫 | 大摩主题优选 | 偏股混合型基金 | 435 | 196 | 3.639 |
| 51 | 摩根士丹利华鑫 | 大摩领先优势 | 偏股混合型基金 | 435 | 240 | 5.173 |
| 51 | 摩根士丹利华鑫 | 大摩卓越成长 | 偏股混合型基金 | 435 | 273 | 7.082 |
| 51 | 摩根士丹利华鑫 | 大摩华鑫量化配置A | 偏股混合型基金 | 435 | 405 | 10.426 |
| 51 | 摩根士丹利华鑫 | 大摩多因子策略 | 偏股混合型基金 | 435 | 417 | 28.610 |
| 51 | 摩根士丹利华鑫 | 大摩深证300指数增强 | 增强指数型基金 | 57 | 45 | 0.510 |
| 51 | 摩根士丹利华鑫 | 大摩品质生活精选 | 普通股票型基金 | 200 | 99 | 9.897 |
| 51 | 摩根士丹利华鑫 | 大摩进取优选 | 普通股票型基金 | 200 | 112 | 4.434 |

## 2 五年期公募基金管理公司整体投资回报能力评价

续表2-2

| 整体投资回报能力排名 | 基金公司（简称） | 基金名称 | 投资类型（二级分类） | 样本基金数量 | 同类基金中排名 | 期间内规模（亿） |
|---|---|---|---|---|---|---|
| 51 | 摩根士丹利华鑫 | 大摩量化多策略 | 普通股票型基金 | 200 | 184 | 7.375 |
| 51 | 摩根士丹利华鑫 | 大摩强收益债券 | 混合债券型一级基金 | 126 | 36 | 31.508 |
| 51 | 摩根士丹利华鑫 | 大摩多元收益A | 混合债券型二级基金 | 329 | 227 | 6.395 |
| 51 | 摩根士丹利华鑫 | 大摩多元收益C | 混合债券型二级基金 | 329 | 250 | 3.553 |
| 51 | 摩根士丹利华鑫 | 大摩基础行业 | 灵活配置型基金 | 1 312 | 428 | 1.143 |
| 51 | 摩根士丹利华鑫 | 大摩资源优选 | 灵活配置型基金 | 1 312 | 439 | 7.773 |
| 51 | 摩根士丹利华鑫 | 大摩消费领航 | 灵活配置型基金 | 1 312 | 1245 | 1.547 |
| 52 | 泰康资产 | 泰康安惠纯债A | 中长期纯债型基金 | 614 | 259 | 26.211 |
| 52 | 泰康资产 | 泰康安益纯债A | 中长期纯债型基金 | 614 | 270 | 5.011 |
| 52 | 泰康资产 | 泰康安益纯债C | 中长期纯债型基金 | 614 | 373 | 1.465 |
| 52 | 泰康资产 | 泰康宏泰回报 | 偏债混合型基金 | 86 | 16 | 17.182 |
| 52 | 泰康资产 | 泰康安泰回报 | 偏债混合型基金 | 86 | 42 | 4.428 |
| 52 | 泰康资产 | 泰康稳健增利C | 混合债券型一级基金 | 126 | 23 | 7.427 |
| 52 | 泰康资产 | 泰康稳健增利A | 混合债券型一级基金 | 126 | 52 | 23.775 |
| 52 | 泰康资产 | 泰康丰盈 | 混合债券型二级基金 | 329 | 139 | 12.971 |
| 52 | 泰康资产 | 泰康策略优选 | 灵活配置型基金 | 1 312 | 176 | 14.603 |
| 52 | 泰康资产 | 泰康新回报A | 灵活配置型基金 | 1 312 | 514 | 1.536 |
| 52 | 泰康资产 | 泰康新回报C | 灵活配置型基金 | 1 312 | 517 | 1.444 |
| 52 | 泰康资产 | 泰康沪港深价值优选 | 灵活配置型基金 | 1 312 | 610 | 2.424 |
| 52 | 泰康资产 | 泰康新机遇 | 灵活配置型基金 | 1 312 | 611 | 12.313 |

续表2-2

| 整体投资回报能力排名 | 基金公司（简称） | 基金名称 | 投资类型（二级分类） | 样本基金数量 | 同类基金中排名 | 期间内规模（亿） |
| --- | --- | --- | --- | --- | --- | --- |
| 52 | 泰康资产 | 泰康沪港深精选 | 灵活配置型基金 | 1 312 | 645 | 9.520 |
| 52 | 泰康资产 | 泰康恒泰回报 A | 灵活配置型基金 | 1 312 | 911 | 2.915 |
| 52 | 泰康资产 | 泰康恒泰回报 C | 灵活配置型基金 | 1 312 | 936 | 6.991 |
| 52 | 泰康资产 | 泰康薪意保 B | 货币市场型基金 | 522 | 86 | 44.595 |
| 52 | 泰康资产 | 泰康薪意保 E | 货币市场型基金 | 522 | 249 | 7.022 |
| 52 | 泰康资产 | 泰康薪意保 A | 货币市场型基金 | 522 | 305 | 6.217 |
| 53 | 银河 | 银河领先债券 | 中长期纯债型基金 | 614 | 93 | 29.487 |
| 53 | 银河 | 银河君怡纯债 | 中长期纯债型基金 | 614 | 370 | 15.636 |
| 53 | 银河 | 银河泰利 A | 中长期纯债型基金 | 614 | 548 | 7.991 |
| 53 | 银河 | 银河久益回报 6 个月定开 A | 中长期纯债型基金 | 614 | 578 | 8.137 |
| 53 | 银河 | 银河久益回报 6 个月定开 C | 中长期纯债型基金 | 614 | 591 | 1.420 |
| 53 | 银河 | 银河泰利 I | 中长期纯债型基金 | 614 | 608 | 8.736 |
| 53 | 银河 | 银河收益 | 偏债混合型基金 | 86 | 31 | 8.698 |
| 53 | 银河 | 银河创新成长 A | 偏股混合型基金 | 435 | 12 | 88.034 |
| 53 | 银河 | 银河蓝筹精选 | 偏股混合型基金 | 435 | 25 | 5.615 |
| 53 | 银河 | 银河主题策略 | 偏股混合型基金 | 435 | 145 | 8.744 |
| 53 | 银河 | 银河稳健 | 偏股混合型基金 | 435 | 164 | 10.942 |
| 53 | 银河 | 银河竞争优势成长 | 偏股混合型基金 | 435 | 175 | 2.752 |
| 53 | 银河 | 银河美丽优萃 A | 偏股混合型基金 | 435 | 180 | 3.532 |
| 53 | 银河 | 银河美丽优萃 C | 偏股混合型基金 | 435 | 201 | 1.041 |
| 53 | 银河 | 银河消费驱动 | 偏股混合型基金 | 435 | 266 | 1.038 |
| 53 | 银河 | 银河行业优选 | 偏股混合型基金 | 435 | 272 | 15.705 |
| 53 | 银河 | 银河康乐 | 普通股票型基金 | 200 | 75 | 4.750 |

## 2 五年期公募基金管理公司整体投资回报能力评价

续表2-2

| 整体投资回报能力排名 | 基金公司（简称） | 基金名称 | 投资类型（二级分类） | 样本基金数量 | 同类基金中排名 | 期间内规模（亿） |
|---|---|---|---|---|---|---|
| 53 | 银河 | 银河银信添利A | 混合债券型一级基金 | 126 | 37 | 1.146 |
| 53 | 银河 | 银河银信添利B | 混合债券型一级基金 | 126 | 49 | 0.744 |
| 53 | 银河 | 银河通利 | 混合债券型一级基金 | 126 | 66 | 5.486 |
| 53 | 银河 | 银河通利C | 混合债券型一级基金 | 126 | 74 | 0.123 |
| 53 | 银河 | 银河增利A | 混合债券型二级基金 | 329 | 238 | 2.924 |
| 53 | 银河 | 银河强化收益 | 混合债券型二级基金 | 329 | 239 | 15.218 |
| 53 | 银河 | 银河增利C | 混合债券型二级基金 | 329 | 262 | 0.308 |
| 53 | 银河 | 银河大国智造主题 | 灵活配置型基金 | 1 312 | 24 | 1.681 |
| 53 | 银河 | 银河智联主题 | 灵活配置型基金 | 1 312 | 51 | 3.345 |
| 53 | 银河 | 银河现代服务主题 | 灵活配置型基金 | 1 312 | 244 | 15.898 |
| 53 | 银河 | 银河灵活配置A | 灵活配置型基金 | 1 312 | 323 | 0.694 |
| 53 | 银河 | 银河灵活配置C | 灵活配置型基金 | 1 312 | 377 | 0.631 |
| 53 | 银河 | 银河银泰理财分红 | 灵活配置型基金 | 1 312 | 410 | 14.093 |
| 53 | 银河 | 银河君荣A | 灵活配置型基金 | 1 312 | 460 | 4.084 |
| 53 | 银河 | 银河君荣C | 灵活配置型基金 | 1 312 | 481 | 0.195 |
| 53 | 银河 | 银河君荣I | 灵活配置型基金 | 1 312 | 547 | 0.357 |
| 53 | 银河 | 银河君耀A | 灵活配置型基金 | 1 312 | 653 | 4.850 |
| 53 | 银河 | 银河君耀C | 灵活配置型基金 | 1 312 | 671 | 2.097 |
| 53 | 银河 | 银河睿利A | 灵活配置型基金 | 1 312 | 696 | 0.746 |
| 53 | 银河 | 银河睿利C | 灵活配置型基金 | 1 312 | 699 | 2.110 |
| 53 | 银河 | 银河君尚A | 灵活配置型基金 | 1 312 | 719 | 2.397 |
| 53 | 银河 | 银河君尚C | 灵活配置型基金 | 1 312 | 754 | 0.505 |
| 53 | 银河 | 银河君盛A | 灵活配置型基金 | 1 312 | 757 | 1.433 |
| 53 | 银河 | 银河鑫利A | 灵活配置型基金 | 1 312 | 759 | 6.455 |
| 53 | 银河 | 银河君盛C | 灵活配置型基金 | 1 312 | 770 | 5.411 |

续表2-2

| 整体投资回报能力排名 | 基金公司（简称） | 基金名称 | 投资类型（二级分类） | 样本基金数量 | 同类基金中排名 | 期间内规模（亿） |
|---|---|---|---|---|---|---|
| 53 | 银河 | 银河君尚 I | 灵活配置型基金 | 1 312 | 787 | 5.123 |
| 53 | 银河 | 银河君信 A | 灵活配置型基金 | 1 312 | 806 | 5.332 |
| 53 | 银河 | 银河鑫利 C | 灵活配置型基金 | 1 312 | 817 | 0.086 |
| 53 | 银河 | 银河君信 C | 灵活配置型基金 | 1 312 | 858 | 0.593 |
| 53 | 银河 | 银河鑫利 I | 灵活配置型基金 | 1 312 | 889 | 1.639 |
| 53 | 银河 | 银河君润 C | 灵活配置型基金 | 1 312 | 991 | 0.226 |
| 53 | 银河 | 银河君润 A | 灵活配置型基金 | 1 312 | 1 023 | 4.886 |
| 53 | 银河 | 银河旺利 A | 灵活配置型基金 | 1 312 | 1 187 | 0.310 |
| 53 | 银河 | 银河转型增长 | 灵活配置型基金 | 1 312 | 1 188 | 10.326 |
| 53 | 银河 | 银河旺利 C | 灵活配置型基金 | 1 312 | 1 212 | 0.017 |
| 53 | 银河 | 银河鸿利 A | 灵活配置型基金 | 1 312 | 1 252 | 0.409 |
| 53 | 银河 | 银河鸿利 C | 灵活配置型基金 | 1 312 | 1 266 | 0.050 |
| 53 | 银河 | 银河君信 I | 灵活配置型基金 | 1 312 | 1 275 | 1.683 |
| 53 | 银河 | 银河鸿利 I | 灵活配置型基金 | 1 312 | 1 277 | 5.386 |
| 53 | 银河 | 银河旺利 I | 灵活配置型基金 | 1 312 | 1 288 | 5.306 |
| 53 | 银河 | 银河定投宝 | 被动指数型基金 | 346 | 73 | 5.149 |
| 53 | 银河 | 银河沪深 300 价值 A | 被动指数型基金 | 346 | 156 | 17.342 |
| 53 | 银河 | 银河银富货币 B | 货币市场型基金 | 522 | 213 | 127.557 |
| 53 | 银河 | 银河银富货币 A | 货币市场型基金 | 522 | 415 | 92.795 |
| 54 | 国寿安保 | 国寿安保尊益信用纯债 | 中长期纯债型基金 | 614 | 109 | 5.086 |
| 54 | 国寿安保 | 国寿安保安康纯债 | 中长期纯债型基金 | 614 | 124 | 150.346 |
| 54 | 国寿安保 | 国寿安保尊享 C | 中长期纯债型基金 | 614 | 379 | 0.247 |
| 54 | 国寿安保 | 国寿安保尊享 A | 中长期纯债型基金 | 614 | 386 | 36.836 |
| 54 | 国寿安保 | 国寿安保安享纯债 | 中长期纯债型基金 | 614 | 462 | 11.578 |
| 54 | 国寿安保 | 国寿安保灵活优选 | 偏债混合型基金 | 86 | 45 | 4.256 |

续表2-2

| 整体投资回报能力排名 | 基金公司（简称） | 基金名称 | 投资类型（二级分类） | 样本基金数量 | 同类基金中排名 | 期间内规模（亿） |
|---|---|---|---|---|---|---|
| 54 | 国寿安保 | 国寿安保智慧生活 | 普通股票型基金 | 200 | 90 | 4.969 |
| 54 | 国寿安保 | 国寿安保成长优选 | 普通股票型基金 | 200 | 116 | 4.057 |
| 54 | 国寿安保 | 国寿安保尊利增强回报A | 混合债券型二级基金 | 329 | 265 | 2.095 |
| 54 | 国寿安保 | 国寿安保尊利增强回报C | 混合债券型二级基金 | 329 | 282 | 0.139 |
| 54 | 国寿安保 | 国寿安保稳惠 | 灵活配置型基金 | 1 312 | 132 | 8.478 |
| 54 | 国寿安保 | 国寿安保强国智造 | 灵活配置型基金 | 1 312 | 537 | 4.842 |
| 54 | 国寿安保 | 国寿安保核心产业 | 灵活配置型基金 | 1 312 | 841 | 3.537 |
| 54 | 国寿安保 | 国寿安保沪深300ETF联接 | 被动指数型基金 | 346 | 169 | 33.198 |
| 54 | 国寿安保 | 国寿安保中证500ETF联接 | 被动指数型基金 | 346 | 285 | 2.718 |
| 54 | 国寿安保 | 国寿安保中证500ETF | 被动指数型基金 | 346 | 288 | 2.738 |
| 54 | 国寿安保 | 国寿安保添利B | 货币市场型基金 | 522 | 84 | 69.942 |
| 54 | 国寿安保 | 国寿安保聚宝盆A | 货币市场型基金 | 522 | 101 | 15.540 |
| 54 | 国寿安保 | 国寿安保增金宝A | 货币市场型基金 | 522 | 105 | 26.331 |
| 54 | 国寿安保 | 国寿安保薪金宝 | 货币市场型基金 | 522 | 119 | 60.930 |
| 54 | 国寿安保 | 国寿安保鑫钱包A | 货币市场型基金 | 522 | 135 | 43.524 |
| 54 | 国寿安保 | 国寿安保货币B | 货币市场型基金 | 522 | 185 | 168.249 |
| 54 | 国寿安保 | 国寿安保场内申赎B | 货币市场型基金 | 522 | 285 | 4.572 |
| 54 | 国寿安保 | 国寿安保添利A | 货币市场型基金 | 522 | 301 | 0.131 |
| 54 | 国寿安保 | 国寿安保货币A | 货币市场型基金 | 522 | 397 | 228.543 |
| 54 | 国寿安保 | 国寿安保货币E | 货币市场型基金 | 522 | 492 | 6.924 |
| 54 | 国寿安保 | 国寿安保场内申赎A | 货币市场型基金 | 522 | 506 | 2.950 |
| 55 | 华安 | 华安年年盈A | 中长期纯债型基金 | 614 | 9 | 5.006 |

续表2-2

| 整体投资回报能力排名 | 基金公司（简称） | 基金名称 | 投资类型（二级分类） | 样本基金数量 | 同类基金中排名 | 期间内规模（亿） |
|---|---|---|---|---|---|---|
| 55 | 华安 | 华安年年红 A | 中长期纯债型基金 | 614 | 20 | 11.675 |
| 55 | 华安 | 华安年年盈 C | 中长期纯债型基金 | 614 | 23 | 1.310 |
| 55 | 华安 | 华安鼎丰 | 中长期纯债型基金 | 614 | 60 | 33.034 |
| 55 | 华安 | 华安年年红 C | 中长期纯债型基金 | 614 | 64 | 7.193 |
| 55 | 华安 | 华安纯债 A | 中长期纯债型基金 | 614 | 155 | 39.709 |
| 55 | 华安 | 华安纯债 C | 中长期纯债型基金 | 614 | 257 | 6.873 |
| 55 | 华安 | 华安信用四季红 A | 中长期纯债型基金 | 614 | 315 | 19.799 |
| 55 | 华安 | 华安添颐 | 偏债混合型基金 | 86 | 66 | 16.377 |
| 55 | 华安 | 华安安信消费服务 A | 偏股混合型基金 | 435 | 5 | 33.864 |
| 55 | 华安 | 华安生态优先 | 偏股混合型基金 | 435 | 48 | 12.342 |
| 55 | 华安 | 华安宏利 | 偏股混合型基金 | 435 | 51 | 29.428 |
| 55 | 华安 | 华安核心优选 | 偏股混合型基金 | 435 | 58 | 6.596 |
| 55 | 华安 | 华安逆向策略 A | 偏股混合型基金 | 435 | 73 | 55.591 |
| 55 | 华安 | 华安策略优选 A | 偏股混合型基金 | 435 | 130 | 48.995 |
| 55 | 华安 | 华安行业轮动 | 偏股混合型基金 | 435 | 188 | 4.846 |
| 55 | 华安 | 华安科技动力 | 偏股混合型基金 | 435 | 199 | 10.635 |
| 55 | 华安 | 华安升级主题 | 偏股混合型基金 | 435 | 223 | 6.863 |
| 55 | 华安 | 华安中小盘成长 | 偏股混合型基金 | 435 | 254 | 22.902 |
| 55 | 华安 | 华安量化多因子 | 偏股混合型基金 | 435 | 403 | 0.195 |
| 55 | 华安 | 华安黄金 ETF | 商品型基金 | 14 | 2 | 91.871 |
| 55 | 华安 | 华安易富黄金 ETF 联接 A | 商品型基金 | 14 | 8 | 9.556 |
| 55 | 华安 | 华安易富黄金 ETF 联接 C | 商品型基金 | 14 | 10 | 32.704 |
| 55 | 华安 | 华安沪深 300 量化增强 A | 增强指数型基金 | 57 | 4 | 4.189 |

续表2-2

| 整体投资回报能力排名 | 基金公司（简称） | 基金名称 | 投资类型（二级分类） | 样本基金数量 | 同类基金中排名 | 期间内规模（亿） |
|---|---|---|---|---|---|---|
| 55 | 华安 | 华安沪深300量化增强C | 增强指数型基金 | 57 | 8 | 4.071 |
| 55 | 华安 | 华安MSCI中国A股指数增强 | 增强指数型基金 | 57 | 35 | 25.766 |
| 55 | 华安 | 华安智能装备主题A | 普通股票型基金 | 200 | 39 | 11.577 |
| 55 | 华安 | 华安新丝路主题A | 普通股票型基金 | 200 | 44 | 22.453 |
| 55 | 华安 | 华安大国新经济 | 普通股票型基金 | 200 | 103 | 2.038 |
| 55 | 华安 | 华安物联网主题 | 普通股票型基金 | 200 | 126 | 9.951 |
| 55 | 华安 | 华安稳定收益A | 混合债券型一级基金 | 126 | 17 | 3.440 |
| 55 | 华安 | 华安稳定收益B | 混合债券型一级基金 | 126 | 27 | 0.602 |
| 55 | 华安 | 华安稳固收益A | 混合债券型一级基金 | 126 | 56 | 2.059 |
| 55 | 华安 | 华安稳固收益C | 混合债券型一级基金 | 126 | 69 | 3.052 |
| 55 | 华安 | 华安双债添利A | 混合债券型一级基金 | 126 | 72 | 7.616 |
| 55 | 华安 | 华安双债添利C | 混合债券型一级基金 | 126 | 86 | 0.845 |
| 55 | 华安 | 华安可转债A | 混合债券型二级基金 | 329 | 43 | 1.012 |
| 55 | 华安 | 华安可转债B | 混合债券型二级基金 | 329 | 51 | 1.445 |
| 55 | 华安 | 华安安心收益A | 混合债券型二级基金 | 329 | 91 | 1.331 |
| 55 | 华安 | 华安安心收益B | 混合债券型二级基金 | 329 | 106 | 0.304 |
| 55 | 华安 | 华安强化收益A | 混合债券型二级基金 | 329 | 150 | 0.809 |
| 55 | 华安 | 华安强化收益B | 混合债券型二级基金 | 329 | 182 | 0.912 |
| 55 | 华安 | 华安沪港深外延增长 | 灵活配置型基金 | 1 312 | 10 | 42.894 |
| 55 | 华安 | 华安动态灵活配置A | 灵活配置型基金 | 1 312 | 21 | 9.786 |
| 55 | 华安 | 华安国企改革 | 灵活配置型基金 | 1 312 | 44 | 11.448 |
| 55 | 华安 | 华安媒体互联网A | 灵活配置型基金 | 1 312 | 80 | 35.428 |
| 55 | 华安 | 华安安顺 | 灵活配置型基金 | 1 312 | 94 | 9.801 |

续表2-2

| 整体投资回报能力排名 | 基金公司（简称） | 基金名称 | 投资类型（二级分类） | 样本基金数量 | 同类基金中排名 | 期间内规模（亿） |
|---|---|---|---|---|---|---|
| 55 | 华安 | 华安智增精选 | 灵活配置型基金 | 1 312 | 108 | 7.498 |
| 55 | 华安 | 华安创新 | 灵活配置型基金 | 1 312 | 510 | 22.064 |
| 55 | 华安 | 华安事件驱动量化策略 | 灵活配置型基金 | 1 312 | 524 | 4.245 |
| 55 | 华安 | 华安新丰利A | 灵活配置型基金 | 1 312 | 557 | 2.546 |
| 55 | 华安 | 华安新丰利C | 灵活配置型基金 | 1 312 | 569 | 0.406 |
| 55 | 华安 | 华安宝利配置 | 灵活配置型基金 | 1 312 | 589 | 21.022 |
| 55 | 华安 | 华安安华 | 灵活配置型基金 | 1 312 | 615 | 46.361 |
| 55 | 华安 | 华安安康A | 灵活配置型基金 | 1 312 | 659 | 90.706 |
| 55 | 华安 | 华安安康C | 灵活配置型基金 | 1 312 | 705 | 22.596 |
| 55 | 华安 | 华安安进灵活配置 | 灵活配置型基金 | 1 312 | 939 | 10.022 |
| 55 | 华安 | 华安新机遇 | 灵活配置型基金 | 1 312 | 993 | 12.404 |
| 55 | 华安 | 华安新活力 | 灵活配置型基金 | 1 312 | 1 039 | 9.236 |
| 55 | 华安 | 华安新泰利A | 灵活配置型基金 | 1 312 | 1 063 | 6.061 |
| 55 | 华安 | 华安新恒利A | 灵活配置型基金 | 1 312 | 1 069 | 4.373 |
| 55 | 华安 | 华安新恒利C | 灵活配置型基金 | 1 312 | 1 071 | 2.343 |
| 55 | 华安 | 华安新回报 | 灵活配置型基金 | 1 312 | 1 072 | 6.622 |
| 55 | 华安 | 华安新泰利C | 灵活配置型基金 | 1 312 | 1 091 | 2.384 |
| 55 | 华安 | 华安新乐享A | 灵活配置型基金 | 1 312 | 1 105 | 12.301 |
| 55 | 华安 | 华安新瑞利A | 灵活配置型基金 | 1 312 | 1 106 | 3.012 |
| 55 | 华安 | 华安新瑞利C | 灵活配置型基金 | 1 312 | 1 121 | 0.644 |
| 55 | 华安 | 华安安禧灵活A | 灵活配置型基金 | 1 312 | 1 196 | 16.077 |
| 55 | 华安 | 华安稳健回报 | 灵活配置型基金 | 1 312 | 1 206 | 28.335 |
| 55 | 华安 | 华安安禧灵活C | 灵活配置型基金 | 1 312 | 1 220 | 1.171 |
| 55 | 华安 | 华安安享 | 灵活配置型基金 | 1 312 | 1 222 | 12.635 |
| 55 | 华安 | 华安新优选C | 灵活配置型基金 | 1 312 | 1 243 | 16.967 |

续表2-2

| 整体投资回报能力排名 | 基金公司（简称） | 基金名称 | 投资类型（二级分类） | 样本基金数量 | 同类基金中排名 | 期间内规模（亿） |
|---|---|---|---|---|---|---|
| 55 | 华安 | 华安新动力 | 灵活配置型基金 | 1 312 | 1 246 | 9.988 |
| 55 | 华安 | 华安安益A | 灵活配置型基金 | 1 312 | 1 262 | 20.036 |
| 55 | 华安 | 华安新优选A | 灵活配置型基金 | 1 312 | 1 265 | 6.544 |
| 55 | 华安 | 华安添鑫中短债A | 短期纯债型基金 | 19 | 19 | 9.110 |
| 55 | 华安 | 华安创业板50ETF | 被动指数型基金 | 346 | 78 | 44.934 |
| 55 | 华安 | 华安中证细分医药ETF | 被动指数型基金 | 346 | 173 | 1.458 |
| 55 | 华安 | 华安上证180ETF | 被动指数型基金 | 346 | 177 | 200.103 |
| 55 | 华安 | 华安中证细分医药ETF联接A | 被动指数型基金 | 346 | 188 | 0.346 |
| 55 | 华安 | 华安上证180ETF联接 | 被动指数型基金 | 346 | 198 | 3.031 |
| 55 | 华安 | 华安中证细分医药ETF联接C | 被动指数型基金 | 346 | 202 | 0.408 |
| 55 | 华安 | 华安创业板50 | 被动指数型基金 | 346 | 218 | 5.899 |
| 55 | 华安 | 华安中证银行 | 被动指数型基金 | 346 | 236 | 2.115 |
| 55 | 华安 | 华安上证龙头ETF | 被动指数型基金 | 346 | 259 | 0.901 |
| 55 | 华安 | 华安上证龙头ETF联接 | 被动指数型基金 | 346 | 271 | 0.765 |
| 55 | 华安 | 华安中证全指证券 | 被动指数型基金 | 346 | 300 | 3.136 |
| 55 | 华安 | 华安日日鑫B | 货币市场型基金 | 522 | 75 | 29.322 |
| 55 | 华安 | 华安汇财通 | 货币市场型基金 | 522 | 207 | 166.005 |
| 55 | 华安 | 华安现金富利B | 货币市场型基金 | 522 | 277 | 107.130 |
| 55 | 华安 | 华安日日鑫A | 货币市场型基金 | 522 | 286 | 802.743 |
| 55 | 华安 | 华安日日鑫H | 货币市场型基金 | 522 | 296 | 22.073 |
| 55 | 华安 | 华安现金富利A | 货币市场型基金 | 522 | 451 | 8.045 |
| 56 | 申万菱信 | 申万菱信安鑫精选A | 偏债混合型基金 | 86 | 17 | 4.128 |
| 56 | 申万菱信 | 申万菱信安鑫精选C | 偏债混合型基金 | 86 | 21 | 0.013 |

续表2-2

| 整体投资回报能力排名 | 基金公司（简称） | 基金名称 | 投资类型（二级分类） | 样本基金数量 | 同类基金中排名 | 期间内规模（亿） |
|---|---|---|---|---|---|---|
| 56 | 申万菱信 | 申万菱信安鑫优选A | 偏债混合型基金 | 86 | 33 | 4.083 |
| 56 | 申万菱信 | 申万菱信安鑫优选C | 偏债混合型基金 | 86 | 40 | 1.409 |
| 56 | 申万菱信 | 申万菱信消费增长 | 偏股混合型基金 | 435 | 78 | 1.984 |
| 56 | 申万菱信 | 申万菱信竞争优势 | 偏股混合型基金 | 435 | 104 | 0.995 |
| 56 | 申万菱信 | 申万菱信盛利精选 | 偏股混合型基金 | 435 | 167 | 10.539 |
| 56 | 申万菱信 | 申万菱信新动力 | 偏股混合型基金 | 435 | 190 | 17.247 |
| 56 | 申万菱信 | 申万菱信沪深300指数增强A | 增强指数型基金 | 57 | 18 | 5.459 |
| 56 | 申万菱信 | 申万菱信中证500指数增强A | 增强指数型基金 | 57 | 41 | 3.223 |
| 56 | 申万菱信 | 申万菱信量化小盘A | 普通股票型基金 | 200 | 176 | 16.496 |
| 56 | 申万菱信 | 申万菱信可转债 | 混合债券型二级基金 | 329 | 25 | 2.751 |
| 56 | 申万菱信 | 申万菱信稳益宝 | 混合债券型二级基金 | 329 | 193 | 2.611 |
| 56 | 申万菱信 | 申万菱信新能源汽车 | 灵活配置型基金 | 1 312 | 28 | 27.321 |
| 56 | 申万菱信 | 申万菱信新经济 | 灵活配置型基金 | 1 312 | 148 | 30.404 |
| 56 | 申万菱信 | 申万菱信多策略A | 灵活配置型基金 | 1 312 | 784 | 4.572 |
| 56 | 申万菱信 | 申万菱信多策略C | 灵活配置型基金 | 1 312 | 867 | 1.672 |
| 56 | 申万菱信 | 申万菱信安鑫回报A | 灵活配置型基金 | 1 312 | 1006 | 3.718 |
| 56 | 申万菱信 | 申万菱信安鑫回报C | 灵活配置型基金 | 1 312 | 1028 | 3.630 |
| 56 | 申万菱信 | 申万菱信电子行业A | 被动指数型基金 | 346 | 29 | 2.031 |
| 56 | 申万菱信 | 申万菱信中证环保产业A | 被动指数型基金 | 346 | 50 | 5.143 |
| 56 | 申万菱信 | 申万菱信医药生物 | 被动指数型基金 | 346 | 64 | 5.561 |
| 56 | 申万菱信 | 申万菱信沪深300价值A | 被动指数型基金 | 346 | 140 | 5.935 |
| 56 | 申万菱信 | 申万菱信中证军工 | 被动指数型基金 | 346 | 204 | 16.485 |

续表2-2

| 整体投资回报能力排名 | 基金公司（简称） | 基金名称 | 投资类型（二级分类） | 样本基金数量 | 同类基金中排名 | 期间内规模（亿） |
|---|---|---|---|---|---|---|
| 56 | 申万菱信 | 申万菱信深证成指 | 被动指数型基金 | 346 | 212 | 1.969 |
| 56 | 申万菱信 | 申万菱信中证申万证券 | 被动指数型基金 | 346 | 331 | 25.220 |
| 56 | 申万菱信 | 申万菱信货币B | 货币市场型基金 | 522 | 375 | 73.591 |
| 56 | 申万菱信 | 申万菱信货币A | 货币市场型基金 | 522 | 482 | 6.255 |
| 57 | 华润元大 | 华润元大润鑫A | 中长期纯债型基金 | 614 | 476 | 2.072 |
| 57 | 华润元大 | 华润元大稳健收益A | 中长期纯债型基金 | 614 | 595 | 0.226 |
| 57 | 华润元大 | 华润元大稳健收益C | 中长期纯债型基金 | 614 | 599 | 0.185 |
| 57 | 华润元大 | 华润元大信息传媒科技 | 偏股混合型基金 | 435 | 340 | 1.124 |
| 57 | 华润元大 | 华润元大量化优选A | 偏股混合型基金 | 435 | 420 | 0.573 |
| 57 | 华润元大 | 华润元大安鑫A | 灵活配置型基金 | 1 312 | 779 | 0.202 |
| 57 | 华润元大 | 华润元大富时中国A50A | 被动指数型基金 | 346 | 14 | 1.723 |
| 57 | 华润元大 | 华润元大现金通B | 货币市场型基金 | 522 | 128 | 25.904 |
| 57 | 华润元大 | 华润元大现金通A | 货币市场型基金 | 522 | 259 | 0.372 |
| 57 | 华润元大 | 华润元大现金收益B | 货币市场型基金 | 522 | 408 | 8.064 |
| 57 | 华润元大 | 华润元大现金收益A | 货币市场型基金 | 522 | 491 | 0.700 |
| 58 | 华夏 | 华夏纯债A | 中长期纯债型基金 | 614 | 285 | 44.196 |
| 58 | 华夏 | 华夏恒利3个月定开 | 中长期纯债型基金 | 614 | 389 | 23.752 |
| 58 | 华夏 | 华夏纯债C | 中长期纯债型基金 | 614 | 440 | 3.962 |
| 58 | 华夏 | 华夏永福C | 偏债混合型基金 | 86 | 6 | 4.299 |
| 58 | 华夏 | 华夏永福A | 偏债混合型基金 | 86 | 9 | 15.345 |
| 58 | 华夏 | 华夏磐泰 | 偏债混合型基金 | 86 | 63 | 5.432 |
| 58 | 华夏 | 华夏经典配置 | 偏股混合型基金 | 435 | 163 | 12.602 |
| 58 | 华夏 | 华夏优势增长 | 偏股混合型基金 | 435 | 218 | 69.641 |
| 58 | 华夏 | 华夏复兴 | 偏股混合型基金 | 435 | 232 | 27.627 |

续表2-2

| 整体投资回报能力排名 | 基金公司（简称） | 基金名称 | 投资类型（二级分类） | 样本基金数量 | 同类基金中排名 | 期间内规模（亿） |
|---|---|---|---|---|---|---|
| 58 | 华夏 | 华夏行业精选 | 偏股混合型基金 | 435 | 269 | 24.962 |
| 58 | 华夏 | 华夏收入 | 偏股混合型基金 | 435 | 328 | 28.157 |
| 58 | 华夏 | 华夏盛世精选 | 偏股混合型基金 | 435 | 367 | 16.927 |
| 58 | 华夏 | 华夏沪深300指数增强A | 增强指数型基金 | 57 | 28 | 6.439 |
| 58 | 华夏 | 华夏沪深300指数增强C | 增强指数型基金 | 57 | 37 | 2.556 |
| 58 | 华夏 | 华夏创新前沿 | 普通股票型基金 | 200 | 41 | 15.573 |
| 58 | 华夏 | 华夏经济转型 | 普通股票型基金 | 200 | 69 | 8.119 |
| 58 | 华夏 | 华夏智胜价值成长C | 普通股票型基金 | 200 | 183 | 1.178 |
| 58 | 华夏 | 华夏港股通精选A | 普通股票型基金 | 200 | 188 | 11.378 |
| 58 | 华夏 | 华夏智胜价值成长A | 普通股票型基金 | 200 | 191 | 6.401 |
| 58 | 华夏 | 华夏领先 | 普通股票型基金 | 200 | 194 | 22.697 |
| 58 | 华夏 | 华夏聚利 | 混合债券型一级基金 | 126 | 6 | 27.384 |
| 58 | 华夏 | 华夏双债增强A | 混合债券型一级基金 | 126 | 7 | 25.935 |
| 58 | 华夏 | 华夏双债增强C | 混合债券型一级基金 | 126 | 8 | 4.914 |
| 58 | 华夏 | 华夏债券AB | 混合债券型一级基金 | 126 | 14 | 11.779 |
| 58 | 华夏 | 华夏债券C | 混合债券型一级基金 | 126 | 18 | 15.542 |
| 58 | 华夏 | 华夏稳定双利债券C | 混合债券型一级基金 | 126 | 111 | 10.309 |
| 58 | 华夏 | 华夏可转债增强A | 混合债券型二级基金 | 329 | 14 | 13.362 |
| 58 | 华夏 | 华夏鼎利A | 混合债券型二级基金 | 329 | 18 | 40.000 |
| 58 | 华夏 | 华夏鼎利C | 混合债券型二级基金 | 329 | 21 | 1.991 |
| 58 | 华夏 | 华夏安康信用优选A | 混合债券型二级基金 | 329 | 96 | 4.546 |
| 58 | 华夏 | 华夏安康信用优选C | 混合债券型二级基金 | 329 | 108 | 1.529 |
| 58 | 华夏 | 华夏鼎融A | 混合债券型二级基金 | 329 | 170 | 3.162 |

续表2-2

| 整体投资回报能力排名 | 基金公司（简称） | 基金名称 | 投资类型（二级分类） | 样本基金数量 | 同类基金中排名 | 期间内规模（亿） |
|---|---|---|---|---|---|---|
| 58 | 华夏 | 华夏鼎融C | 混合债券型二级基金 | 329 | 197 | 0.005 |
| 58 | 华夏 | 华夏希望债券A | 混合债券型二级基金 | 329 | 247 | 23.177 |
| 58 | 华夏 | 华夏希望债券C | 混合债券型二级基金 | 329 | 269 | 6.617 |
| 58 | 华夏 | 华夏可转债增强I | 混合债券型二级基金 | 329 | 329 | 0.000 |
| 58 | 华夏 | 华夏兴和 | 灵活配置型基金 | 1 312 | 58 | 24.447 |
| 58 | 华夏 | 华夏消费升级A | 灵活配置型基金 | 1 312 | 214 | 4.905 |
| 58 | 华夏 | 华夏消费升级C | 灵活配置型基金 | 1 312 | 236 | 2.127 |
| 58 | 华夏 | 华夏国企改革 | 灵活配置型基金 | 1 312 | 252 | 9.459 |
| 58 | 华夏 | 华夏大盘精选A | 灵活配置型基金 | 1 312 | 280 | 36.427 |
| 58 | 华夏 | 华夏新起点A | 灵活配置型基金 | 1 312 | 368 | 5.537 |
| 58 | 华夏 | 华夏兴华H | 灵活配置型基金 | 1 312 | 393 | 11.579 |
| 58 | 华夏 | 华夏兴华A | 灵活配置型基金 | 1 312 | 394 | 11.579 |
| 58 | 华夏 | 华夏策略精选 | 灵活配置型基金 | 1 312 | 432 | 10.964 |
| 58 | 华夏 | 华夏乐享健康 | 灵活配置型基金 | 1 312 | 478 | 7.582 |
| 58 | 华夏 | 华夏军工安全A | 灵活配置型基金 | 1 312 | 499 | 27.307 |
| 58 | 华夏 | 华夏回报H | 灵活配置型基金 | 1 312 | 525 | 104.295 |
| 58 | 华夏 | 华夏回报A | 灵活配置型基金 | 1 312 | 526 | 104.295 |
| 58 | 华夏 | 华夏回报2号 | 灵活配置型基金 | 1 312 | 541 | 48.925 |
| 58 | 华夏 | 华夏高端制造 | 灵活配置型基金 | 1 312 | 544 | 15.413 |
| 58 | 华夏 | 华夏医疗健康A | 灵活配置型基金 | 1 312 | 601 | 23.747 |
| 58 | 华夏 | 华夏医疗健康C | 灵活配置型基金 | 1 312 | 635 | 5.329 |
| 58 | 华夏 | 华夏新锦绣A | 灵活配置型基金 | 1 312 | 729 | 1.012 |
| 58 | 华夏 | 华夏红利 | 灵活配置型基金 | 1 312 | 786 | 96.097 |
| 58 | 华夏 | 华夏新机遇A | 灵活配置型基金 | 1 312 | 844 | 7.525 |
| 58 | 华夏 | 华夏蓝筹核心 | 灵活配置型基金 | 1 312 | 886 | 35.159 |

续表2-2

| 整体投资回报能力排名 | 基金公司（简称） | 基金名称 | 投资类型（二级分类） | 样本基金数量 | 同类基金中排名 | 期间内规模（亿） |
|---|---|---|---|---|---|---|
| 58 | 华夏 | 华夏平稳增长 | 灵活配置型基金 | 1 312 | 1 058 | 14.265 |
| 58 | 华夏 | 华夏成长 | 灵活配置型基金 | 1 312 | 1 080 | 42.000 |
| 58 | 华夏 | 华夏新锦程A | 灵活配置型基金 | 1 312 | 1 124 | 5.934 |
| 58 | 华夏 | 华夏新趋势A | 灵活配置型基金 | 1 312 | 1 139 | 1.489 |
| 58 | 华夏 | 华夏新趋势C | 灵活配置型基金 | 1 312 | 1 141 | 5.499 |
| 58 | 华夏 | 华夏网购精选A | 灵活配置型基金 | 1 312 | 1 142 | 1.676 |
| 58 | 华夏 | 华夏圆和 | 灵活配置型基金 | 1 312 | 1 169 | 1.005 |
| 58 | 华夏 | 华夏新活力A | 灵活配置型基金 | 1 312 | 1 179 | 2.573 |
| 58 | 华夏 | 华夏新活力C | 灵活配置型基金 | 1 312 | 1 199 | 0.812 |
| 58 | 华夏 | 华夏新锦程C | 灵活配置型基金 | 1 312 | 1 208 | 0.000 |
| 58 | 华夏 | 华夏新锦绣C | 灵活配置型基金 | 1 312 | 1 282 | 3.981 |
| 58 | 华夏 | 华夏亚债中国A | 被动指数型债券基金 | 17 | 8 | 72.887 |
| 58 | 华夏 | 华夏亚债中国C | 被动指数型债券基金 | 17 | 10 | 1.414 |
| 58 | 华夏 | 华夏上证主要消费ETF | 被动指数型基金 | 346 | 4 | 3.718 |
| 58 | 华夏 | 华夏上证医药卫生ETF | 被动指数型基金 | 346 | 20 | 1.072 |
| 58 | 华夏 | 华夏MSCI中国A股国际通ETF | 被动指数型基金 | 346 | 60 | 3.736 |
| 58 | 华夏 | 华夏MSCI中国A股国际通ETF联接A | 被动指数型基金 | 346 | 77 | 1.250 |
| 58 | 华夏 | 华夏沪深300ETF | 被动指数型基金 | 346 | 132 | 225.270 |
| 58 | 华夏 | 华夏中小企业100ETF | 被动指数型基金 | 346 | 141 | 16.858 |
| 58 | 华夏 | 华夏沪港通上证50AHA | 被动指数型基金 | 346 | 144 | 15.260 |
| 58 | 华夏 | 华夏沪深300ETF联接A | 被动指数型基金 | 346 | 145 | 105.684 |
| 58 | 华夏 | 华夏上证50ETF | 被动指数型基金 | 346 | 175 | 492.272 |
| 58 | 华夏 | 华夏上证50ETF联接A | 被动指数型基金 | 346 | 187 | 13.155 |

2 五年期公募基金管理公司整体投资回报能力评价

续表2-2

| 整体投资回报能力排名 | 基金公司（简称） | 基金名称 | 投资类型（二级分类） | 样本基金数量 | 同类基金中排名 | 期间内规模（亿） |
|---|---|---|---|---|---|---|
| 58 | 华夏 | 华夏上证金融地产ETF | 被动指数型基金 | 346 | 216 | 0.715 |
| 58 | 华夏 | 华夏中证500ETF | 被动指数型基金 | 346 | 274 | 34.797 |
| 58 | 华夏 | 华夏中证500ETF联接A | 被动指数型基金 | 346 | 284 | 16.594 |
| 58 | 华夏 | 华夏沪港通恒生ETF | 被动指数型基金 | 346 | 315 | 16.319 |
| 58 | 华夏 | 华夏沪港通恒生ETF联接A | 被动指数型基金 | 346 | 322 | 14.094 |
| 58 | 华夏 | 华夏财富宝B | 货币市场型基金 | 522 | 24 | 94.611 |
| 58 | 华夏 | 华夏现金宝B | 货币市场型基金 | 522 | 64 | 22.926 |
| 58 | 华夏 | 华夏收益宝B | 货币市场型基金 | 522 | 66 | 288.211 |
| 58 | 华夏 | 华夏天利货币B | 货币市场型基金 | 522 | 72 | 26.022 |
| 58 | 华夏 | 华夏现金增利B | 货币市场型基金 | 522 | 95 | 434.607 |
| 58 | 华夏 | 华夏货币B | 货币市场型基金 | 522 | 130 | 37.437 |
| 58 | 华夏 | 华夏财富宝A | 货币市场型基金 | 522 | 166 | 713.628 |
| 58 | 华夏 | 华夏薪金宝 | 货币市场型基金 | 522 | 194 | 98.245 |
| 58 | 华夏 | 华夏保证金B | 货币市场型基金 | 522 | 223 | 3.767 |
| 58 | 华夏 | 华夏现金宝A | 货币市场型基金 | 522 | 256 | 58.135 |
| 58 | 华夏 | 华夏收益宝A | 货币市场型基金 | 522 | 274 | 1.870 |
| 58 | 华夏 | 华夏天利货币A | 货币市场型基金 | 522 | 275 | 51.685 |
| 58 | 华夏 | 华夏现金增利E | 货币市场型基金 | 522 | 315 | 470.137 |
| 58 | 华夏 | 华夏现金增利A | 货币市场型基金 | 522 | 316 | 470.137 |
| 58 | 华夏 | 华夏货币A | 货币市场型基金 | 522 | 350 | 13.814 |
| 58 | 华夏 | 华夏快线 | 货币市场型基金 | 522 | 448 | 21.335 |
| 58 | 华夏 | 华夏保证金A | 货币市场型基金 | 522 | 508 | 1.683 |
| 59 | 中信保诚 | 信诚优质纯债A | 中长期纯债型基金 | 614 | 35 | 3.241 |

续表2-2

| 整体投资回报能力排名 | 基金公司（简称） | 基金名称 | 投资类型（二级分类） | 样本基金数量 | 同类基金中排名 | 期间内规模（亿） |
|---|---|---|---|---|---|---|
| 59 | 中信保诚 | 信诚优质纯债 B | 中长期纯债型基金 | 614 | 111 | 2.926 |
| 59 | 中信保诚 | 信诚稳健 C | 中长期纯债型基金 | 614 | 135 | 0.006 |
| 59 | 中信保诚 | 信诚稳健 A | 中长期纯债型基金 | 614 | 145 | 9.999 |
| 59 | 中信保诚 | 信诚景瑞 A | 中长期纯债型基金 | 614 | 283 | 4.553 |
| 59 | 中信保诚 | 信诚景瑞 C | 中长期纯债型基金 | 614 | 340 | 0.001 |
| 59 | 中信保诚 | 中信保诚稳利 C | 中长期纯债型基金 | 614 | 374 | 0.000 |
| 59 | 中信保诚 | 中信保诚稳利 A | 中长期纯债型基金 | 614 | 404 | 15.166 |
| 59 | 中信保诚 | 中信保诚稳益 A | 中长期纯债型基金 | 614 | 406 | 15.210 |
| 59 | 中信保诚 | 信诚稳瑞 C | 中长期纯债型基金 | 614 | 416 | 0.001 |
| 59 | 中信保诚 | 中信保诚稳益 C | 中长期纯债型基金 | 614 | 421 | 0.000 |
| 59 | 中信保诚 | 信诚稳瑞 A | 中长期纯债型基金 | 614 | 432 | 20.222 |
| 59 | 中信保诚 | 信诚中小盘 | 偏股混合型基金 | 435 | 4 | 4.954 |
| 59 | 中信保诚 | 信诚周期轮动 A | 偏股混合型基金 | 435 | 10 | 16.692 |
| 59 | 中信保诚 | 信诚新兴产业 A | 偏股混合型基金 | 435 | 49 | 49.626 |
| 59 | 中信保诚 | 中信保诚精萃成长 | 偏股混合型基金 | 435 | 71 | 19.304 |
| 59 | 中信保诚 | 信诚优胜精选 | 偏股混合型基金 | 435 | 186 | 26.277 |
| 59 | 中信保诚 | 信诚新机遇 | 偏股混合型基金 | 435 | 283 | 1.947 |
| 59 | 中信保诚 | 中信保诚盛世蓝筹 | 偏股混合型基金 | 435 | 306 | 3.962 |
| 59 | 中信保诚 | 信诚幸福消费 | 偏股混合型基金 | 435 | 321 | 0.799 |
| 59 | 中信保诚 | 信诚深度价值 | 偏股混合型基金 | 435 | 397 | 0.552 |
| 59 | 中信保诚 | 信诚双盈 | 混合债券型一级基金 | 126 | 73 | 27.369 |
| 59 | 中信保诚 | 信诚增强收益 | 混合债券型二级基金 | 329 | 26 | 2.691 |
| 59 | 中信保诚 | 信诚三得益债券 A | 混合债券型二级基金 | 329 | 169 | 4.456 |
| 59 | 中信保诚 | 信诚三得益债券 B | 混合债券型二级基金 | 329 | 198 | 21.251 |
| 59 | 中信保诚 | 信诚新悦回报 A | 灵活配置型基金 | 1 312 | 603 | 0.002 |

续表2-2

| 整体投资回报能力排名 | 基金公司（简称） | 基金名称 | 投资类型（二级分类） | 样本基金数量 | 同类基金中排名 | 期间内规模（亿） |
|---|---|---|---|---|---|---|
| 59 | 中信保诚 | 信诚新悦回报 B | 灵活配置型基金 | 1 312 | 619 | 3.043 |
| 59 | 中信保诚 | 信诚鼎利 | 灵活配置型基金 | 1 312 | 790 | 6.419 |
| 59 | 中信保诚 | 信诚至瑞 A | 灵活配置型基金 | 1 312 | 860 | 5.770 |
| 59 | 中信保诚 | 信诚新旺回报 A | 灵活配置型基金 | 1 312 | 864 | 2.476 |
| 59 | 中信保诚 | 信诚至瑞 C | 灵活配置型基金 | 1 312 | 874 | 2.490 |
| 59 | 中信保诚 | 信诚至选 A | 灵活配置型基金 | 1 312 | 914 | 5.035 |
| 59 | 中信保诚 | 信诚至选 C | 灵活配置型基金 | 1 312 | 925 | 0.364 |
| 59 | 中信保诚 | 信诚新旺回报 C | 灵活配置型基金 | 1 312 | 984 | 4.670 |
| 59 | 中信保诚 | 信诚四季红 | 灵活配置型基金 | 1 312 | 996 | 11.222 |
| 59 | 中信保诚 | 信诚至裕 C | 灵活配置型基金 | 1 312 | 1 033 | 8.022 |
| 59 | 中信保诚 | 信诚至裕 A | 灵活配置型基金 | 1 312 | 1 042 | 7.224 |
| 59 | 中信保诚 | 信诚新锐回报 A | 灵活配置型基金 | 1 312 | 1 140 | 4.224 |
| 59 | 中信保诚 | 信诚新锐回报 B | 灵活配置型基金 | 1 312 | 1 151 | 3.999 |
| 59 | 中信保诚 | 信诚新选回报 A | 灵活配置型基金 | 1 312 | 1 177 | 2.854 |
| 59 | 中信保诚 | 信诚新选回报 B | 灵活配置型基金 | 1 312 | 1 183 | 5.507 |
| 59 | 中信保诚 | 信诚至利 A | 灵活配置型基金 | 1 312 | 1 198 | 4.998 |
| 59 | 中信保诚 | 信诚至利 C | 灵活配置型基金 | 1 312 | 1 201 | 2.793 |
| 59 | 中信保诚 | 中信保诚中证 800 有色 A | 被动指数型基金 | 346 | 35 | 11.501 |
| 59 | 中信保诚 | 中信保诚中证 800 医药 A | 被动指数型基金 | 346 | 55 | 1.942 |
| 59 | 中信保诚 | 中信保诚沪深 300A | 被动指数型基金 | 346 | 63 | 1.622 |
| 59 | 中信保诚 | 中信保诚中证 500A | 被动指数型基金 | 346 | 131 | 1.939 |
| 59 | 中信保诚 | 中信保诚中证 800 金融 A | 被动指数型基金 | 346 | 246 | 1.950 |

续表2-2

| 整体投资回报能力排名 | 基金公司（简称） | 基金名称 | 投资类型（二级分类） | 样本基金数量 | 同类基金中排名 | 期间内规模（亿） |
|---|---|---|---|---|---|---|
| 59 | 中信保诚 | 中信保诚中证TMT产业主题A | 被动指数型基金 | 346 | 295 | 1.262 |
| 59 | 中信保诚 | 中信保诚中证智能家居A | 被动指数型基金 | 346 | 314 | 0.656 |
| 59 | 中信保诚 | 中信保诚中证信息安全A | 被动指数型基金 | 346 | 326 | 3.037 |
| 59 | 中信保诚 | 信诚中证基建工程A | 被动指数型基金 | 346 | 342 | 6.393 |
| 59 | 中信保诚 | 信诚薪金宝 | 货币市场型基金 | 522 | 152 | 125.334 |
| 59 | 中信保诚 | 信诚货币B | 货币市场型基金 | 522 | 281 | 104.002 |
| 59 | 中信保诚 | 信诚货币A | 货币市场型基金 | 522 | 453 | 1.237 |
| 60 | 兴银 | 兴银长乐半年定期 | 中长期纯债型基金 | 614 | 40 | 51.118 |
| 60 | 兴银 | 兴银朝阳 | 中长期纯债型基金 | 614 | 129 | 6.578 |
| 60 | 兴银 | 兴银瑞益纯债 | 中长期纯债型基金 | 614 | 461 | 40.856 |
| 60 | 兴银 | 兴银收益增强 | 混合债券型二级基金 | 329 | 161 | 2.034 |
| 60 | 兴银 | 兴银鼎新 | 灵活配置型基金 | 1 312 | 286 | 1.439 |
| 60 | 兴银 | 兴银丰盈 | 灵活配置型基金 | 1 312 | 379 | 0.300 |
| 60 | 兴银 | 兴银大健康 | 灵活配置型基金 | 1 312 | 1244 | 1.360 |
| 60 | 兴银 | 兴银现金增利 | 货币市场型基金 | 522 | 182 | 140.760 |
| 60 | 兴银 | 兴银现金收益 | 货币市场型基金 | 522 | 290 | 35.446 |
| 60 | 兴银 | 兴银货币B | 货币市场型基金 | 522 | 371 | 163.559 |
| 60 | 兴银 | 兴银现金添利 | 货币市场型基金 | 522 | 438 | 1.297 |
| 60 | 兴银 | 兴银货币A | 货币市场型基金 | 522 | 474 | 0.236 |
| 61 | 中银 | 中银永利半年 | 中长期纯债型基金 | 614 | 12 | 14.587 |
| 61 | 中银 | 中银国有企业债A | 中长期纯债型基金 | 614 | 48 | 27.022 |
| 61 | 中银 | 中银季季红 | 中长期纯债型基金 | 614 | 54 | 25.032 |

续表2-2

| 整体投资回报能力排名 | 基金公司（简称） | 基金名称 | 投资类型（二级分类） | 样本基金数量 | 同类基金中排名 | 期间内规模（亿） |
|---|---|---|---|---|---|---|
| 61 | 中银 | 中银安心回报半年 | 中长期纯债型基金 | 614 | 78 | 57.213 |
| 61 | 中银 | 中银中高等级A | 中长期纯债型基金 | 614 | 170 | 61.951 |
| 61 | 中银 | 中银惠利纯债 | 中长期纯债型基金 | 614 | 172 | 36.707 |
| 61 | 中银 | 中银纯债A | 中长期纯债型基金 | 614 | 235 | 55.754 |
| 61 | 中银 | 中银丰润定期开放 | 中长期纯债型基金 | 614 | 255 | 183.940 |
| 61 | 中银 | 中银睿享定期开放 | 中长期纯债型基金 | 614 | 265 | 199.979 |
| 61 | 中银 | 中银悦享定期开放 | 中长期纯债型基金 | 614 | 328 | 246.090 |
| 61 | 中银 | 中银纯债C | 中长期纯债型基金 | 614 | 355 | 4.373 |
| 61 | 中银 | 中银中小盘成长 | 偏股混合型基金 | 435 | 159 | 0.698 |
| 61 | 中银 | 中银主题策略 | 偏股混合型基金 | 435 | 172 | 5.421 |
| 61 | 中银 | 中银美丽中国 | 偏股混合型基金 | 435 | 211 | 0.533 |
| 61 | 中银 | 中银持续增长H | 偏股混合型基金 | 435 | 214 | 0.060 |
| 61 | 中银 | 中银持续增长A | 偏股混合型基金 | 435 | 220 | 22.383 |
| 61 | 中银 | 中银动态策略 | 偏股混合型基金 | 435 | 263 | 6.168 |
| 61 | 中银 | 中银消费主题 | 偏股混合型基金 | 435 | 274 | 0.537 |
| 61 | 中银 | 中银健康生活 | 偏股混合型基金 | 435 | 322 | 0.650 |
| 61 | 中银 | 中银优秀企业 | 偏股混合型基金 | 435 | 387 | 0.461 |
| 61 | 中银 | 中银中证100指数增强 | 增强指数型基金 | 57 | 9 | 4.035 |
| 61 | 中银 | 中银战略新兴产业A | 普通股票型基金 | 200 | 25 | 2.892 |
| 61 | 中银 | 中银智能制造A | 普通股票型基金 | 200 | 26 | 21.410 |
| 61 | 中银 | 中银新动力A | 普通股票型基金 | 200 | 164 | 17.154 |
| 61 | 中银 | 中银信用增利A | 混合债券型一级基金 | 126 | 54 | 25.154 |
| 61 | 中银 | 中银稳健增利 | 混合债券型一级基金 | 126 | 92 | 15.472 |
| 61 | 中银 | 中银转债增强A | 混合债券型二级基金 | 329 | 16 | 2.317 |

续表2-2

| 整体投资回报能力排名 | 基金公司（简称） | 基金名称 | 投资类型（二级分类） | 样本基金数量 | 同类基金中排名 | 期间内规模（亿） |
|---|---|---|---|---|---|---|
| 61 | 中银 | 中银转债增强B | 混合债券型二级基金 | 329 | 19 | 1.165 |
| 61 | 中银 | 中银恒利半年 | 混合债券型二级基金 | 329 | 121 | 30.016 |
| 61 | 中银 | 中银稳健添利A | 混合债券型二级基金 | 329 | 190 | 34.854 |
| 61 | 中银 | 中银稳健双利A | 混合债券型二级基金 | 329 | 214 | 33.247 |
| 61 | 中银 | 中银稳健双利B | 混合债券型二级基金 | 329 | 234 | 2.000 |
| 61 | 中银 | 中银行业优选A | 灵活配置型基金 | 1 312 | 36 | 11.132 |
| 61 | 中银 | 中银收益H | 灵活配置型基金 | 1 312 | 154 | 0.017 |
| 61 | 中银 | 中银收益A | 灵活配置型基金 | 1 312 | 155 | 17.743 |
| 61 | 中银 | 中银蓝筹精选 | 灵活配置型基金 | 1 312 | 255 | 2.824 |
| 61 | 中银 | 中银研究精选A | 灵活配置型基金 | 1 312 | 273 | 3.599 |
| 61 | 中银 | 中银价值精选 | 灵活配置型基金 | 1 312 | 289 | 2.224 |
| 61 | 中银 | 中银中国精选A | 灵活配置型基金 | 1 312 | 504 | 14.985 |
| 61 | 中银 | 中银宏观策略 | 灵活配置型基金 | 1 312 | 516 | 11.550 |
| 61 | 中银 | 中银丰利A | 灵活配置型基金 | 1 312 | 679 | 6.697 |
| 61 | 中银 | 中银益利A | 灵活配置型基金 | 1 312 | 683 | 5.567 |
| 61 | 中银 | 中银丰利C | 灵活配置型基金 | 1 312 | 687 | 1.889 |
| 61 | 中银 | 中银益利C | 灵活配置型基金 | 1 312 | 694 | 0.761 |
| 61 | 中银 | 中银新趋势 | 灵活配置型基金 | 1 312 | 724 | 4.537 |
| 61 | 中银 | 中银锦利A | 灵活配置型基金 | 1 312 | 730 | 4.572 |
| 61 | 中银 | 中银稳健策略灵活 | 灵活配置型基金 | 1 312 | 734 | 31.015 |
| 61 | 中银 | 中银锦利C | 灵活配置型基金 | 1 312 | 741 | 1.366 |
| 61 | 中银 | 中银稳进策略 | 灵活配置型基金 | 1 312 | 774 | 16.535 |
| 61 | 中银 | 中银新经济 | 灵活配置型基金 | 1 312 | 782 | 6.323 |
| 61 | 中银 | 中银鑫利A | 灵活配置型基金 | 1 312 | 798 | 8.886 |

续表2-2

| 整体投资回报能力排名 | 基金公司（简称） | 基金名称 | 投资类型（二级分类） | 样本基金数量 | 同类基金中排名 | 期间内规模（亿） |
|---|---|---|---|---|---|---|
| 61 | 中银 | 中银新机遇A | 灵活配置型基金 | 1 312 | 819 | 7.205 |
| 61 | 中银 | 中银鑫利C | 灵活配置型基金 | 1 312 | 821 | 1.822 |
| 61 | 中银 | 中银宏利A | 灵活配置型基金 | 1 312 | 823 | 5.626 |
| 61 | 中银 | 中银新机遇C | 灵活配置型基金 | 1 312 | 830 | 1.867 |
| 61 | 中银 | 中银宏利C | 灵活配置型基金 | 1 312 | 831 | 3.091 |
| 61 | 中银 | 中银宝利C | 灵活配置型基金 | 1 312 | 837 | 2.060 |
| 61 | 中银 | 中银宝利A | 灵活配置型基金 | 1 312 | 840 | 5.697 |
| 61 | 中银 | 中银珍利C | 灵活配置型基金 | 1 312 | 850 | 3.165 |
| 61 | 中银 | 中银珍利A | 灵活配置型基金 | 1 312 | 851 | 6.556 |
| 61 | 中银 | 中银瑞利A | 灵活配置型基金 | 1 312 | 866 | 6.257 |
| 61 | 中银 | 中银瑞利C | 灵活配置型基金 | 1 312 | 875 | 12.525 |
| 61 | 中银 | 中银润利A | 灵活配置型基金 | 1 312 | 877 | 1.150 |
| 61 | 中银 | 中银润利C | 灵活配置型基金 | 1 312 | 897 | 6.536 |
| 61 | 中银 | 中银腾利A | 灵活配置型基金 | 1 312 | 902 | 14.597 |
| 61 | 中银 | 中银广利C | 灵活配置型基金 | 1 312 | 903 | 0.992 |
| 61 | 中银 | 中银新财富A | 灵活配置型基金 | 1 312 | 917 | 4.219 |
| 61 | 中银 | 中银广利A | 灵活配置型基金 | 1 312 | 920 | 3.806 |
| 61 | 中银 | 中银腾利C | 灵活配置型基金 | 1 312 | 923 | 2.358 |
| 61 | 中银 | 中银新回报A | 灵活配置型基金 | 1 312 | 934 | 26.130 |
| 61 | 中银 | 中银新财富C | 灵活配置型基金 | 1 312 | 943 | 4.320 |
| 61 | 中银 | 中银多策略A | 灵活配置型基金 | 1 312 | 973 | 10.798 |
| 61 | 中银 | 中银颐利A | 灵活配置型基金 | 1 312 | 975 | 3.450 |
| 61 | 中银 | 中银颐利C | 灵活配置型基金 | 1 312 | 987 | 2.464 |
| 61 | 中银 | 中银裕利A | 灵活配置型基金 | 1 312 | 1 002 | 5.249 |

续表2-2

| 整体投资回报能力排名 | 基金公司（简称） | 基金名称 | 投资类型（二级分类） | 样本基金数量 | 同类基金中排名 | 期间内规模（亿） |
|---|---|---|---|---|---|---|
| 61 | 中银 | 中银裕利 C | 灵活配置型基金 | 1 312 | 1 010 | 2.256 |
| 61 | 中银 | 中银量化精选 A | 灵活配置型基金 | 1 312 | 1 101 | 4.857 |
| 61 | 中银 | 中银沪深 300 等权重 | 被动指数型基金 | 346 | 189 | 0.428 |
| 61 | 中银 | 中银上证国企 ETF | 被动指数型基金 | 346 | 239 | 0.179 |
| 61 | 中银 | 中银机构现金管理 | 货币市场型基金 | 522 | 110 | 87.321 |
| 61 | 中银 | 中银活期宝 | 货币市场型基金 | 522 | 201 | 290.857 |
| 61 | 中银 | 中银薪钱包 | 货币市场型基金 | 522 | 210 | 319.388 |
| 61 | 中银 | 中银货币 B | 货币市场型基金 | 522 | 272 | 674.387 |
| 61 | 中银 | 中银货币 A | 货币市场型基金 | 522 | 450 | 4.466 |
| 62 | 富安达 | 富安达优势成长 | 偏股混合型基金 | 435 | 258 | 11.995 |
| 62 | 富安达 | 富安达增强收益 A | 混合债券型二级基金 | 329 | 95 | 0.208 |
| 62 | 富安达 | 富安达增强收益 C | 混合债券型二级基金 | 329 | 117 | 0.341 |
| 62 | 富安达 | 富安达健康人生 A | 灵活配置型基金 | 1 312 | 357 | 1.180 |
| 62 | 富安达 | 富安达新动力 | 灵活配置型基金 | 1 312 | 542 | 1.886 |
| 62 | 富安达 | 富安达策略精选 | 灵活配置型基金 | 1 312 | 689 | 1.461 |
| 62 | 富安达 | 富安达新兴成长 A | 灵活配置型基金 | 1 312 | 720 | 0.873 |
| 62 | 富安达 | 富安达长盈 | 灵活配置型基金 | 1 312 | 1217 | 1.228 |
| 62 | 富安达 | 富安达现金通货币 B | 货币市场型基金 | 522 | 184 | 43.649 |
| 62 | 富安达 | 富安达现金通货币 A | 货币市场型基金 | 522 | 396 | 1.039 |
| 63 | 金信 | 金信深圳成长 | 灵活配置型基金 | 1 312 | 241 | 0.471 |
| 63 | 金信 | 金信行业优选 | 灵活配置型基金 | 1 312 | 242 | 1.430 |
| 63 | 金信 | 金信量化精选 | 灵活配置型基金 | 1 312 | 598 | 0.538 |
| 63 | 金信 | 金信智能中国 2025 | 灵活配置型基金 | 1 312 | 646 | 0.815 |
| 63 | 金信 | 金信转型创新成长 | 灵活配置型基金 | 1 312 | 652 | 1.745 |

续表2-2

| 整体投资回报能力排名 | 基金公司（简称） | 基金名称 | 投资类型（二级分类） | 样本基金数量 | 同类基金中排名 | 期间内规模（亿） |
|---|---|---|---|---|---|---|
| 63 | 金信 | 金信民发货币B | 货币市场型基金 | 522 | 252 | 5.911 |
| 63 | 金信 | 金信民发货币A | 货币市场型基金 | 522 | 441 | 0.101 |
| 64 | 嘉实 | 嘉实增强信用 | 中长期纯债型基金 | 614 | 41 | 6.892 |
| 64 | 嘉实 | 嘉实稳祥纯债A | 中长期纯债型基金 | 614 | 115 | 1.495 |
| 64 | 嘉实 | 嘉实稳荣 | 中长期纯债型基金 | 614 | 164 | 7.647 |
| 64 | 嘉实 | 嘉实稳祥纯债C | 中长期纯债型基金 | 614 | 229 | 1.100 |
| 64 | 嘉实 | 嘉实丰益策略 | 中长期纯债型基金 | 614 | 247 | 12.127 |
| 64 | 嘉实 | 嘉实纯债A | 中长期纯债型基金 | 614 | 280 | 16.477 |
| 64 | 嘉实 | 嘉实稳泽纯债 | 中长期纯债型基金 | 614 | 291 | 6.512 |
| 64 | 嘉实 | 嘉实丰安6个月定开 | 中长期纯债型基金 | 614 | 390 | 12.610 |
| 64 | 嘉实 | 嘉实纯债C | 中长期纯债型基金 | 614 | 401 | 33.641 |
| 64 | 嘉实 | 嘉实丰益纯债 | 中长期纯债型基金 | 614 | 430 | 14.654 |
| 64 | 嘉实 | 嘉实稳鑫 | 中长期纯债型基金 | 614 | 444 | 15.959 |
| 64 | 嘉实 | 嘉实稳瑞纯债 | 中长期纯债型基金 | 614 | 465 | 11.943 |
| 64 | 嘉实 | 嘉实优化红利A | 偏股混合型基金 | 435 | 50 | 15.833 |
| 64 | 嘉实 | 嘉实主题新动力 | 偏股混合型基金 | 435 | 65 | 15.349 |
| 64 | 嘉实 | 嘉实价值优势 | 偏股混合型基金 | 435 | 158 | 16.262 |
| 64 | 嘉实 | 嘉实增长 | 偏股混合型基金 | 435 | 206 | 29.802 |
| 64 | 嘉实 | 嘉实优质企业 | 偏股混合型基金 | 435 | 242 | 22.603 |
| 64 | 嘉实 | 嘉实周期优选 | 偏股混合型基金 | 435 | 308 | 16.920 |
| 64 | 嘉实 | 嘉实领先成长 | 偏股混合型基金 | 435 | 350 | 16.886 |
| 64 | 嘉实 | 嘉实稳健 | 偏股混合型基金 | 435 | 357 | 30.020 |
| 64 | 嘉实 | 嘉实量化阿尔法 | 偏股混合型基金 | 435 | 370 | 3.059 |
| 64 | 嘉实 | 嘉实成长收益H | 偏股混合型基金 | 435 | 372 | 0.012 |

续表2-2

| 整体投资回报能力排名 | 基金公司（简称） | 基金名称 | 投资类型（二级分类） | 样本基金数量 | 同类基金中排名 | 期间内规模（亿） |
|---|---|---|---|---|---|---|
| 64 | 嘉实 | 嘉实研究精选A | 偏股混合型基金 | 435 | 373 | 33.009 |
| 64 | 嘉实 | 嘉实成长收益A | 偏股混合型基金 | 435 | 374 | 40.529 |
| 64 | 嘉实 | 嘉实沪深300增强 | 增强指数型基金 | 57 | 29 | 14.187 |
| 64 | 嘉实 | 嘉实智能汽车 | 普通股票型基金 | 200 | 11 | 31.765 |
| 64 | 嘉实 | 嘉实环保低碳 | 普通股票型基金 | 200 | 14 | 36.120 |
| 64 | 嘉实 | 嘉实新兴产业 | 普通股票型基金 | 200 | 16 | 54.235 |
| 64 | 嘉实 | 嘉实先进制造 | 普通股票型基金 | 200 | 38 | 18.756 |
| 64 | 嘉实 | 嘉实新消费 | 普通股票型基金 | 200 | 65 | 13.509 |
| 64 | 嘉实 | 嘉实逆向策略 | 普通股票型基金 | 200 | 70 | 16.167 |
| 64 | 嘉实 | 嘉实物流产业A | 普通股票型基金 | 200 | 78 | 2.676 |
| 64 | 嘉实 | 嘉实物流产业C | 普通股票型基金 | 200 | 82 | 0.845 |
| 64 | 嘉实 | 嘉实低价策略 | 普通股票型基金 | 200 | 96 | 2.721 |
| 64 | 嘉实 | 嘉实研究阿尔法 | 普通股票型基金 | 200 | 100 | 6.146 |
| 64 | 嘉实 | 嘉实农业产业 | 普通股票型基金 | 200 | 105 | 19.289 |
| 64 | 嘉实 | 嘉实企业变革 | 普通股票型基金 | 200 | 108 | 15.124 |
| 64 | 嘉实 | 嘉实医疗保健 | 普通股票型基金 | 200 | 111 | 14.716 |
| 64 | 嘉实 | 嘉实文体娱乐A | 普通股票型基金 | 200 | 134 | 4.349 |
| 64 | 嘉实 | 嘉实沪港深精选 | 普通股票型基金 | 200 | 135 | 22.369 |
| 64 | 嘉实 | 嘉实文体娱乐C | 普通股票型基金 | 200 | 143 | 0.533 |
| 64 | 嘉实 | 嘉实量化精选 | 普通股票型基金 | 200 | 155 | 6.713 |
| 64 | 嘉实 | 嘉实事件驱动 | 普通股票型基金 | 200 | 172 | 54.321 |
| 64 | 嘉实 | 嘉实债券 | 混合债券型一级基金 | 126 | 61 | 20.068 |
| 64 | 嘉实 | 嘉实信用A | 混合债券型一级基金 | 126 | 87 | 23.798 |
| 64 | 嘉实 | 嘉实信用C | 混合债券型一级基金 | 126 | 99 | 4.395 |

续表2-2

| 整体投资回报能力排名 | 基金公司（简称） | 基金名称 | 投资类型（二级分类） | 样本基金数量 | 同类基金中排名 | 期间内规模（亿） |
| --- | --- | --- | --- | --- | --- | --- |
| 64 | 嘉实 | 嘉实稳固收益C | 混合债券型二级基金 | 329 | 78 | 22.639 |
| 64 | 嘉实 | 嘉实多元收益A | 混合债券型二级基金 | 329 | 105 | 12.427 |
| 64 | 嘉实 | 嘉实多元收益B | 混合债券型二级基金 | 329 | 122 | 5.174 |
| 64 | 嘉实 | 嘉实多利收益 | 混合债券型二级基金 | 329 | 172 | 1.086 |
| 64 | 嘉实 | 嘉实稳盛 | 混合债券型二级基金 | 329 | 240 | 2.127 |
| 64 | 嘉实 | 嘉实回报灵活配置 | 灵活配置型基金 | 1 312 | 113 | 5.853 |
| 64 | 嘉实 | 嘉实泰和 | 灵活配置型基金 | 1 312 | 187 | 34.290 |
| 64 | 嘉实 | 嘉实研究增强 | 灵活配置型基金 | 1 312 | 506 | 4.722 |
| 64 | 嘉实 | 嘉实新收益 | 灵活配置型基金 | 1 312 | 600 | 10.661 |
| 64 | 嘉实 | 嘉实成长增强 | 灵活配置型基金 | 1 312 | 642 | 16.317 |
| 64 | 嘉实 | 嘉实惠泽 | 灵活配置型基金 | 1 312 | 676 | 16.744 |
| 64 | 嘉实 | 嘉实新优选 | 灵活配置型基金 | 1 312 | 755 | 2.807 |
| 64 | 嘉实 | 嘉实策略增长 | 灵活配置型基金 | 1 312 | 769 | 42.798 |
| 64 | 嘉实 | 嘉实策略优选 | 灵活配置型基金 | 1 312 | 804 | 8.471 |
| 64 | 嘉实 | 嘉实新起航 | 灵活配置型基金 | 1 312 | 839 | 2.873 |
| 64 | 嘉实 | 嘉实新趋势 | 灵活配置型基金 | 1 312 | 862 | 7.515 |
| 64 | 嘉实 | 嘉实服务增值行业 | 灵活配置型基金 | 1 312 | 944 | 20.326 |
| 64 | 嘉实 | 嘉实主题精选 | 灵活配置型基金 | 1 312 | 950 | 33.961 |
| 64 | 嘉实 | 嘉实新财富 | 灵活配置型基金 | 1 312 | 977 | 2.588 |
| 64 | 嘉实 | 嘉实新起点A | 灵活配置型基金 | 1 312 | 981 | 5.976 |
| 64 | 嘉实 | 嘉实新思路 | 灵活配置型基金 | 1 312 | 1 055 | 4.496 |
| 64 | 嘉实 | 嘉实新起点C | 灵活配置型基金 | 1 312 | 1 067 | 0.166 |
| 64 | 嘉实 | 嘉实创新成长 | 灵活配置型基金 | 1 312 | 1 085 | 1.082 |
| 64 | 嘉实 | 嘉实优势成长 | 灵活配置型基金 | 1 312 | 1 123 | 3.275 |

续表2-2

| 整体投资回报能力排名 | 基金公司（简称） | 基金名称 | 投资类型（二级分类） | 样本基金数量 | 同类基金中排名 | 期间内规模（亿） |
|---|---|---|---|---|---|---|
| 64 | 嘉实 | 嘉实安益 | 灵活配置型基金 | 1 312 | 1 184 | 7.349 |
| 64 | 嘉实 | 嘉实超短债C | 短期纯债型基金 | 19 | 9 | 65.818 |
| 64 | 嘉实 | 嘉实对冲套利A | 股票多空 | 16 | 5 | 6.770 |
| 64 | 嘉实 | 嘉实绝对收益策略A | 股票多空 | 16 | 7 | 10.137 |
| 64 | 嘉实 | 嘉实中证中期国债ETF | 被动指数型债券基金 | 17 | 15 | 1.105 |
| 64 | 嘉实 | 嘉实中期国债ETF联接A | 被动指数型债券基金 | 17 | 16 | 0.072 |
| 64 | 嘉实 | 嘉实中期国债ETF联接C | 被动指数型债券基金 | 17 | 17 | 0.009 |
| 64 | 嘉实 | 嘉实中证主要消费ETF | 被动指数型基金 | 346 | 6 | 3.674 |
| 64 | 嘉实 | 嘉实深证基本面120ETF | 被动指数型基金 | 346 | 74 | 2.782 |
| 64 | 嘉实 | 嘉实深证基本面120ETF联接A | 被动指数型基金 | 346 | 83 | 2.419 |
| 64 | 嘉实 | 嘉实沪深300ETF | 被动指数型基金 | 346 | 134 | 200.465 |
| 64 | 嘉实 | 嘉实沪深300ETF联接(LOF)A | 被动指数型基金 | 346 | 165 | 137.223 |
| 64 | 嘉实 | 嘉实中证医药卫生ETF | 被动指数型基金 | 346 | 234 | 0.204 |
| 64 | 嘉实 | 嘉实基本面50指数(LOF)A | 被动指数型基金 | 346 | 237 | 11.891 |
| 64 | 嘉实 | 嘉实中证500ETF | 被动指数型基金 | 346 | 263 | 23.151 |
| 64 | 嘉实 | 嘉实中证500ETF联接A | 被动指数型基金 | 346 | 287 | 13.435 |
| 64 | 嘉实 | 嘉实中证金融地产ETF | 被动指数型基金 | 346 | 290 | 0.667 |
| 64 | 嘉实 | 嘉实中证金融地产ETF联接A | 被动指数型基金 | 346 | 299 | 0.499 |
| 64 | 嘉实 | 嘉实中创400ETF | 被动指数型基金 | 346 | 310 | 1.131 |

2 五年期公募基金管理公司整体投资回报能力评价

续表2-2

| 整体投资回报能力排名 | 基金公司（简称） | 基金名称 | 投资类型（二级分类） | 样本基金数量 | 同类基金中排名 | 期间内规模（亿） |
|---|---|---|---|---|---|---|
| 64 | 嘉实 | 嘉实中创400ETF联接A | 被动指数型基金 | 346 | 316 | 1.105 |
| 64 | 嘉实 | 嘉实快线A | 货币市场型基金 | 522 | 36 | 382.000 |
| 64 | 嘉实 | 嘉实货币B | 货币市场型基金 | 522 | 96 | 158.170 |
| 64 | 嘉实 | 嘉实活钱包E | 货币市场型基金 | 522 | 104 | 25.676 |
| 64 | 嘉实 | 嘉实活钱包A | 货币市场型基金 | 522 | 116 | 452.782 |
| 64 | 嘉实 | 嘉实活期宝 | 货币市场型基金 | 522 | 176 | 142.875 |
| 64 | 嘉实 | 嘉实薪金宝 | 货币市场型基金 | 522 | 180 | 137.970 |
| 64 | 嘉实 | 嘉实增益宝 | 货币市场型基金 | 522 | 212 | 21.170 |
| 64 | 嘉实 | 嘉实货币E | 货币市场型基金 | 522 | 322 | 0.734 |
| 64 | 嘉实 | 嘉实货币A | 货币市场型基金 | 522 | 323 | 150.684 |
| 64 | 嘉实 | 嘉实快线H | 货币市场型基金 | 522 | 341 | 4.063 |
| 64 | 嘉实 | 嘉实安心货币B | 货币市场型基金 | 522 | 422 | 18.893 |
| 64 | 嘉实 | 嘉实现金宝 | 货币市场型基金 | 522 | 433 | 50.828 |
| 64 | 嘉实 | 嘉实安心货币A | 货币市场型基金 | 522 | 495 | 0.500 |
| 64 | 嘉实 | 嘉实快线C | 货币市场型基金 | 522 | 515 | 42.554 |
| 64 | 嘉实 | 嘉实快线B | 货币市场型基金 | 522 | 516 | 6.494 |
| 65 | 汇安 | 汇安嘉汇A | 中长期纯债型基金 | 614 | 267 | 4.152 |
| 65 | 汇安 | 汇安嘉裕 | 中长期纯债型基金 | 614 | 411 | 5.092 |
| 65 | 汇安 | 汇安嘉源纯债 | 中长期纯债型基金 | 614 | 420 | 4.679 |
| 65 | 汇安 | 汇安丰利A | 灵活配置型基金 | 1 312 | 219 | 2.969 |
| 65 | 汇安 | 汇安丰利C | 灵活配置型基金 | 1 312 | 233 | 2.889 |
| 65 | 汇安 | 汇安丰融A | 灵活配置型基金 | 1 312 | 625 | 1.477 |
| 65 | 汇安 | 汇安丰融C | 灵活配置型基金 | 1 312 | 672 | 0.027 |
| 66 | 安信 | 安信永利信用A | 中长期纯债型基金 | 614 | 6 | 1.236 |

续表2-2

| 整体投资回报能力排名 | 基金公司（简称） | 基金名称 | 投资类型（二级分类） | 样本基金数量 | 同类基金中排名 | 期间内规模（亿） |
|---|---|---|---|---|---|---|
| 66 | 安信 | 安信目标收益A | 中长期纯债型基金 | 614 | 7 | 14.104 |
| 66 | 安信 | 安信永利信用C | 中长期纯债型基金 | 614 | 13 | 0.169 |
| 66 | 安信 | 安信目标收益C | 中长期纯债型基金 | 614 | 17 | 8.359 |
| 66 | 安信 | 安信尊享 | 中长期纯债型基金 | 614 | 252 | 25.813 |
| 66 | 安信 | 安信永丰A | 中长期纯债型基金 | 614 | 453 | 3.126 |
| 66 | 安信 | 安信永丰C | 中长期纯债型基金 | 614 | 493 | 0.888 |
| 66 | 安信 | 安信价值精选 | 普通股票型基金 | 200 | 97 | 16.979 |
| 66 | 安信 | 安信新常态沪港深精选A | 普通股票型基金 | 200 | 115 | 1.706 |
| 66 | 安信 | 安信消费医药主题 | 普通股票型基金 | 200 | 169 | 3.307 |
| 66 | 安信 | 安信宝利 | 混合债券型一级基金 | 126 | 76 | 8.566 |
| 66 | 安信 | 安信新回报A | 灵活配置型基金 | 1 312 | 42 | 6.706 |
| 66 | 安信 | 安信新回报C | 灵活配置型基金 | 1 312 | 46 | 2.282 |
| 66 | 安信 | 安信优势增长A | 灵活配置型基金 | 1 312 | 82 | 1.462 |
| 66 | 安信 | 安信优势增长C | 灵活配置型基金 | 1 312 | 90 | 1.030 |
| 66 | 安信 | 安信灵活配置 | 灵活配置型基金 | 1 312 | 158 | 20.687 |
| 66 | 安信 | 安信鑫发优选A | 灵活配置型基金 | 1 312 | 307 | 1.163 |
| 66 | 安信 | 安信新优选A | 灵活配置型基金 | 1 312 | 750 | 0.035 |
| 66 | 安信 | 安信新优选C | 灵活配置型基金 | 1 312 | 766 | 5.886 |
| 66 | 安信 | 安信新价值A | 灵活配置型基金 | 1 312 | 778 | 1.168 |
| 66 | 安信 | 安信新价值C | 灵活配置型基金 | 1 312 | 800 | 2.050 |
| 66 | 安信 | 安信新目标A | 灵活配置型基金 | 1 312 | 904 | 1.874 |
| 66 | 安信 | 安信动态策略A | 灵活配置型基金 | 1 312 | 910 | 3.086 |
| 66 | 安信 | 安信动态策略C | 灵活配置型基金 | 1 312 | 935 | 1.353 |
| 66 | 安信 | 安信新目标C | 灵活配置型基金 | 1 312 | 951 | 7.852 |

续表2-2

| 整体投资回报能力排名 | 基金公司（简称） | 基金名称 | 投资类型（二级分类） | 样本基金数量 | 同类基金中排名 | 期间内规模（亿） |
|---|---|---|---|---|---|---|
| 66 | 安信 | 安信新动力A | 灵活配置型基金 | 1 312 | 968 | 3.656 |
| 66 | 安信 | 安信鑫安得利A | 灵活配置型基金 | 1 312 | 1 000 | 2.883 |
| 66 | 安信 | 安信新成长A | 灵活配置型基金 | 1 312 | 1 017 | 4.705 |
| 66 | 安信 | 安信鑫安得利C | 灵活配置型基金 | 1 312 | 1 027 | 5.527 |
| 66 | 安信 | 安信新动力C | 灵活配置型基金 | 1 312 | 1 029 | 0.698 |
| 66 | 安信 | 安信新成长C | 灵活配置型基金 | 1 312 | 1 041 | 4.317 |
| 66 | 安信 | 安信稳健增值A | 灵活配置型基金 | 1 312 | 1 044 | 77.931 |
| 66 | 安信 | 安信稳健增值C | 灵活配置型基金 | 1 312 | 1 095 | 20.131 |
| 66 | 安信 | 安信新趋势A | 灵活配置型基金 | 1 312 | 1 102 | 12.431 |
| 66 | 安信 | 安信新趋势C | 灵活配置型基金 | 1 312 | 1 126 | 8.953 |
| 66 | 安信 | 安信平稳增长A | 灵活配置型基金 | 1 312 | 1 193 | 0.167 |
| 66 | 安信 | 安信平稳增长C | 灵活配置型基金 | 1 312 | 1 202 | 4.430 |
| 66 | 安信 | 安信中证一带一路 | 被动指数型基金 | 346 | 203 | 1.167 |
| 66 | 安信 | 安信活期宝B | 货币市场型基金 | 522 | 19 | 89.993 |
| 66 | 安信 | 安信活期宝A | 货币市场型基金 | 522 | 109 | 2.824 |
| 66 | 安信 | 安信现金管理货币B | 货币市场型基金 | 522 | 257 | 76.037 |
| 66 | 安信 | 安信现金管理货币A | 货币市场型基金 | 522 | 440 | 0.729 |
| 66 | 安信 | 安信现金增利B | 货币市场型基金 | 522 | 469 | 14.840 |
| 66 | 安信 | 安信现金增利A | 货币市场型基金 | 522 | 487 | 1.345 |
| 67 | 华富 | 华富恒稳纯债A | 中长期纯债型基金 | 614 | 369 | 4.947 |
| 67 | 华富 | 华富恒稳纯债C | 中长期纯债型基金 | 614 | 494 | 0.143 |
| 67 | 华富 | 华富成长趋势 | 偏股混合型基金 | 435 | 179 | 11.391 |
| 67 | 华富 | 华富量子生命力 | 偏股混合型基金 | 435 | 419 | 0.473 |
| 67 | 华富 | 华富中小企业100指数增强 | 增强指数型基金 | 57 | 57 | 0.083 |

续表2-2

| 整体投资回报能力排名 | 基金公司（简称） | 基金名称 | 投资类型（二级分类） | 样本基金数量 | 同类基金中排名 | 期间内规模（亿） |
|---|---|---|---|---|---|---|
| 67 | 华富 | 华富强化回报 | 混合债券型一级基金 | 126 | 13 | 12.322 |
| 67 | 华富 | 华富收益增强A | 混合债券型一级基金 | 126 | 43 | 17.397 |
| 67 | 华富 | 华富收益增强B | 混合债券型一级基金 | 126 | 58 | 4.771 |
| 67 | 华富 | 华富安享 | 混合债券型二级基金 | 329 | 27 | 7.528 |
| 67 | 华富 | 华富安福 | 混合债券型二级基金 | 329 | 173 | 1.649 |
| 67 | 华富 | 华富安鑫 | 混合债券型二级基金 | 329 | 241 | 3.832 |
| 67 | 华富 | 华富恒利A | 混合债券型二级基金 | 329 | 244 | 3.446 |
| 67 | 华富 | 华富恒利C | 混合债券型二级基金 | 329 | 288 | 0.466 |
| 67 | 华富 | 华富价值增长 | 灵活配置型基金 | 1 312 | 114 | 7.789 |
| 67 | 华富 | 华富物联世界 | 灵活配置型基金 | 1 312 | 412 | 3.625 |
| 67 | 华富 | 华富天鑫A | 灵活配置型基金 | 1 312 | 415 | 2.633 |
| 67 | 华富 | 华富天鑫C | 灵活配置型基金 | 1 312 | 470 | 0.926 |
| 67 | 华富 | 华富竞争力优选 | 灵活配置型基金 | 1 312 | 513 | 4.706 |
| 67 | 华富 | 华富国泰民安 | 灵活配置型基金 | 1 312 | 612 | 1.169 |
| 67 | 华富 | 华富智慧城市 | 灵活配置型基金 | 1 312 | 634 | 1.010 |
| 67 | 华富 | 华富华鑫A | 灵活配置型基金 | 1 312 | 650 | 1.318 |
| 67 | 华富 | 华富华鑫C | 灵活配置型基金 | 1 312 | 668 | 0.751 |
| 67 | 华富 | 华富策略精选 | 灵活配置型基金 | 1 312 | 674 | 0.187 |
| 67 | 华富 | 华富益鑫A | 灵活配置型基金 | 1 312 | 680 | 1.685 |
| 67 | 华富 | 华富益鑫C | 灵活配置型基金 | 1 312 | 722 | 3.028 |
| 67 | 华富 | 华富健康文娱 | 灵活配置型基金 | 1 312 | 824 | 0.431 |
| 67 | 华富 | 华富弘鑫A | 灵活配置型基金 | 1 312 | 1 137 | 2.555 |
| 67 | 华富 | 华富弘鑫C | 灵活配置型基金 | 1 312 | 1 157 | 0.960 |
| 67 | 华富 | 华富灵活配置 | 灵活配置型基金 | 1 312 | 1 257 | 1.736 |
| 67 | 华富 | 华富永鑫A | 灵活配置型基金 | 1 312 | 1 296 | 0.014 |

## 2 五年期公募基金管理公司整体投资回报能力评价

续表2-2

| 整体投资回报能力排名 | 基金公司（简称） | 基金名称 | 投资类型（二级分类） | 样本基金数量 | 同类基金中排名 | 期间内规模（亿） |
|---|---|---|---|---|---|---|
| 67 | 华富 | 华富永鑫C | 灵活配置型基金 | 1 312 | 1 297 | 2.481 |
| 67 | 华富 | 华富中证100 | 被动指数型基金 | 346 | 19 | 1.379 |
| 67 | 华富 | 华富货币A | 货币市场型基金 | 522 | 471 | 15.436 |
| 68 | 华泰柏瑞 | 华泰柏瑞丰盛纯债A | 中长期纯债型基金 | 614 | 25 | 1.645 |
| 68 | 华泰柏瑞 | 华泰柏瑞季季红 | 中长期纯债型基金 | 614 | 55 | 28.194 |
| 68 | 华泰柏瑞 | 华泰柏瑞丰盛纯债C | 中长期纯债型基金 | 614 | 66 | 0.957 |
| 68 | 华泰柏瑞 | 华泰柏瑞稳健收益A | 中长期纯债型基金 | 614 | 341 | 54.415 |
| 68 | 华泰柏瑞 | 华泰柏瑞稳健收益C | 中长期纯债型基金 | 614 | 463 | 1.200 |
| 68 | 华泰柏瑞 | 华泰柏瑞行业领先 | 偏股混合型基金 | 435 | 36 | 2.393 |
| 68 | 华泰柏瑞 | 华泰柏瑞盛世中国 | 偏股混合型基金 | 435 | 103 | 18.510 |
| 68 | 华泰柏瑞 | 华泰柏瑞价值增长A | 偏股混合型基金 | 435 | 161 | 12.012 |
| 68 | 华泰柏瑞 | 华泰柏瑞量化先行A | 偏股混合型基金 | 435 | 333 | 6.276 |
| 68 | 华泰柏瑞 | 华泰柏瑞量化增强A | 偏股混合型基金 | 435 | 362 | 22.401 |
| 68 | 华泰柏瑞 | 华泰柏瑞积极优选 | 普通股票型基金 | 200 | 137 | 3.005 |
| 68 | 华泰柏瑞 | 华泰柏瑞信用增利A | 混合债券型一级基金 | 126 | 55 | 1.440 |
| 68 | 华泰柏瑞 | 华泰柏瑞增利A | 混合债券型二级基金 | 329 | 211 | 0.122 |
| 68 | 华泰柏瑞 | 华泰柏瑞增利B | 混合债券型二级基金 | 329 | 223 | 0.237 |
| 68 | 华泰柏瑞 | 华泰柏瑞创新动力 | 灵活配置型基金 | 1 312 | 60 | 4.167 |
| 68 | 华泰柏瑞 | 华泰柏瑞激励动力A | 灵活配置型基金 | 1 312 | 62 | 3.165 |
| 68 | 华泰柏瑞 | 华泰柏瑞激励动力C | 灵活配置型基金 | 1 312 | 75 | 1.011 |
| 68 | 华泰柏瑞 | 华泰柏瑞创新升级A | 灵活配置型基金 | 1 312 | 102 | 13.137 |
| 68 | 华泰柏瑞 | 华泰柏瑞健康生活 | 灵活配置型基金 | 1 312 | 122 | 5.382 |
| 68 | 华泰柏瑞 | 华泰柏瑞消费成长 | 灵活配置型基金 | 1 312 | 173 | 5.561 |
| 68 | 华泰柏瑞 | 华泰柏瑞新经济沪港深 | 灵活配置型基金 | 1 312 | 384 | 1.692 |
| 68 | 华泰柏瑞 | 华泰柏瑞多策略 | 灵活配置型基金 | 1 312 | 580 | 1.790 |

续表2-2

| 整体投资回报能力排名 | 基金公司（简称） | 基金名称 | 投资类型（二级分类） | 样本基金数量 | 同类基金中排名 | 期间内规模（亿） |
|---|---|---|---|---|---|---|
| 68 | 华泰柏瑞 | 华泰柏瑞量化智慧A | 灵活配置型基金 | 1312 | 599 | 3.931 |
| 68 | 华泰柏瑞 | 华泰柏瑞量化优选 | 灵活配置型基金 | 1312 | 639 | 4.352 |
| 68 | 华泰柏瑞 | 华泰柏瑞量化驱动A | 灵活配置型基金 | 1312 | 670 | 8.938 |
| 68 | 华泰柏瑞 | 华泰柏瑞鼎利C | 灵活配置型基金 | 1312 | 740 | 1.902 |
| 68 | 华泰柏瑞 | 华泰柏瑞鼎利A | 灵活配置型基金 | 1312 | 765 | 4.054 |
| 68 | 华泰柏瑞 | 华泰柏瑞新利A | 灵活配置型基金 | 1312 | 816 | 6.259 |
| 68 | 华泰柏瑞 | 华泰柏瑞积极成长A | 灵活配置型基金 | 1312 | 836 | 10.107 |
| 68 | 华泰柏瑞 | 华泰柏瑞新利C | 灵活配置型基金 | 1312 | 856 | 2.350 |
| 68 | 华泰柏瑞 | 华泰柏瑞享利A | 灵活配置型基金 | 1312 | 956 | 3.630 |
| 68 | 华泰柏瑞 | 华泰柏瑞享利C | 灵活配置型基金 | 1312 | 969 | 1.667 |
| 68 | 华泰柏瑞 | 华泰柏瑞精选回报 | 灵活配置型基金 | 1312 | 1166 | 9.560 |
| 68 | 华泰柏瑞 | 华泰柏瑞量化对冲 | 股票多空 | 16 | 9 | 0.565 |
| 68 | 华泰柏瑞 | 华泰柏瑞量化收益 | 股票多空 | 16 | 10 | 1.928 |
| 68 | 华泰柏瑞 | 华泰柏瑞沪深300ETF | 被动指数型基金 | 346 | 136 | 373.881 |
| 68 | 华泰柏瑞 | 华泰柏瑞上证中小盘ETF | 被动指数型基金 | 346 | 139 | 0.267 |
| 68 | 华泰柏瑞 | 华泰柏瑞沪深300ETF联接A | 被动指数型基金 | 346 | 164 | 4.269 |
| 68 | 华泰柏瑞 | 华泰柏瑞上证中小盘ETF联接 | 被动指数型基金 | 346 | 171 | 0.114 |
| 68 | 华泰柏瑞 | 华泰柏瑞中证500ETF | 被动指数型基金 | 346 | 190 | 4.497 |
| 68 | 华泰柏瑞 | 华泰柏瑞中证500ETF联接A | 被动指数型基金 | 346 | 211 | 1.844 |
| 68 | 华泰柏瑞 | 华泰柏瑞红利ETF | 被动指数型基金 | 346 | 247 | 92.996 |
| 68 | 华泰柏瑞 | 华泰柏瑞天添宝货币B | 货币市场型基金 | 522 | 13 | 154.183 |
| 68 | 华泰柏瑞 | 华泰柏瑞天添宝货币A | 货币市场型基金 | 522 | 129 | 4.027 |

续表2-2

| 整体投资回报能力排名 | 基金公司（简称） | 基金名称 | 投资类型（二级分类） | 样本基金数量 | 同类基金中排名 | 期间内规模（亿） |
|---|---|---|---|---|---|---|
| 68 | 华泰柏瑞 | 华泰柏瑞货币B | 货币市场型基金 | 522 | 211 | 199.844 |
| 68 | 华泰柏瑞 | 华泰柏瑞交易货币A | 货币市场型基金 | 522 | 344 | 24.195 |
| 68 | 华泰柏瑞 | 华泰柏瑞货币A | 货币市场型基金 | 522 | 413 | 202.295 |
| 68 | 华泰柏瑞 | 华泰柏瑞交易货币B | 货币市场型基金 | 522 | 449 | 2.357 |
| 69 | 新沃 | 新沃通利C | 中长期纯债型基金 | 614 | 573 | 1.015 |
| 69 | 新沃 | 新沃通利A | 中长期纯债型基金 | 614 | 586 | 2.114 |
| 69 | 新沃 | 新沃通盈 | 灵活配置型基金 | 1 312 | 365 | 0.334 |
| 69 | 新沃 | 新沃通宝B | 货币市场型基金 | 522 | 173 | 21.647 |
| 69 | 新沃 | 新沃通宝A | 货币市场型基金 | 522 | 391 | 0.808 |
| 70 | 长城 | 长城增强收益A | 中长期纯债型基金 | 614 | 424 | 53.389 |
| 70 | 长城 | 长城增强收益C | 中长期纯债型基金 | 614 | 513 | 1.932 |
| 70 | 长城 | 长城久稳A | 中长期纯债型基金 | 614 | 565 | 1.029 |
| 70 | 长城 | 长城新优选A | 偏债混合型基金 | 86 | 49 | 10.578 |
| 70 | 长城 | 长城新优选C | 偏债混合型基金 | 86 | 57 | 2.900 |
| 70 | 长城 | 长城优化升级A | 偏股混合型基金 | 435 | 19 | 4.585 |
| 70 | 长城 | 长城中小盘成长 | 偏股混合型基金 | 435 | 52 | 8.356 |
| 70 | 长城 | 长城医疗保健 | 偏股混合型基金 | 435 | 55 | 6.844 |
| 70 | 长城 | 长城久富 | 偏股混合型基金 | 435 | 81 | 17.606 |
| 70 | 长城 | 长城品牌优选 | 偏股混合型基金 | 435 | 194 | 29.712 |
| 70 | 长城 | 长城消费增值 | 偏股混合型基金 | 435 | 353 | 10.333 |
| 70 | 长城 | 长城双动力 | 偏股混合型基金 | 435 | 421 | 6.732 |
| 70 | 长城 | 长城久泰沪深300A | 增强指数型基金 | 57 | 31 | 6.589 |
| 70 | 长城 | 长城积极增利A | 混合债券型一级基金 | 126 | 65 | 14.112 |
| 70 | 长城 | 长城积极增利C | 混合债券型一级基金 | 126 | 77 | 5.712 |
| 70 | 长城 | 长城稳固收益A | 混合债券型二级基金 | 329 | 155 | 24.977 |

续表2-2

| 整体投资回报能力排名 | 基金公司（简称） | 基金名称 | 投资类型（二级分类） | 样本基金数量 | 同类基金中排名 | 期间内规模（亿） |
|---|---|---|---|---|---|---|
| 70 | 长城 | 长城稳固收益C | 混合债券型二级基金 | 329 | 183 | 0.175 |
| 70 | 长城 | 长城稳健增利A | 混合债券型二级基金 | 329 | 306 | 8.025 |
| 70 | 长城 | 长城环保主题 | 灵活配置型基金 | 1 312 | 59 | 15.932 |
| 70 | 长城 | 长城久鼎 | 灵活配置型基金 | 1 312 | 105 | 21.185 |
| 70 | 长城 | 长城新兴产业 | 灵活配置型基金 | 1 312 | 172 | 4.663 |
| 70 | 长城 | 长城行业轮动A | 灵活配置型基金 | 1 312 | 210 | 29.284 |
| 70 | 长城 | 长城安心回报 | 灵活配置型基金 | 1 312 | 441 | 18.966 |
| 70 | 长城 | 长城久鑫 | 灵活配置型基金 | 1 312 | 442 | 11.015 |
| 70 | 长城 | 长城久恒 | 灵活配置型基金 | 1 312 | 449 | 1.829 |
| 70 | 长城 | 长城稳健成长灵活配置 | 灵活配置型基金 | 1 312 | 452 | 7.990 |
| 70 | 长城 | 长城久源A | 灵活配置型基金 | 1 312 | 555 | 10.866 |
| 70 | 长城 | 长城久惠 | 灵活配置型基金 | 1 312 | 665 | 11.457 |
| 70 | 长城 | 长城久益灵活配置A | 灵活配置型基金 | 1 312 | 751 | 12.660 |
| 70 | 长城 | 长城核心优选 | 灵活配置型基金 | 1 312 | 753 | 22.594 |
| 70 | 长城 | 长城久祥 | 灵活配置型基金 | 1 312 | 764 | 12.681 |
| 70 | 长城 | 长城久润 | 灵活配置型基金 | 1 312 | 776 | 12.340 |
| 70 | 长城 | 长城久益灵活配置C | 灵活配置型基金 | 1 312 | 814 | 1.570 |
| 70 | 长城 | 长城改革红利 | 灵活配置型基金 | 1 312 | 1 060 | 8.129 |
| 70 | 长城 | 长城货币B | 货币市场型基金 | 522 | 107 | 125.629 |
| 70 | 长城 | 长城货币E | 货币市场型基金 | 522 | 193 | 10.589 |
| 70 | 长城 | 长城工资宝A | 货币市场型基金 | 522 | 291 | 0.517 |
| 70 | 长城 | 长城货币A | 货币市场型基金 | 522 | 338 | 381.931 |
| 71 | 创金合信 | 创金合信尊盛 | 中长期纯债型基金 | 614 | 127 | 7.783 |
| 71 | 创金合信 | 创金合信尊丰纯债 | 中长期纯债型基金 | 614 | 204 | 8.542 |
| 71 | 创金合信 | 创金合信尊享 | 中长期纯债型基金 | 614 | 253 | 23.181 |

续表2-2

| 整体投资回报能力排名 | 基金公司（简称） | 基金名称 | 投资类型（二级分类） | 样本基金数量 | 同类基金中排名 | 期间内规模（亿） |
|---|---|---|---|---|---|---|
| 71 | 创金合信 | 创金合信尊泰纯债 | 中长期纯债型基金 | 614 | 601 | 7.578 |
| 71 | 创金合信 | 创金合信季安鑫A | 中长期纯债型基金 | 614 | 609 | 2.498 |
| 71 | 创金合信 | 创金合信沪深300指数增强A | 增强指数型基金 | 57 | 15 | 1.861 |
| 71 | 创金合信 | 创金合信沪深300指数增强C | 增强指数型基金 | 57 | 16 | 1.416 |
| 71 | 创金合信 | 创金合信中证1000增强A | 增强指数型基金 | 57 | 32 | 0.306 |
| 71 | 创金合信 | 创金合信中证1000增强C | 增强指数型基金 | 57 | 34 | 0.861 |
| 71 | 创金合信 | 创金合信中证500指数增强C | 增强指数型基金 | 57 | 42 | 1.503 |
| 71 | 创金合信 | 创金合信中证500指数增强A | 增强指数型基金 | 57 | 43 | 3.296 |
| 71 | 创金合信 | 创金合信医疗保健行业A | 普通股票型基金 | 200 | 50 | 6.194 |
| 71 | 创金合信 | 创金合信医疗保健行业C | 普通股票型基金 | 200 | 55 | 2.398 |
| 71 | 创金合信 | 创金合信消费主题A | 普通股票型基金 | 200 | 66 | 2.807 |
| 71 | 创金合信 | 创金合信消费主题C | 普通股票型基金 | 200 | 76 | 1.141 |
| 71 | 创金合信 | 创金合信资源主题A | 普通股票型基金 | 200 | 77 | 2.862 |
| 71 | 创金合信 | 创金合信资源主题C | 普通股票型基金 | 200 | 85 | 2.439 |
| 71 | 创金合信 | 创金合信量化多因子A | 普通股票型基金 | 200 | 166 | 10.697 |
| 71 | 创金合信 | 创金合信金融地产A | 普通股票型基金 | 200 | 193 | 4.050 |
| 71 | 创金合信 | 创金合信金融地产C | 普通股票型基金 | 200 | 196 | 0.067 |
| 71 | 创金合信 | 创金合信转债精选A | 混合债券型二级基金 | 329 | 119 | 0.016 |
| 71 | 创金合信 | 创金合信转债精选C | 混合债券型二级基金 | 329 | 229 | 2.907 |

续表2-2

| 整体投资回报能力排名 | 基金公司（简称） | 基金名称 | 投资类型（二级分类） | 样本基金数量 | 同类基金中排名 | 期间内规模（亿） |
|---|---|---|---|---|---|---|
| 71 | 创金合信 | 创金合信聚利 A | 混合债券型二级基金 | 329 | 318 | 0.631 |
| 71 | 创金合信 | 创金合信聚利 C | 混合债券型二级基金 | 329 | 322 | 0.245 |
| 71 | 创金合信 | 创金合信沪港深研究精选 | 灵活配置型基金 | 1 312 | 631 | 1.763 |
| 71 | 创金合信 | 创金合信量化发现 A | 灵活配置型基金 | 1 312 | 728 | 4.662 |
| 71 | 创金合信 | 创金合信量化发现 C | 灵活配置型基金 | 1 312 | 802 | 2.845 |
| 71 | 创金合信 | 创金合信鑫收益 A | 灵活配置型基金 | 1 312 | 1263 | 0.952 |
| 71 | 创金合信 | 创金合信鑫收益 C | 灵活配置型基金 | 1 312 | 1287 | 0.132 |
| 71 | 创金合信 | 创金合信货币 A | 货币市场型基金 | 522 | 76 | 79.352 |
| 72 | 光大保德信 | 光大恒利纯债 | 中长期纯债型基金 | 614 | 413 | 59.736 |
| 72 | 光大保德信 | 光大岁末红利纯债 A | 中长期纯债型基金 | 614 | 558 | 2.014 |
| 72 | 光大保德信 | 光大岁末红利纯债 C | 中长期纯债型基金 | 614 | 580 | 0.044 |
| 72 | 光大保德信 | 光大新增长 | 偏股混合型基金 | 435 | 75 | 14.852 |
| 72 | 光大保德信 | 光大行业轮动 | 偏股混合型基金 | 435 | 97 | 6.549 |
| 72 | 光大保德信 | 光大银发商机主题 | 偏股混合型基金 | 435 | 181 | 1.833 |
| 72 | 光大保德信 | 光大中小盘 | 偏股混合型基金 | 435 | 294 | 5.404 |
| 72 | 光大保德信 | 光大一带一路 | 偏股混合型基金 | 435 | 324 | 4.467 |
| 72 | 光大保德信 | 光大红利 | 偏股混合型基金 | 435 | 390 | 13.494 |
| 72 | 光大保德信 | 光大风格轮动 A | 偏股混合型基金 | 435 | 404 | 1.065 |
| 72 | 光大保德信 | 光大优势 | 偏股混合型基金 | 435 | 425 | 19.481 |
| 72 | 光大保德信 | 光大精选 | 偏股混合型基金 | 435 | 427 | 0.971 |
| 72 | 光大保德信 | 光大国企改革主题 | 普通股票型基金 | 200 | 128 | 9.497 |
| 72 | 光大保德信 | 光大核心 | 普通股票型基金 | 200 | 197 | 26.234 |
| 72 | 光大保德信 | 光大增利 A | 混合债券型一级基金 | 126 | 21 | 60.831 |
| 72 | 光大保德信 | 光大增利 C | 混合债券型一级基金 | 126 | 34 | 1.511 |

续表2-2

| 整体投资回报能力排名 | 基金公司（简称） | 基金名称 | 投资类型（二级分类） | 样本基金数量 | 同类基金中排名 | 期间内规模（亿） |
|---|---|---|---|---|---|---|
| 72 | 光大保德信 | 光大添益A | 混合债券型二级基金 | 329 | 5 | 33.796 |
| 72 | 光大保德信 | 光大添益C | 混合债券型二级基金 | 329 | 7 | 3.149 |
| 72 | 光大保德信 | 光大中国制造2025 | 灵活配置型基金 | 1 312 | 89 | 9.377 |
| 72 | 光大保德信 | 光大铭鑫C | 灵活配置型基金 | 1 312 | 356 | 0.025 |
| 72 | 光大保德信 | 光大铭鑫A | 灵活配置型基金 | 1 312 | 370 | 2.598 |
| 72 | 光大保德信 | 光大动态优选 | 灵活配置型基金 | 1 312 | 409 | 5.237 |
| 72 | 光大保德信 | 光大产业新动力 | 灵活配置型基金 | 1 312 | 565 | 3.589 |
| 72 | 光大保德信 | 光大吉鑫A | 灵活配置型基金 | 1 312 | 812 | 9.217 |
| 72 | 光大保德信 | 光大吉鑫C | 灵活配置型基金 | 1 312 | 855 | 1.952 |
| 72 | 光大保德信 | 光大永鑫A | 灵活配置型基金 | 1 312 | 937 | 10.265 |
| 72 | 光大保德信 | 光大永鑫C | 灵活配置型基金 | 1 312 | 940 | 0.689 |
| 72 | 光大保德信 | 光大鼎鑫A | 灵活配置型基金 | 1 312 | 976 | 7.507 |
| 72 | 光大保德信 | 光大鼎鑫C | 灵活配置型基金 | 1 312 | 1 015 | 1.532 |
| 72 | 光大保德信 | 光大睿鑫A | 灵活配置型基金 | 1 312 | 1 018 | 5.249 |
| 72 | 光大保德信 | 光大睿鑫C | 灵活配置型基金 | 1 312 | 1 030 | 3.334 |
| 72 | 光大保德信 | 光大欣鑫A | 灵活配置型基金 | 1 312 | 1 059 | 5.220 |
| 72 | 光大保德信 | 光大欣鑫C | 灵活配置型基金 | 1 312 | 1 070 | 1.113 |
| 72 | 光大保德信 | 光大诚鑫C | 灵活配置型基金 | 1 312 | 1 090 | 3.987 |
| 72 | 光大保德信 | 光大诚鑫A | 灵活配置型基金 | 1 312 | 1 094 | 2.616 |
| 72 | 光大保德信 | 光大耀钱包B | 货币市场型基金 | 522 | 71 | 42.925 |
| 72 | 光大保德信 | 光大现金宝B | 货币市场型基金 | 522 | 236 | 44.544 |
| 72 | 光大保德信 | 光大耀钱包A | 货币市场型基金 | 522 | 273 | 32.653 |
| 72 | 光大保德信 | 光大货币A | 货币市场型基金 | 522 | 427 | 36.609 |
| 72 | 光大保德信 | 光大现金宝A | 货币市场型基金 | 522 | 429 | 0.820 |
| 73 | 红塔红土 | 红塔红土长益A | 混合债券型二级基金 | 329 | 83 | 1.692 |

续表2-2

| 整体投资回报能力排名 | 基金公司（简称） | 基金名称 | 投资类型（二级分类） | 样本基金数量 | 同类基金中排名 | 期间内规模（亿） |
|---|---|---|---|---|---|---|
| 73 | 红塔红土 | 红塔红土长益C | 混合债券型二级基金 | 329 | 101 | 0.618 |
| 73 | 红塔红土 | 红塔红土盛隆A | 灵活配置型基金 | 1 312 | 559 | 1.720 |
| 73 | 红塔红土 | 红塔红土盛隆C | 灵活配置型基金 | 1 312 | 566 | 0.576 |
| 73 | 红塔红土 | 红塔红土盛金新动力A | 灵活配置型基金 | 1 312 | 643 | 0.783 |
| 73 | 红塔红土 | 红塔红土盛金新动力C | 灵活配置型基金 | 1 312 | 664 | 1.100 |
| 73 | 红塔红土 | 红塔红土盛世普益 | 灵活配置型基金 | 1 312 | 747 | 2.164 |
| 73 | 红塔红土 | 红塔红土人人宝B | 货币市场型基金 | 522 | 244 | 22.179 |
| 73 | 红塔红土 | 红塔红土人人宝A | 货币市场型基金 | 522 | 436 | 0.223 |
| 74 | 民生加银 | 民生加银岁岁增利A | 中长期纯债型基金 | 614 | 61 | 21.839 |
| 74 | 民生加银 | 民生加银和鑫定开 | 中长期纯债型基金 | 614 | 101 | 38.570 |
| 74 | 民生加银 | 民生加银岁岁增利C | 中长期纯债型基金 | 614 | 122 | 4.769 |
| 74 | 民生加银 | 民生加银鑫安纯债A | 中长期纯债型基金 | 614 | 244 | 7.141 |
| 74 | 民生加银 | 民生加银平稳增利A | 中长期纯债型基金 | 614 | 260 | 7.996 |
| 74 | 民生加银 | 民生加银鑫安纯债C | 中长期纯债型基金 | 614 | 397 | 0.000 |
| 74 | 民生加银 | 民生加银平稳增利C | 中长期纯债型基金 | 614 | 405 | 0.311 |
| 74 | 民生加银 | 民生加银岁岁增利D | 中长期纯债型基金 | 614 | 605 | 0.047 |
| 74 | 民生加银 | 民生加银鑫享A | 中长期纯债型基金 | 614 | 610 | 26.238 |
| 74 | 民生加银 | 民生加银鑫享C | 中长期纯债型基金 | 614 | 611 | 1.319 |
| 74 | 民生加银 | 民生加银稳健成长 | 偏股混合型基金 | 435 | 68 | 1.100 |
| 74 | 民生加银 | 民生加银内需增长 | 偏股混合型基金 | 435 | 109 | 3.115 |
| 74 | 民生加银 | 民生加银景气行业A | 偏股混合型基金 | 435 | 138 | 12.192 |
| 74 | 民生加银 | 民生加银精选 | 偏股混合型基金 | 435 | 430 | 1.310 |
| 74 | 民生加银 | 民生加银优选 | 普通股票型基金 | 200 | 71 | 2.720 |
| 74 | 民生加银 | 民生加银转债优选A | 混合债券型二级基金 | 329 | 29 | 3.106 |
| 74 | 民生加银 | 民生加银转债优选C | 混合债券型二级基金 | 329 | 36 | 1.099 |

续表2-2

| 整体投资回报能力排名 | 基金公司（简称） | 基金名称 | 投资类型（二级分类） | 样本基金数量 | 同类基金中排名 | 期间内规模（亿） |
|---|---|---|---|---|---|---|
| 74 | 民生加银 | 民生加银增强收益A | 混合债券型二级基金 | 329 | 245 | 14.323 |
| 74 | 民生加银 | 民生加银增强收益C | 混合债券型二级基金 | 329 | 266 | 3.821 |
| 74 | 民生加银 | 民生加银信用双利A | 混合债券型二级基金 | 329 | 324 | 13.106 |
| 74 | 民生加银 | 民生加银信用双利C | 混合债券型二级基金 | 329 | 326 | 3.755 |
| 74 | 民生加银 | 民生加银积极成长 | 灵活配置型基金 | 1 312 | 142 | 2.784 |
| 74 | 民生加银 | 民生加银策略精选A | 灵活配置型基金 | 1 312 | 185 | 20.132 |
| 74 | 民生加银 | 民生加银养老服务 | 灵活配置型基金 | 1 312 | 192 | 0.446 |
| 74 | 民生加银 | 民生加银城镇化A | 灵活配置型基金 | 1 312 | 265 | 5.312 |
| 74 | 民生加银 | 民生加银研究精选 | 灵活配置型基金 | 1 312 | 279 | 9.014 |
| 74 | 民生加银 | 民生加银品牌蓝筹 | 灵活配置型基金 | 1 312 | 340 | 1.588 |
| 74 | 民生加银 | 民生加银前沿科技 | 灵活配置型基金 | 1 312 | 386 | 3.465 |
| 74 | 民生加银 | 民生加银红利回报 | 灵活配置型基金 | 1 312 | 419 | 1.646 |
| 74 | 民生加银 | 民生加银鑫喜 | 灵活配置型基金 | 1 312 | 760 | 5.855 |
| 74 | 民生加银 | 民生加银新战略A | 灵活配置型基金 | 1 312 | 872 | 2.770 |
| 74 | 民生加银 | 民生加银鑫福A | 灵活配置型基金 | 1 312 | 1 132 | 4.583 |
| 74 | 民生加银 | 民生加银量化中国 | 灵活配置型基金 | 1 312 | 1 239 | 0.214 |
| 74 | 民生加银 | 民生加银新动力A | 灵活配置型基金 | 1 312 | 1 284 | 7.548 |
| 74 | 民生加银 | 民生加银新动力D | 灵活配置型基金 | 1 312 | 1 305 | 0.000 |
| 74 | 民生加银 | 民生加银中证内地资源A | 被动指数型基金 | 346 | 182 | 1.241 |
| 74 | 民生加银 | 民生加银现金宝A | 货币市场型基金 | 522 | 78 | 145.892 |
| 74 | 民生加银 | 民生加银现金增利B | 货币市场型基金 | 522 | 160 | 50.229 |
| 74 | 民生加银 | 民生加银现金增利D | 货币市场型基金 | 522 | 332 | 0.407 |
| 74 | 民生加银 | 民生加银现金增利A | 货币市场型基金 | 522 | 379 | 10.774 |
| 74 | 民生加银 | 民生加银腾元宝A | 货币市场型基金 | 522 | 423 | 0.187 |

续表2-2

| 整体投资回报能力排名 | 基金公司（简称） | 基金名称 | 投资类型（二级分类） | 样本基金数量 | 同类基金中排名 | 期间内规模（亿） |
|---|---|---|---|---|---|---|
| 75 | 浙商资管 | 浙商汇金聚利一年A | 中长期纯债型基金 | 614 | 49 | 0.816 |
| 75 | 浙商资管 | 浙商汇金聚利一年C | 中长期纯债型基金 | 614 | 95 | 0.736 |
| 75 | 浙商资管 | 浙商汇金转型驱动 | 灵活配置型基金 | 1 312 | 475 | 3.367 |
| 75 | 浙商资管 | 浙商汇金鼎盈事件驱动 | 灵活配置型基金 | 1 312 | 500 | 1.255 |
| 75 | 浙商资管 | 浙商汇金转型成长 | 灵活配置型基金 | 1 312 | 585 | 1.226 |
| 75 | 浙商资管 | 浙商汇金转型升级 | 灵活配置型基金 | 1 312 | 832 | 0.312 |
| 75 | 浙商资管 | 浙商汇金中证转型成长 | 被动指数型基金 | 346 | 327 | 1.171 |
| 76 | 兴业 | 兴业定期开放A | 中长期纯债型基金 | 614 | 62 | 52.422 |
| 76 | 兴业 | 兴业年年利 | 中长期纯债型基金 | 614 | 65 | 38.417 |
| 76 | 兴业 | 兴业添利 | 中长期纯债型基金 | 614 | 68 | 107.124 |
| 76 | 兴业 | 兴业定期开放C | 中长期纯债型基金 | 614 | 123 | 0.467 |
| 76 | 兴业 | 兴业天融 | 中长期纯债型基金 | 614 | 185 | 47.180 |
| 76 | 兴业 | 兴业启元一年A | 中长期纯债型基金 | 614 | 218 | 16.770 |
| 76 | 兴业 | 兴业裕华 | 中长期纯债型基金 | 614 | 237 | 10.176 |
| 76 | 兴业 | 兴业福益 | 中长期纯债型基金 | 614 | 263 | 11.011 |
| 76 | 兴业 | 兴业启元一年C | 中长期纯债型基金 | 614 | 358 | 1.185 |
| 76 | 兴业 | 兴业天禧 | 中长期纯债型基金 | 614 | 422 | 7.046 |
| 76 | 兴业 | 兴业稳固收益两年 | 中长期纯债型基金 | 614 | 506 | 49.217 |
| 76 | 兴业 | 兴业丰泰 | 中长期纯债型基金 | 614 | 509 | 47.235 |
| 76 | 兴业 | 兴业裕恒 | 中长期纯债型基金 | 614 | 511 | 21.591 |
| 76 | 兴业 | 兴业丰利 | 中长期纯债型基金 | 614 | 536 | 46.945 |
| 76 | 兴业 | 兴业增益五年 | 中长期纯债型基金 | 614 | 553 | 20.651 |
| 76 | 兴业 | 兴业优债增利A | 中长期纯债型基金 | 614 | 566 | 16.700 |
| 76 | 兴业 | 兴业稳固收益一年 | 中长期纯债型基金 | 614 | 604 | 27.567 |
| 76 | 兴业 | 兴业聚盈A | 偏债混合型基金 | 86 | 37 | 10.902 |

续表2-2

| 整体投资回报能力排名 | 基金公司（简称） | 基金名称 | 投资类型（二级分类） | 样本基金数量 | 同类基金中排名 | 期间内规模（亿） |
|---|---|---|---|---|---|---|
| 76 | 兴业 | 兴业聚源A | 偏债混合型基金 | 86 | 39 | 9.188 |
| 76 | 兴业 | 兴业聚丰A | 偏债混合型基金 | 86 | 69 | 9.732 |
| 76 | 兴业 | 兴业收益增强A | 混合债券型二级基金 | 329 | 68 | 19.656 |
| 76 | 兴业 | 兴业收益增强C | 混合债券型二级基金 | 329 | 89 | 6.232 |
| 76 | 兴业 | 兴业国企改革 | 灵活配置型基金 | 1 312 | 246 | 2.654 |
| 76 | 兴业 | 兴业成长动力 | 灵活配置型基金 | 1 312 | 567 | 1.543 |
| 76 | 兴业 | 兴业多策略 | 灵活配置型基金 | 1 312 | 622 | 4.233 |
| 76 | 兴业 | 兴业聚利 | 灵活配置型基金 | 1 312 | 678 | 3.551 |
| 76 | 兴业 | 兴业聚惠A | 灵活配置型基金 | 1 312 | 913 | 7.383 |
| 76 | 兴业 | 兴业聚惠C | 灵活配置型基金 | 1 312 | 929 | 4.168 |
| 76 | 兴业 | 兴业聚鑫A | 灵活配置型基金 | 1 312 | 985 | 6.795 |
| 76 | 兴业 | 兴业聚宝 | 灵活配置型基金 | 1 312 | 1 109 | 2.865 |
| 76 | 兴业 | 兴业短债A | 短期纯债型基金 | 19 | 14 | 11.860 |
| 76 | 兴业 | 兴业短债C | 短期纯债型基金 | 19 | 17 | 3.349 |
| 76 | 兴业 | 兴业中高等级信用债 | 被动指数型债券基金 | 17 | 1 | 1.375 |
| 76 | 兴业 | 兴业中债1—3年政策金融债A | 被动指数型债券基金 | 17 | 9 | 29.113 |
| 76 | 兴业 | 兴业添天盈B | 货币市场型基金 | 522 | 57 | 52.291 |
| 76 | 兴业 | 兴业稳天盈货币A | 货币市场型基金 | 522 | 132 | 6.120 |
| 76 | 兴业 | 兴业鑫天盈B | 货币市场型基金 | 522 | 161 | 231.424 |
| 76 | 兴业 | 兴业添天盈A | 货币市场型基金 | 522 | 241 | 22.055 |
| 76 | 兴业 | 兴业货币B | 货币市场型基金 | 522 | 373 | 172.561 |
| 76 | 兴业 | 兴业鑫天盈A | 货币市场型基金 | 522 | 380 | 15.402 |
| 76 | 兴业 | 兴业货币A | 货币市场型基金 | 522 | 481 | 11.361 |
| 77 | 德邦 | 德邦锐兴A | 中长期纯债型基金 | 614 | 310 | 4.011 |

续表2-2

| 整体投资回报能力排名 | 基金公司（简称） | 基金名称 | 投资类型（二级分类） | 样本基金数量 | 同类基金中排名 | 期间内规模（亿） |
|---|---|---|---|---|---|---|
| 77 | 德邦 | 德邦锐兴C | 中长期纯债型基金 | 614 | 438 | 9.644 |
| 77 | 德邦 | 德邦新添利A | 混合债券型二级基金 | 329 | 135 | 2.168 |
| 77 | 德邦 | 德邦新添利C | 混合债券型二级基金 | 329 | 157 | 2.162 |
| 77 | 德邦 | 德邦景颐A | 混合债券型二级基金 | 329 | 254 | 2.502 |
| 77 | 德邦 | 德邦景颐C | 混合债券型二级基金 | 329 | 259 | 0.000 |
| 77 | 德邦 | 德邦大健康 | 灵活配置型基金 | 1 312 | 206 | 2.413 |
| 77 | 德邦 | 德邦优化 | 灵活配置型基金 | 1 312 | 330 | 3.987 |
| 77 | 德邦 | 德邦福鑫A | 灵活配置型基金 | 1 312 | 484 | 2.036 |
| 77 | 德邦 | 德邦福鑫C | 灵活配置型基金 | 1 312 | 498 | 2.328 |
| 77 | 德邦 | 德邦鑫星价值A | 灵活配置型基金 | 1 312 | 808 | 2.367 |
| 77 | 德邦 | 德邦鑫星价值C | 灵活配置型基金 | 1 312 | 847 | 2.723 |
| 77 | 德邦 | 德邦如意 | 货币市场型基金 | 522 | 85 | 8.159 |
| 77 | 德邦 | 德邦德利货币B | 货币市场型基金 | 522 | 297 | 81.110 |
| 77 | 德邦 | 德邦德利货币A | 货币市场型基金 | 522 | 459 | 1.096 |
| 78 | 博时 | 博时裕盈三个月 | 中长期纯债型基金 | 614 | 24 | 19.625 |
| 78 | 博时 | 博时双月薪 | 中长期纯债型基金 | 614 | 47 | 10.389 |
| 78 | 博时 | 博时裕泰纯债 | 中长期纯债型基金 | 614 | 56 | 11.376 |
| 78 | 博时 | 博时裕腾 | 中长期纯债型基金 | 614 | 77 | 4.200 |
| 78 | 博时 | 博时月月薪 | 中长期纯债型基金 | 614 | 96 | 4.684 |
| 78 | 博时 | 博时裕创纯债 | 中长期纯债型基金 | 614 | 104 | 7.935 |
| 78 | 博时 | 博时安瑞18个月A | 中长期纯债型基金 | 614 | 106 | 22.196 |
| 78 | 博时 | 博时裕鹏纯债 | 中长期纯债型基金 | 614 | 121 | 6.557 |
| 78 | 博时 | 博时裕顺纯债 | 中长期纯债型基金 | 614 | 128 | 5.537 |
| 78 | 博时 | 博时聚盈纯债 | 中长期纯债型基金 | 614 | 137 | 11.381 |
| 78 | 博时 | 博时裕盛纯债 | 中长期纯债型基金 | 614 | 158 | 3.469 |

续表2-2

| 整体投资回报能力排名 | 基金公司（简称） | 基金名称 | 投资类型（二级分类） | 样本基金数量 | 同类基金中排名 | 期间内规模（亿） |
|---|---|---|---|---|---|---|
| 78 | 博时 | 博时安泰18个月A | 中长期纯债型基金 | 614 | 160 | 10.646 |
| 78 | 博时 | 博时富发纯债 | 中长期纯债型基金 | 614 | 162 | 3.130 |
| 78 | 博时 | 博时富华纯债 | 中长期纯债型基金 | 614 | 179 | 10.410 |
| 78 | 博时 | 博时裕瑞纯债 | 中长期纯债型基金 | 614 | 180 | 6.355 |
| 78 | 博时 | 博时裕恒纯债 | 中长期纯债型基金 | 614 | 181 | 18.385 |
| 78 | 博时 | 博时安丰18个月A | 中长期纯债型基金 | 614 | 183 | 68.739 |
| 78 | 博时 | 博时裕安一年定开债 | 中长期纯债型基金 | 614 | 205 | 5.965 |
| 78 | 博时 | 博时安瑞18个月C | 中长期纯债型基金 | 614 | 211 | 2.829 |
| 78 | 博时 | 博时景兴纯债 | 中长期纯债型基金 | 614 | 212 | 7.439 |
| 78 | 博时 | 博时信用债纯债A | 中长期纯债型基金 | 614 | 214 | 60.147 |
| 78 | 博时 | 博时富祥纯债A | 中长期纯债型基金 | 614 | 220 | 7.951 |
| 78 | 博时 | 博时聚利纯债 | 中长期纯债型基金 | 614 | 226 | 17.350 |
| 78 | 博时 | 博时裕达纯债 | 中长期纯债型基金 | 614 | 228 | 18.226 |
| 78 | 博时 | 博时裕嘉三个月 | 中长期纯债型基金 | 614 | 230 | 11.583 |
| 78 | 博时 | 博时岁岁增利 | 中长期纯债型基金 | 614 | 240 | 8.061 |
| 78 | 博时 | 博时智臻纯债 | 中长期纯债型基金 | 614 | 268 | 10.672 |
| 78 | 博时 | 博时聚瑞纯债6个月 | 中长期纯债型基金 | 614 | 277 | 28.811 |
| 78 | 博时 | 博时裕坤纯债3个月 | 中长期纯债型基金 | 614 | 288 | 23.617 |
| 78 | 博时 | 博时裕利纯债 | 中长期纯债型基金 | 614 | 299 | 61.157 |
| 78 | 博时 | 博时富宁纯债 | 中长期纯债型基金 | 614 | 301 | 25.231 |
| 78 | 博时 | 博时裕丰3个月 | 中长期纯债型基金 | 614 | 302 | 4.314 |
| 78 | 博时 | 博时裕新纯债 | 中长期纯债型基金 | 614 | 311 | 31.015 |
| 78 | 博时 | 博时民丰纯债A | 中长期纯债型基金 | 614 | 324 | 10.320 |
| 78 | 博时 | 博时慧选纯债3个月 | 中长期纯债型基金 | 614 | 331 | 29.049 |
| 78 | 博时 | 博时安泰18个月C | 中长期纯债型基金 | 614 | 356 | 1.130 |

续表2-2

| 整体投资回报能力排名 | 基金公司（简称） | 基金名称 | 投资类型（二级分类） | 样本基金数量 | 同类基金中排名 | 期间内规模（亿） |
|---|---|---|---|---|---|---|
| 78 | 博时 | 博时裕荣纯债 | 中长期纯债型基金 | 614 | 366 | 56.642 |
| 78 | 博时 | 博时安丰18个月C | 中长期纯债型基金 | 614 | 367 | 1.511 |
| 78 | 博时 | 博时安弘一年定开A | 中长期纯债型基金 | 614 | 372 | 5.202 |
| 78 | 博时 | 博时裕乾A | 中长期纯债型基金 | 614 | 377 | 4.352 |
| 78 | 博时 | 博时安仁一年定开A | 中长期纯债型基金 | 614 | 378 | 17.646 |
| 78 | 博时 | 博时裕诚纯债 | 中长期纯债型基金 | 614 | 388 | 10.364 |
| 78 | 博时 | 博时臻选纯债A | 中长期纯债型基金 | 614 | 392 | 2.748 |
| 78 | 博时 | 博时利发纯债 | 中长期纯债型基金 | 614 | 394 | 2.473 |
| 78 | 博时 | 博时丰达纯债6个月 | 中长期纯债型基金 | 614 | 398 | 19.976 |
| 78 | 博时 | 博时信用债纯债C | 中长期纯债型基金 | 614 | 400 | 9.451 |
| 78 | 博时 | 博时裕昂纯债 | 中长期纯债型基金 | 614 | 408 | 8.519 |
| 78 | 博时 | 博时裕景纯债 | 中长期纯债型基金 | 614 | 425 | 15.859 |
| 78 | 博时 | 博时裕通纯债3个月C | 中长期纯债型基金 | 614 | 431 | 0.052 |
| 78 | 博时 | 博时裕康纯债 | 中长期纯债型基金 | 614 | 434 | 8.579 |
| 78 | 博时 | 博时裕泉纯债 | 中长期纯债型基金 | 614 | 439 | 31.750 |
| 78 | 博时 | 博时民丰纯债C | 中长期纯债型基金 | 614 | 455 | 0.001 |
| 78 | 博时 | 博时裕弘纯债 | 中长期纯债型基金 | 614 | 467 | 11.587 |
| 78 | 博时 | 博时富益纯债 | 中长期纯债型基金 | 614 | 471 | 15.203 |
| 78 | 博时 | 博时悦楚纯债 | 中长期纯债型基金 | 614 | 475 | 165.148 |
| 78 | 博时 | 博时裕通纯债3个月A | 中长期纯债型基金 | 614 | 481 | 3.105 |
| 78 | 博时 | 博时聚润纯债 | 中长期纯债型基金 | 614 | 483 | 16.092 |
| 78 | 博时 | 博时安弘一年定开C | 中长期纯债型基金 | 614 | 488 | 0.005 |
| 78 | 博时 | 博时富鑫纯债 | 中长期纯债型基金 | 614 | 491 | 6.032 |
| 78 | 博时 | 博时裕乾C | 中长期纯债型基金 | 614 | 496 | 3.326 |
| 78 | 博时 | 博时裕发纯债 | 中长期纯债型基金 | 614 | 508 | 7.525 |

## 2 五年期公募基金管理公司整体投资回报能力评价

续表2-2

| 整体投资回报能力排名 | 基金公司（简称） | 基金名称 | 投资类型（二级分类） | 样本基金数量 | 同类基金中排名 | 期间内规模（亿） |
|---|---|---|---|---|---|---|
| 78 | 博时 | 博时安仁一年定开C | 中长期纯债型基金 | 614 | 526 | 0.002 |
| 78 | 博时 | 博时安誉18个月 | 中长期纯债型基金 | 614 | 529 | 13.997 |
| 78 | 博时 | 博时安祺6个月定开A | 中长期纯债型基金 | 614 | 537 | 9.527 |
| 78 | 博时 | 博时安怡6个月 | 中长期纯债型基金 | 614 | 550 | 16.922 |
| 78 | 博时 | 博时安诚3个月A | 中长期纯债型基金 | 614 | 552 | 7.644 |
| 78 | 博时 | 博时景发纯债 | 中长期纯债型基金 | 614 | 560 | 3.204 |
| 78 | 博时 | 博时安祺6个月定开C | 中长期纯债型基金 | 614 | 575 | 0.597 |
| 78 | 博时 | 博时安诚3个月C | 中长期纯债型基金 | 614 | 581 | 0.421 |
| 78 | 博时 | 博时弘泰 | 偏债混合型基金 | 86 | 8 | 5.773 |
| 78 | 博时 | 博时乐臻 | 偏债混合型基金 | 86 | 36 | 6.157 |
| 78 | 博时 | 博时颐泰A | 偏债混合型基金 | 86 | 52 | 14.306 |
| 78 | 博时 | 博时颐泰C | 偏债混合型基金 | 86 | 60 | 0.738 |
| 78 | 博时 | 博时特许价值A | 偏股混合型基金 | 435 | 76 | 5.360 |
| 78 | 博时 | 博时医疗保健行业A | 偏股混合型基金 | 435 | 93 | 29.556 |
| 78 | 博时 | 博时新兴成长 | 偏股混合型基金 | 435 | 209 | 35.194 |
| 78 | 博时 | 博时行业轮动 | 偏股混合型基金 | 435 | 259 | 2.499 |
| 78 | 博时 | 博时主题行业 | 偏股混合型基金 | 435 | 305 | 79.274 |
| 78 | 博时 | 博时创业成长A | 偏股混合型基金 | 435 | 371 | 2.984 |
| 78 | 博时 | 博时创业成长C | 偏股混合型基金 | 435 | 380 | 0.123 |
| 78 | 博时 | 博时卓越品牌 | 偏股混合型基金 | 435 | 406 | 7.695 |
| 78 | 博时 | 博时第三产业成长 | 偏股混合型基金 | 435 | 414 | 17.059 |
| 78 | 博时 | 博时特许价值R | 偏股混合型基金 | 435 | 435 | 0.000 |
| 78 | 博时 | 博时黄金ETF D | 商品型基金 | 14 | 1 | 0.345 |
| 78 | 博时 | 博时黄金ETF联接A | 商品型基金 | 14 | 3 | 3.608 |
| 78 | 博时 | 博时黄金ETF I | 商品型基金 | 14 | 4 | 23.846 |

续表2-2

| 整体投资回报能力排名 | 基金公司（简称） | 基金名称 | 投资类型（二级分类） | 样本基金数量 | 同类基金中排名 | 期间内规模（亿） |
|---|---|---|---|---|---|---|
| 78 | 博时 | 博时黄金ETF | 商品型基金 | 14 | 5 | 47.648 |
| 78 | 博时 | 博时黄金ETF联接C | 商品型基金 | 14 | 12 | 44.206 |
| 78 | 博时 | 博时丝路主题A | 普通股票型基金 | 200 | 58 | 13.811 |
| 78 | 博时 | 博时丝路主题C | 普通股票型基金 | 200 | 63 | 0.297 |
| 78 | 博时 | 博时工业4.0 | 普通股票型基金 | 200 | 93 | 0.653 |
| 78 | 博时 | 博时国企改革主题A | 普通股票型基金 | 200 | 195 | 10.657 |
| 78 | 博时 | 博时稳健回报A | 混合债券型一级基金 | 126 | 41 | 21.318 |
| 78 | 博时 | 博时稳健回报C | 混合债券型一级基金 | 126 | 50 | 19.052 |
| 78 | 博时 | 博时稳定价值A | 混合债券型一级基金 | 126 | 64 | 18.237 |
| 78 | 博时 | 博时稳定价值B | 混合债券型一级基金 | 126 | 70 | 16.673 |
| 78 | 博时 | 博时转债增强A | 混合债券型二级基金 | 329 | 15 | 18.438 |
| 78 | 博时 | 博时转债增强C | 混合债券型二级基金 | 329 | 17 | 3.659 |
| 78 | 博时 | 博时信用债券B | 混合债券型二级基金 | 329 | 30 | 46.851 |
| 78 | 博时 | 博时信用债券A | 混合债券型二级基金 | 329 | 31 | 46.851 |
| 78 | 博时 | 博时信用债券C | 混合债券型二级基金 | 329 | 39 | 14.892 |
| 78 | 博时 | 博时天颐A | 混合债券型二级基金 | 329 | 140 | 9.087 |
| 78 | 博时 | 博时宏观回报AB | 混合债券型二级基金 | 329 | 146 | 10.977 |
| 78 | 博时 | 博时天颐C | 混合债券型二级基金 | 329 | 171 | 0.542 |
| 78 | 博时 | 博时宏观回报C | 混合债券型二级基金 | 329 | 175 | 1.474 |
| 78 | 博时 | 博时信用债券R | 混合债券型二级基金 | 329 | 325 | 0.000 |
| 78 | 博时 | 博时裕益灵活配置 | 灵活配置型基金 | 1 312 | 165 | 3.710 |
| 78 | 博时 | 博时睿远事件驱动 | 灵活配置型基金 | 1 312 | 184 | 12.622 |
| 78 | 博时 | 博时外延增长主题 | 灵活配置型基金 | 1 312 | 223 | 1.733 |
| 78 | 博时 | 博时产业新动力A | 灵活配置型基金 | 1 312 | 250 | 4.917 |
| 78 | 博时 | 博时裕隆A | 灵活配置型基金 | 1 312 | 270 | 18.044 |

续表2-2

| 整体投资回报能力排名 | 基金公司（简称） | 基金名称 | 投资类型（二级分类） | 样本基金数量 | 同类基金中排名 | 期间内规模（亿） |
|---|---|---|---|---|---|---|
| 78 | 博时 | 博时互联网主题 | 灵活配置型基金 | 1 312 | 284 | 12.188 |
| 78 | 博时 | 博时鑫泽A | 灵活配置型基金 | 1 312 | 291 | 4.401 |
| 78 | 博时 | 博时鑫泽C | 灵活配置型基金 | 1 312 | 295 | 0.347 |
| 78 | 博时 | 博时回报灵活配置 | 灵活配置型基金 | 1 312 | 301 | 19.354 |
| 78 | 博时 | 博时沪港深优质企业A | 灵活配置型基金 | 1 312 | 313 | 6.518 |
| 78 | 博时 | 博时新起点C | 灵活配置型基金 | 1 312 | 321 | 4.023 |
| 78 | 博时 | 博时新收益A | 灵活配置型基金 | 1 312 | 322 | 5.821 |
| 78 | 博时 | 博时新收益C | 灵活配置型基金 | 1 312 | 332 | 2.637 |
| 78 | 博时 | 博时新起点A | 灵活配置型基金 | 1 312 | 335 | 2.338 |
| 78 | 博时 | 博时沪港深优质企业C | 灵活配置型基金 | 1 312 | 348 | 2.625 |
| 78 | 博时 | 博时睿利事件驱动 | 灵活配置型基金 | 1 312 | 361 | 4.032 |
| 78 | 博时 | 博时鑫瑞A | 灵活配置型基金 | 1 312 | 381 | 3.090 |
| 78 | 博时 | 博时鑫瑞C | 灵活配置型基金 | 1 312 | 399 | 3.444 |
| 78 | 博时 | 博时鑫源A | 灵活配置型基金 | 1 312 | 408 | 5.842 |
| 78 | 博时 | 博时内需增长A | 灵活配置型基金 | 1 312 | 446 | 3.251 |
| 78 | 博时 | 博时鑫源C | 灵活配置型基金 | 1 312 | 457 | 0.596 |
| 78 | 博时 | 博时策略灵活配置 | 灵活配置型基金 | 1 312 | 536 | 3.842 |
| 78 | 博时 | 博时鑫泰A | 灵活配置型基金 | 1 312 | 641 | 1.013 |
| 78 | 博时 | 博时鑫泰C | 灵活配置型基金 | 1 312 | 651 | 1.651 |
| 78 | 博时 | 博时鑫润A | 灵活配置型基金 | 1 312 | 691 | 1.203 |
| 78 | 博时 | 博时鑫润C | 灵活配置型基金 | 1 312 | 697 | 1.848 |
| 78 | 博时 | 博时新策略A | 灵活配置型基金 | 1 312 | 829 | 5.775 |
| 78 | 博时 | 博时价值增长 | 灵活配置型基金 | 1 312 | 881 | 37.092 |
| 78 | 博时 | 博时新策略C | 灵活配置型基金 | 1 312 | 906 | 1.281 |
| 78 | 博时 | 博时价值增长2号 | 灵活配置型基金 | 1 312 | 942 | 14.557 |

续表2-2

| 整体投资回报能力排名 | 基金公司（简称） | 基金名称 | 投资类型（二级分类） | 样本基金数量 | 同类基金中排名 | 期间内规模（亿） |
|---|---|---|---|---|---|---|
| 78 | 博时 | 博时沪港深成长企业 | 灵活配置型基金 | 1 312 | 1 135 | 2.606 |
| 78 | 博时 | 博时精选 A | 灵活配置型基金 | 1 312 | 1 159 | 31.777 |
| 78 | 博时 | 博时安盈 A | 短期纯债型基金 | 19 | 5 | 31.713 |
| 78 | 博时 | 博时安盈 C | 短期纯债型基金 | 19 | 11 | 44.842 |
| 78 | 博时 | 博时创业板 ETF | 被动指数型基金 | 346 | 11 | 3.198 |
| 78 | 博时 | 博时创业板 ETF 联接 A | 被动指数型基金 | 346 | 15 | 1.849 |
| 78 | 博时 | 博时上证 50ETF | 被动指数型基金 | 346 | 82 | 3.892 |
| 78 | 博时 | 博时上证 50ETF 联接 A | 被动指数型基金 | 346 | 110 | 1.524 |
| 78 | 博时 | 博时裕富沪深 300A | 被动指数型基金 | 346 | 129 | 47.762 |
| 78 | 博时 | 博时裕富沪深 300C | 被动指数型基金 | 346 | 146 | 4.695 |
| 78 | 博时 | 博时自然资源 ETF | 被动指数型基金 | 346 | 147 | 2.477 |
| 78 | 博时 | 博时自然资源 ETF 联接 | 被动指数型基金 | 346 | 148 | 1.546 |
| 78 | 博时 | 博时超大盘 ETF | 被动指数型基金 | 346 | 193 | 1.933 |
| 78 | 博时 | 博时超大盘 ETF 联接 | 被动指数型基金 | 346 | 221 | 1.721 |
| 78 | 博时 | 博时淘金大数据 100A | 被动指数型基金 | 346 | 269 | 9.085 |
| 78 | 博时 | 博时淘金大数据 100I | 被动指数型基金 | 346 | 270 | 1.845 |
| 78 | 博时 | 博时裕富沪深 300R | 被动指数型基金 | 346 | 330 | 0.000 |
| 78 | 博时 | 博时现金宝 B | 货币市场型基金 | 522 | 44 | 199.434 |
| 78 | 博时 | 博时合鑫货币 | 货币市场型基金 | 522 | 115 | 111.383 |
| 78 | 博时 | 博时现金宝 C | 货币市场型基金 | 522 | 121 | 20.015 |
| 78 | 博时 | 博时外服货币 | 货币市场型基金 | 522 | 127 | 101.877 |
| 78 | 博时 | 博时现金宝 A | 货币市场型基金 | 522 | 148 | 37.876 |
| 78 | 博时 | 博时现金收益 B | 货币市场型基金 | 522 | 191 | 352.665 |
| 78 | 博时 | 博时合利货币 B | 货币市场型基金 | 522 | 238 | 12.883 |
| 78 | 博时 | 博时天天增利 B | 货币市场型基金 | 522 | 327 | 63.805 |

续表2-2

| 整体投资回报能力排名 | 基金公司（简称） | 基金名称 | 投资类型（二级分类） | 样本基金数量 | 同类基金中排名 | 期间内规模（亿） |
|---|---|---|---|---|---|---|
| 78 | 博时 | 博时兴盛B | 货币市场型基金 | 522 | 394 | 1.393 |
| 78 | 博时 | 博时现金收益A | 货币市场型基金 | 522 | 402 | 842.660 |
| 78 | 博时 | 博时天天增利A | 货币市场型基金 | 522 | 468 | 218.448 |
| 78 | 博时 | 博时保证金 | 货币市场型基金 | 522 | 489 | 39.229 |
| 79 | 融通 | 融通通裕定期开放 | 中长期纯债型基金 | 614 | 8 | 16.508 |
| 79 | 融通 | 融通增益AB | 中长期纯债型基金 | 614 | 11 | 2.873 |
| 79 | 融通 | 融通通宸 | 中长期纯债型基金 | 614 | 31 | 1.026 |
| 79 | 融通 | 融通债券AB | 中长期纯债型基金 | 614 | 114 | 1.496 |
| 79 | 融通 | 融通通安 | 中长期纯债型基金 | 614 | 133 | 7.178 |
| 79 | 融通 | 融通岁岁添利A | 中长期纯债型基金 | 614 | 147 | 4.575 |
| 79 | 融通 | 融通债券C | 中长期纯债型基金 | 614 | 195 | 0.589 |
| 79 | 融通 | 融通岁岁添利B | 中长期纯债型基金 | 614 | 243 | 0.619 |
| 79 | 融通 | 融通通祺 | 中长期纯债型基金 | 614 | 245 | 2.138 |
| 79 | 融通 | 融通通优 | 中长期纯债型基金 | 614 | 256 | 9.995 |
| 79 | 融通 | 融通通和 | 中长期纯债型基金 | 614 | 382 | 21.032 |
| 79 | 融通 | 融通通玺 | 中长期纯债型基金 | 614 | 393 | 6.135 |
| 79 | 融通 | 融通增鑫 | 中长期纯债型基金 | 614 | 478 | 10.674 |
| 79 | 融通 | 融通通慧A | 偏债混合型基金 | 86 | 7 | 2.917 |
| 79 | 融通 | 融通内需驱动AB | 偏股混合型基金 | 435 | 86 | 4.777 |
| 79 | 融通 | 融通医疗保健行业A | 偏股混合型基金 | 435 | 207 | 15.534 |
| 79 | 融通 | 融通领先成长A | 偏股混合型基金 | 435 | 217 | 29.856 |
| 79 | 融通 | 融通动力先锋 | 偏股混合型基金 | 435 | 366 | 9.867 |
| 79 | 融通 | 融通新蓝筹 | 偏股混合型基金 | 435 | 381 | 19.587 |
| 79 | 融通 | 融通巨潮100AB | 增强指数型基金 | 57 | 17 | 7.494 |
| 79 | 融通 | 融通创业板指数增强AB | 增强指数型基金 | 57 | 48 | 5.004 |

续表2-2

| 整体投资回报能力排名 | 基金公司（简称） | 基金名称 | 投资类型（二级分类） | 样本基金数量 | 同类基金中排名 | 期间内规模（亿） |
|---|---|---|---|---|---|---|
| 79 | 融通 | 融通通福 A | 混合债券型一级基金 | 126 | 19 | 1.048 |
| 79 | 融通 | 融通通福 C | 混合债券型一级基金 | 126 | 26 | 0.083 |
| 79 | 融通 | 融通四季添利 A | 混合债券型一级基金 | 126 | 80 | 4.757 |
| 79 | 融通 | 融通可转债 A | 混合债券型二级基金 | 329 | 42 | 0.530 |
| 79 | 融通 | 融通可转债 C | 混合债券型二级基金 | 329 | 52 | 0.576 |
| 79 | 融通 | 融通增祥三个月定期开放 | 混合债券型二级基金 | 329 | 53 | 2.933 |
| 79 | 融通 | 融通增强收益 A | 混合债券型二级基金 | 329 | 160 | 5.922 |
| 79 | 融通 | 融通增强收益 C | 混合债券型二级基金 | 329 | 217 | 0.131 |
| 79 | 融通 | 融通新能源 | 灵活配置型基金 | 1 312 | 92 | 10.372 |
| 79 | 融通 | 融通中国风1号 A | 灵活配置型基金 | 1 312 | 98 | 16.272 |
| 79 | 融通 | 融通转型三动力 A | 灵活配置型基金 | 1 312 | 103 | 2.705 |
| 79 | 融通 | 融通健康产业 A | 灵活配置型基金 | 1 312 | 153 | 7.672 |
| 79 | 融通 | 融通行业景气 A | 灵活配置型基金 | 1 312 | 203 | 22.554 |
| 79 | 融通 | 融通成长30AB | 灵活配置型基金 | 1 312 | 272 | 2.863 |
| 79 | 融通 | 融通跨界成长 | 灵活配置型基金 | 1 312 | 292 | 0.627 |
| 79 | 融通 | 融通新趋势 | 灵活配置型基金 | 1 312 | 339 | 2.457 |
| 79 | 融通 | 融通通乾研究精选 | 灵活配置型基金 | 1 312 | 438 | 9.751 |
| 79 | 融通 | 融通新区域新经济 | 灵活配置型基金 | 1 312 | 562 | 7.161 |
| 79 | 融通 | 融通新消费 | 灵活配置型基金 | 1 312 | 564 | 2.812 |
| 79 | 融通 | 融通互联网传媒 | 灵活配置型基金 | 1 312 | 620 | 18.056 |
| 79 | 融通 | 融通通盈 | 灵活配置型基金 | 1 312 | 746 | 7.005 |
| 79 | 融通 | 融通蓝筹成长 | 灵活配置型基金 | 1 312 | 825 | 7.130 |
| 79 | 融通 | 融通新机遇 | 灵活配置型基金 | 1 312 | 863 | 9.818 |
| 79 | 融通 | 融通通鑫 | 灵活配置型基金 | 1 312 | 907 | 9.530 |

续表2-2

| 整体投资回报能力排名 | 基金公司（简称） | 基金名称 | 投资类型（二级分类） | 样本基金数量 | 同类基金中排名 | 期间内规模（亿） |
|---|---|---|---|---|---|---|
| 79 | 融通 | 融通沪港深智慧生活 | 灵活配置型基金 | 1 312 | 1079 | 2.334 |
| 79 | 融通 | 融通通源短融B | 短期纯债型基金 | 19 | 8 | 1.602 |
| 79 | 融通 | 融通通源短融A | 短期纯债型基金 | 19 | 12 | 0.295 |
| 79 | 融通 | 融通深证100AB | 被动指数型基金 | 346 | 62 | 56.054 |
| 79 | 融通 | 融通深证成指AB | 被动指数型基金 | 346 | 92 | 1.293 |
| 79 | 融通 | 融通中证云计算与大数据A | 被动指数型基金 | 346 | 328 | 1.040 |
| 79 | 融通 | 融通汇财宝B | 货币市场型基金 | 522 | 45 | 56.636 |
| 79 | 融通 | 融通汇财宝A | 货币市场型基金 | 522 | 204 | 4.325 |
| 79 | 融通 | 融通易支付货币B | 货币市场型基金 | 522 | 269 | 152.531 |
| 79 | 融通 | 融通现金宝A | 货币市场型基金 | 522 | 293 | 2.078 |
| 79 | 融通 | 融通易支付货币A | 货币市场型基金 | 522 | 446 | 277.690 |
| 79 | 融通 | 融通易支付货币E | 货币市场型基金 | 522 | 475 | 9.196 |
| 80 | 长安 | 长安鑫益增强A | 偏债混合型基金 | 86 | 46 | 1.676 |
| 80 | 长安 | 长安鑫益增强C | 偏债混合型基金 | 86 | 53 | 5.893 |
| 80 | 长安 | 长安宏观策略 | 偏股混合型基金 | 435 | 426 | 0.787 |
| 80 | 长安 | 长安鑫利优选A | 灵活配置型基金 | 1 312 | 248 | 0.313 |
| 80 | 长安 | 长安鑫利优选C | 灵活配置型基金 | 1 312 | 269 | 0.176 |
| 80 | 长安 | 长安产业精选A | 灵活配置型基金 | 1 312 | 346 | 0.414 |
| 80 | 长安 | 长安产业精选C | 灵活配置型基金 | 1 312 | 395 | 1.405 |
| 80 | 长安 | 长安300非周期 | 被动指数型基金 | 346 | 90 | 0.563 |
| 80 | 长安 | 长安货币B | 货币市场型基金 | 522 | 220 | 10.583 |
| 80 | 长安 | 长安货币A | 货币市场型基金 | 522 | 421 | 0.387 |
| 81 | 永赢 | 永赢稳益 | 中长期纯债型基金 | 614 | 348 | 41.402 |
| 81 | 永赢 | 永赢双利A | 混合债券型二级基金 | 329 | 164 | 22.332 |

续表2-2

| 整体投资回报能力排名 | 基金公司（简称） | 基金名称 | 投资类型（二级分类） | 样本基金数量 | 同类基金中排名 | 期间内规模（亿） |
|---|---|---|---|---|---|---|
| 81 | 永赢 | 永赢双利C | 混合债券型二级基金 | 329 | 185 | 0.604 |
| 81 | 永赢 | 永赢货币A | 货币市场型基金 | 522 | 47 | 10.001 |
| 82 | 诺安 | 诺安纯债A | 中长期纯债型基金 | 614 | 126 | 2.552 |
| 82 | 诺安 | 诺安泰鑫一年A | 中长期纯债型基金 | 614 | 148 | 0.988 |
| 82 | 诺安 | 诺安稳固收益 | 中长期纯债型基金 | 614 | 210 | 6.849 |
| 82 | 诺安 | 诺安纯债C | 中长期纯债型基金 | 614 | 236 | 0.477 |
| 82 | 诺安 | 诺安泰鑫一年C | 中长期纯债型基金 | 614 | 323 | 0.023 |
| 82 | 诺安 | 诺安聚利A | 中长期纯债型基金 | 614 | 441 | 23.625 |
| 82 | 诺安 | 诺安聚利C | 中长期纯债型基金 | 614 | 520 | 0.152 |
| 82 | 诺安 | 诺安先锋A | 偏股混合型基金 | 435 | 192 | 48.758 |
| 82 | 诺安 | 诺安主题精选 | 偏股混合型基金 | 435 | 205 | 2.843 |
| 82 | 诺安 | 诺安鸿鑫A | 偏股混合型基金 | 435 | 251 | 11.623 |
| 82 | 诺安 | 诺安成长 | 偏股混合型基金 | 435 | 281 | 140.303 |
| 82 | 诺安 | 诺安中小盘精选 | 偏股混合型基金 | 435 | 301 | 6.674 |
| 82 | 诺安 | 诺安价值增长 | 偏股混合型基金 | 435 | 339 | 18.433 |
| 82 | 诺安 | 诺安平衡 | 偏股混合型基金 | 435 | 346 | 14.115 |
| 82 | 诺安 | 诺安多策略 | 偏股混合型基金 | 435 | 411 | 0.416 |
| 82 | 诺安 | 诺安沪深300指数增强A | 增强指数型基金 | 57 | 46 | 1.054 |
| 82 | 诺安 | 诺安中证500指数增强A | 增强指数型基金 | 57 | 56 | 1.090 |
| 82 | 诺安 | 诺安低碳经济A | 普通股票型基金 | 200 | 40 | 12.799 |
| 82 | 诺安 | 诺安研究精选 | 普通股票型基金 | 200 | 59 | 9.793 |
| 82 | 诺安 | 诺安先进制造 | 普通股票型基金 | 200 | 89 | 1.507 |
| 82 | 诺安 | 诺安策略精选 | 普通股票型基金 | 200 | 123 | 10.762 |

续表2-2

| 整体投资回报能力排名 | 基金公司（简称） | 基金名称 | 投资类型（二级分类） | 样本基金数量 | 同类基金中排名 | 期间内规模（亿） |
|---|---|---|---|---|---|---|
| 82 | 诺安 | 诺安新经济 | 普通股票型基金 | 200 | 157 | 10.721 |
| 82 | 诺安 | 诺安优化收益 | 混合债券型一级基金 | 126 | 2 | 13.262 |
| 82 | 诺安 | 诺安双利 | 混合债券型二级基金 | 329 | 3 | 18.022 |
| 82 | 诺安 | 诺安增利A | 混合债券型二级基金 | 329 | 115 | 1.609 |
| 82 | 诺安 | 诺安增利B | 混合债券型二级基金 | 329 | 144 | 0.193 |
| 82 | 诺安 | 诺安安鑫 | 灵活配置型基金 | 1 312 | 121 | 23.811 |
| 82 | 诺安 | 诺安新动力A | 灵活配置型基金 | 1 312 | 174 | 1.192 |
| 82 | 诺安 | 诺安精选回报 | 灵活配置型基金 | 1 312 | 326 | 8.296 |
| 82 | 诺安 | 诺安优选回报 | 灵活配置型基金 | 1 312 | 329 | 6.958 |
| 82 | 诺安 | 诺安景鑫 | 灵活配置型基金 | 1 312 | 426 | 18.664 |
| 82 | 诺安 | 诺安积极回报A | 灵活配置型基金 | 1 312 | 454 | 5.255 |
| 82 | 诺安 | 诺安灵活配置 | 灵活配置型基金 | 1 312 | 503 | 29.642 |
| 82 | 诺安 | 诺安和鑫 | 灵活配置型基金 | 1 312 | 649 | 44.533 |
| 82 | 诺安 | 诺安利鑫A | 灵活配置型基金 | 1 312 | 704 | 22.140 |
| 82 | 诺安 | 诺安益鑫A | 灵活配置型基金 | 1 312 | 773 | 19.070 |
| 82 | 诺安 | 诺安创新驱动A | 灵活配置型基金 | 1 312 | 801 | 2.213 |
| 82 | 诺安 | 诺安创新驱动C | 灵活配置型基金 | 1 312 | 813 | 4.734 |
| 82 | 诺安 | 诺安稳健回报A | 灵活配置型基金 | 1 312 | 1237 | 0.591 |
| 82 | 诺安 | 诺安稳健回报C | 灵活配置型基金 | 1 312 | 1240 | 8.928 |
| 82 | 诺安 | 诺安进取回报 | 灵活配置型基金 | 1 312 | 1298 | 1.841 |
| 82 | 诺安 | 诺安优势行业A | 灵活配置型基金 | 1 312 | 1299 | 4.173 |
| 82 | 诺安 | 诺安优势行业C | 灵活配置型基金 | 1 312 | 1300 | 0.002 |
| 82 | 诺安 | 诺安中证100A | 被动指数型基金 | 346 | 18 | 1.927 |
| 82 | 诺安 | 诺安聚鑫宝C | 货币市场型基金 | 522 | 117 | 12.173 |

续表2-2

| 整体投资回报能力排名 | 基金公司（简称） | 基金名称 | 投资类型（二级分类） | 样本基金数量 | 同类基金中排名 | 期间内规模（亿） |
|---|---|---|---|---|---|---|
| 82 | 诺安 | 诺安理财宝A | 货币市场型基金 | 522 | 154 | 0.707 |
| 82 | 诺安 | 诺安理财宝B | 货币市场型基金 | 522 | 155 | 59.262 |
| 82 | 诺安 | 诺安理财宝C | 货币市场型基金 | 522 | 156 | 0.026 |
| 82 | 诺安 | 诺安天天宝E | 货币市场型基金 | 522 | 158 | 4.388 |
| 82 | 诺安 | 诺安天天宝B | 货币市场型基金 | 522 | 162 | 2.601 |
| 82 | 诺安 | 诺安天天宝C | 货币市场型基金 | 522 | 278 | 0.011 |
| 82 | 诺安 | 诺安货币B | 货币市场型基金 | 522 | 306 | 35.736 |
| 82 | 诺安 | 诺安天天宝A | 货币市场型基金 | 522 | 324 | 290.574 |
| 82 | 诺安 | 诺安聚鑫宝D | 货币市场型基金 | 522 | 392 | 9.359 |
| 82 | 诺安 | 诺安聚鑫宝B | 货币市场型基金 | 522 | 399 | 23.660 |
| 82 | 诺安 | 诺安聚鑫宝A | 货币市场型基金 | 522 | 400 | 51.251 |
| 82 | 诺安 | 诺安货币A | 货币市场型基金 | 522 | 461 | 2.448 |
| 83 | 鑫元 | 鑫元兴利 | 中长期纯债型基金 | 614 | 219 | 9.034 |
| 83 | 鑫元 | 鑫元汇利 | 中长期纯债型基金 | 614 | 231 | 24.059 |
| 83 | 鑫元 | 鑫元裕利 | 中长期纯债型基金 | 614 | 276 | 10.647 |
| 83 | 鑫元 | 鑫元招利 | 中长期纯债型基金 | 614 | 308 | 5.731 |
| 83 | 鑫元 | 鑫元聚利 | 中长期纯债型基金 | 614 | 330 | 20.232 |
| 83 | 鑫元 | 鑫元得利 | 中长期纯债型基金 | 614 | 354 | 6.188 |
| 83 | 鑫元 | 鑫元鸿利A | 中长期纯债型基金 | 614 | 368 | 12.749 |
| 83 | 鑫元 | 鑫元合丰纯债A | 中长期纯债型基金 | 614 | 473 | 11.351 |
| 83 | 鑫元 | 鑫元合丰纯债C | 中长期纯债型基金 | 614 | 495 | 0.002 |
| 83 | 鑫元 | 鑫元稳利 | 中长期纯债型基金 | 614 | 522 | 19.569 |
| 83 | 鑫元 | 鑫元聚鑫收益增强A | 混合债券型二级基金 | 329 | 299 | 0.491 |
| 83 | 鑫元 | 鑫元双债增强A | 混合债券型二级基金 | 329 | 301 | 7.567 |

续表2-2

| 整体投资回报能力排名 | 基金公司（简称） | 基金名称 | 投资类型（二级分类） | 样本基金数量 | 同类基金中排名 | 期间内规模（亿） |
|---|---|---|---|---|---|---|
| 83 | 鑫元 | 鑫元聚鑫收益增强C | 混合债券型二级基金 | 329 | 308 | 0.126 |
| 83 | 鑫元 | 鑫元双债增强C | 混合债券型二级基金 | 329 | 309 | 0.001 |
| 83 | 鑫元 | 鑫元恒鑫收益增强A | 混合债券型二级基金 | 329 | 314 | 0.772 |
| 83 | 鑫元 | 鑫元恒鑫收益增强C | 混合债券型二级基金 | 329 | 319 | 0.147 |
| 83 | 鑫元 | 鑫元鑫新收益A | 灵活配置型基金 | 1 312 | 974 | 1.371 |
| 83 | 鑫元 | 鑫元鑫新收益C | 灵活配置型基金 | 1 312 | 1 050 | 2.863 |
| 83 | 鑫元 | 鑫元货币B | 货币市场型基金 | 522 | 237 | 160.624 |
| 83 | 鑫元 | 鑫元安鑫宝货币A | 货币市场型基金 | 522 | 304 | 3.560 |
| 83 | 鑫元 | 鑫元安鑫宝货币B | 货币市场型基金 | 522 | 307 | 5.208 |
| 83 | 鑫元 | 鑫元货币A | 货币市场型基金 | 522 | 432 | 3.264 |
| 84 | 上投摩根 | 上投摩根纯债A | 中长期纯债型基金 | 614 | 200 | 5.667 |
| 84 | 上投摩根 | 上投摩根纯债B | 中长期纯债型基金 | 614 | 318 | 0.511 |
| 84 | 上投摩根 | 上投摩根纯债丰利A | 中长期纯债型基金 | 614 | 570 | 1.499 |
| 84 | 上投摩根 | 上投摩根纯债丰利C | 中长期纯债型基金 | 614 | 577 | 0.072 |
| 84 | 上投摩根 | 上投摩根新兴动力H | 偏股混合型基金 | 435 | 15 | 1.161 |
| 84 | 上投摩根 | 上投摩根新兴动力A | 偏股混合型基金 | 435 | 17 | 46.864 |
| 84 | 上投摩根 | 上投摩根核心优选 | 偏股混合型基金 | 435 | 32 | 12.943 |
| 84 | 上投摩根 | 上投摩根行业轮动H | 偏股混合型基金 | 435 | 57 | 1.201 |
| 84 | 上投摩根 | 上投摩根行业轮动A | 偏股混合型基金 | 435 | 59 | 9.634 |
| 84 | 上投摩根 | 上投摩根智选30 | 偏股混合型基金 | 435 | 60 | 7.951 |
| 84 | 上投摩根 | 上投摩根成长先锋 | 偏股混合型基金 | 435 | 82 | 17.395 |
| 84 | 上投摩根 | 上投摩根内需动力 | 偏股混合型基金 | 435 | 147 | 27.133 |
| 84 | 上投摩根 | 上投摩根健康品质生活 | 偏股混合型基金 | 435 | 197 | 3.941 |
| 84 | 上投摩根 | 上投摩根中小盘 | 偏股混合型基金 | 435 | 225 | 5.204 |

续表2-2

| 整体投资回报能力排名 | 基金公司（简称） | 基金名称 | 投资类型（二级分类） | 样本基金数量 | 同类基金中排名 | 期间内规模（亿） |
|---|---|---|---|---|---|---|
| 84 | 上投摩根 | 上投摩根阿尔法 | 偏股混合型基金 | 435 | 311 | 16.433 |
| 84 | 上投摩根 | 上投摩根医疗健康 | 普通股票型基金 | 200 | 33 | 7.695 |
| 84 | 上投摩根 | 上投摩根卓越制造 | 普通股票型基金 | 200 | 36 | 20.143 |
| 84 | 上投摩根 | 上投摩根大盘蓝筹 | 普通股票型基金 | 200 | 73 | 2.581 |
| 84 | 上投摩根 | 上投摩根新兴服务 | 普通股票型基金 | 200 | 80 | 0.800 |
| 84 | 上投摩根 | 上投摩根安全战略 | 普通股票型基金 | 200 | 83 | 8.308 |
| 84 | 上投摩根 | 上投摩根民生需求 | 普通股票型基金 | 200 | 136 | 8.615 |
| 84 | 上投摩根 | 上投摩根智慧互联 | 普通股票型基金 | 200 | 141 | 12.224 |
| 84 | 上投摩根 | 上投摩根核心成长 | 普通股票型基金 | 200 | 145 | 9.911 |
| 84 | 上投摩根 | 上投摩根强化回报A | 混合债券型二级基金 | 329 | 271 | 3.686 |
| 84 | 上投摩根 | 上投摩根强化回报B | 混合债券型二级基金 | 329 | 287 | 0.188 |
| 84 | 上投摩根 | 上投摩根双债增利A | 混合债券型二级基金 | 329 | 313 | 3.580 |
| 84 | 上投摩根 | 上投摩根双债增利C | 混合债券型二级基金 | 329 | 320 | 0.596 |
| 84 | 上投摩根 | 上投摩根科技前沿 | 灵活配置型基金 | 1 312 | 35 | 29.037 |
| 84 | 上投摩根 | 上投摩根成长动力 | 灵活配置型基金 | 1 312 | 110 | 2.850 |
| 84 | 上投摩根 | 上投摩根中国优势 | 灵活配置型基金 | 1 312 | 169 | 17.708 |
| 84 | 上投摩根 | 上投摩根转型动力 | 灵活配置型基金 | 1 312 | 225 | 6.305 |
| 84 | 上投摩根 | 上投摩根文体休闲 | 灵活配置型基金 | 1 312 | 1 004 | 0.993 |
| 84 | 上投摩根 | 上投摩根整合驱动 | 灵活配置型基金 | 1 312 | 1 149 | 9.869 |
| 84 | 上投摩根 | 上投摩根动态多因子 | 灵活配置型基金 | 1 312 | 1 223 | 8.596 |
| 84 | 上投摩根 | 上投摩根双息平衡H | 灵活配置型基金 | 1 312 | 1 256 | 0.004 |
| 84 | 上投摩根 | 上投摩根双息平衡A | 灵活配置型基金 | 1 312 | 1 258 | 15.621 |
| 84 | 上投摩根 | 上投摩根中证消费 | 被动指数型基金 | 346 | 115 | 0.264 |
| 84 | 上投摩根 | 上投摩根天添宝B | 货币市场型基金 | 522 | 283 | 6.675 |

续表2-2

| 整体投资回报能力排名 | 基金公司（简称） | 基金名称 | 投资类型（二级分类） | 样本基金数量 | 同类基金中排名 | 期间内规模（亿） |
|---|---|---|---|---|---|---|
| 84 | 上投摩根 | 上投摩根天添盈 E | 货币市场型基金 | 522 | 337 | 2.385 |
| 84 | 上投摩根 | 上投摩根货币 B | 货币市场型基金 | 522 | 388 | 890.822 |
| 84 | 上投摩根 | 上投摩根天添盈 A | 货币市场型基金 | 522 | 434 | 33.659 |
| 84 | 上投摩根 | 上投摩根天添宝 A | 货币市场型基金 | 522 | 454 | 0.156 |
| 84 | 上投摩根 | 上投摩根货币 A | 货币市场型基金 | 522 | 486 | 0.974 |
| 84 | 上投摩根 | 上投摩根天添盈 B | 货币市场型基金 | 522 | 514 | 1.794 |
| 85 | 太平 | 太平灵活配置 | 灵活配置型基金 | 1 312 | 1130 | 16.613 |
| 85 | 太平 | 太平日日金 B | 货币市场型基金 | 522 | 233 | 70.887 |
| 85 | 太平 | 太平日日金 A | 货币市场型基金 | 522 | 430 | 0.688 |
| 86 | 东吴 | 东吴新经济 A | 偏股混合型基金 | 435 | 278 | 0.873 |
| 86 | 东吴 | 东吴价值成长 A | 偏股混合型基金 | 435 | 314 | 3.822 |
| 86 | 东吴 | 东吴行业轮动 A | 偏股混合型基金 | 435 | 351 | 4.194 |
| 86 | 东吴 | 东吴多策略 A | 灵活配置型基金 | 1 312 | 76 | 1.498 |
| 86 | 东吴 | 东吴移动互联 C | 灵活配置型基金 | 1 312 | 211 | 0.027 |
| 86 | 东吴 | 东吴移动互联 A | 灵活配置型基金 | 1 312 | 213 | 2.120 |
| 86 | 东吴 | 东吴配置优化 A | 灵活配置型基金 | 1 312 | 311 | 1.606 |
| 86 | 东吴 | 东吴阿尔法 A | 灵活配置型基金 | 1 312 | 476 | 0.361 |
| 86 | 东吴 | 东吴新趋势价值线 | 灵活配置型基金 | 1 312 | 568 | 3.653 |
| 86 | 东吴 | 东吴进取策略 A | 灵活配置型基金 | 1 312 | 644 | 0.969 |
| 86 | 东吴 | 东吴安鑫量化 | 灵活配置型基金 | 1 312 | 827 | 3.292 |
| 86 | 东吴 | 东吴智慧医疗量化策略 A | 灵活配置型基金 | 1 312 | 869 | 4.037 |
| 86 | 东吴 | 东吴安盈量化 | 灵活配置型基金 | 1 312 | 901 | 4.811 |
| 86 | 东吴 | 东吴安享量化 A | 灵活配置型基金 | 1 312 | 1 056 | 0.672 |
| 86 | 东吴 | 东吴嘉禾优势 | 灵活配置型基金 | 1 312 | 1 242 | 4.508 |

续表2-2

| 整体投资回报能力排名 | 基金公司（简称） | 基金名称 | 投资类型（二级分类） | 样本基金数量 | 同类基金中排名 | 期间内规模（亿） |
|---|---|---|---|---|---|---|
| 86 | 东吴 | 东吴国企改革 A | 灵活配置型基金 | 1 312 | 1 307 | 0.758 |
| 86 | 东吴 | 东吴中证新兴产业 | 被动指数型基金 | 346 | 98 | 0.957 |
| 86 | 东吴 | 东吴沪深 300A | 被动指数型基金 | 346 | 231 | 0.072 |
| 86 | 东吴 | 东吴增鑫宝 B | 货币市场型基金 | 522 | 208 | 34.631 |
| 86 | 东吴 | 东吴货币 B | 货币市场型基金 | 522 | 289 | 41.065 |
| 86 | 东吴 | 东吴增鑫宝 A | 货币市场型基金 | 522 | 411 | 0.215 |
| 86 | 东吴 | 东吴货币 A | 货币市场型基金 | 522 | 456 | 2.649 |
| 87 | 泰信 | 泰信鑫益 A | 中长期纯债型基金 | 614 | 282 | 0.698 |
| 87 | 泰信 | 泰信鑫益 C | 中长期纯债型基金 | 614 | 415 | 0.333 |
| 87 | 泰信 | 泰信中小盘精选 | 偏股混合型基金 | 435 | 115 | 9.887 |
| 87 | 泰信 | 泰信发展主题 | 偏股混合型基金 | 435 | 198 | 0.712 |
| 87 | 泰信 | 泰信现代服务业 | 偏股混合型基金 | 435 | 303 | 0.695 |
| 87 | 泰信 | 泰信蓝筹精选 | 偏股混合型基金 | 435 | 394 | 5.280 |
| 87 | 泰信 | 泰信优质生活 | 偏股混合型基金 | 435 | 407 | 6.376 |
| 87 | 泰信 | 泰信增强收益 A | 混合债券型一级基金 | 126 | 98 | 1.946 |
| 87 | 泰信 | 泰信周期回报 | 混合债券型一级基金 | 126 | 105 | 1.634 |
| 87 | 泰信 | 泰信增强收益 C | 混合债券型一级基金 | 126 | 108 | 0.068 |
| 87 | 泰信 | 泰信双息双利 | 混合债券型二级基金 | 329 | 166 | 6.311 |
| 87 | 泰信 | 泰信国策驱动 | 灵活配置型基金 | 1 312 | 133 | 2.581 |
| 87 | 泰信 | 泰信互联网＋ | 灵活配置型基金 | 1 312 | 325 | 0.320 |
| 87 | 泰信 | 泰信优势增长 | 灵活配置型基金 | 1 312 | 735 | 0.642 |
| 87 | 泰信 | 泰信鑫选 A | 灵活配置型基金 | 1 312 | 854 | 0.945 |
| 87 | 泰信 | 泰信鑫选 C | 灵活配置型基金 | 1 312 | 861 | 1.586 |
| 87 | 泰信 | 泰信行业精选 A | 灵活配置型基金 | 1 312 | 970 | 2.001 |
| 87 | 泰信 | 泰信行业精选 C | 灵活配置型基金 | 1 312 | 971 | 0.197 |

续表2-2

| 整体投资回报能力排名 | 基金公司（简称） | 基金名称 | 投资类型（二级分类） | 样本基金数量 | 同类基金中排名 | 期间内规模（亿） |
| --- | --- | --- | --- | --- | --- | --- |
| 87 | 泰信 | 泰信先行策略 | 灵活配置型基金 | 1 312 | 992 | 10.163 |
| 87 | 泰信 | 泰信智选成长 | 灵活配置型基金 | 1 312 | 1269 | 1.859 |
| 87 | 泰信 | 泰信中证200 | 被动指数型基金 | 346 | 228 | 0.340 |
| 87 | 泰信 | 泰信基本面400 | 被动指数型基金 | 346 | 304 | 0.296 |
| 87 | 泰信 | 泰信天天收益B | 货币市场型基金 | 522 | 279 | 124.186 |
| 87 | 泰信 | 泰信天天收益A | 货币市场型基金 | 522 | 452 | 1.063 |
| 87 | 泰信 | 泰信天天收益E | 货币市场型基金 | 522 | 457 | 0.000 |
| 88 | 天弘 | 天弘稳利A | 中长期纯债型基金 | 614 | 112 | 3.005 |
| 88 | 天弘 | 天弘稳利B | 中长期纯债型基金 | 614 | 202 | 0.665 |
| 88 | 天弘 | 天弘同利C | 中长期纯债型基金 | 614 | 234 | 3.875 |
| 88 | 天弘 | 天弘信利A | 中长期纯债型基金 | 614 | 273 | 8.654 |
| 88 | 天弘 | 天弘信利C | 中长期纯债型基金 | 614 | 351 | 0.008 |
| 88 | 天弘 | 天弘安康颐养A | 偏债混合型基金 | 86 | 34 | 15.364 |
| 88 | 天弘 | 天弘医疗健康A | 偏股混合型基金 | 435 | 125 | 1.844 |
| 88 | 天弘 | 天弘医疗健康C | 偏股混合型基金 | 435 | 134 | 2.845 |
| 88 | 天弘 | 天弘周期策略 | 偏股混合型基金 | 435 | 157 | 3.325 |
| 88 | 天弘 | 天弘永定成长 | 偏股混合型基金 | 435 | 327 | 8.335 |
| 88 | 天弘 | 天弘中证500指数增强A | 增强指数型基金 | 57 | 22 | 17.818 |
| 88 | 天弘 | 天弘中证500指数增强C | 增强指数型基金 | 57 | 25 | 9.588 |
| 88 | 天弘 | 天弘添利C | 混合债券型一级基金 | 126 | 3 | 18.893 |
| 88 | 天弘 | 天弘丰利 | 混合债券型一级基金 | 126 | 16 | 12.509 |
| 88 | 天弘 | 天弘永利债券E | 混合债券型二级基金 | 329 | 59 | 12.232 |
| 88 | 天弘 | 天弘永利债券B | 混合债券型二级基金 | 329 | 60 | 116.542 |

续表2-2

| 整体投资回报能力排名 | 基金公司（简称） | 基金名称 | 投资类型（二级分类） | 样本基金数量 | 同类基金中排名 | 期间内规模（亿） |
|---|---|---|---|---|---|---|
| 88 | 天弘 | 天弘永利债券A | 混合债券型二级基金 | 329 | 66 | 16.204 |
| 88 | 天弘 | 天弘债券型发起式A | 混合债券型二级基金 | 329 | 235 | 1.257 |
| 88 | 天弘 | 天弘债券型发起式B | 混合债券型二级基金 | 329 | 261 | 3.033 |
| 88 | 天弘 | 天弘弘利 | 混合债券型二级基金 | 329 | 302 | 4.836 |
| 88 | 天弘 | 天弘云端生活优选 | 灵活配置型基金 | 1 312 | 456 | 2.815 |
| 88 | 天弘 | 天弘互联网 | 灵活配置型基金 | 1 312 | 464 | 9.164 |
| 88 | 天弘 | 天弘精选 | 灵活配置型基金 | 1 312 | 522 | 9.955 |
| 88 | 天弘 | 天弘惠利 | 灵活配置型基金 | 1 312 | 695 | 13.325 |
| 88 | 天弘 | 天弘新活力 | 灵活配置型基金 | 1 312 | 780 | 7.752 |
| 88 | 天弘 | 天弘新价值 | 灵活配置型基金 | 1 312 | 880 | 2.550 |
| 88 | 天弘 | 天弘通利 | 灵活配置型基金 | 1 312 | 1 016 | 9.638 |
| 88 | 天弘 | 天弘价值精选 | 灵活配置型基金 | 1 312 | 1 022 | 5.951 |
| 88 | 天弘 | 天弘裕利A | 灵活配置型基金 | 1 312 | 1 226 | 1.721 |
| 88 | 天弘 | 天弘中证食品饮料ETF联接A | 被动指数型基金 | 346 | 7 | 9.447 |
| 88 | 天弘 | 天弘中证食品饮料ETF联接C | 被动指数型基金 | 346 | 8 | 31.919 |
| 88 | 天弘 | 天弘中证电子ETF联接A | 被动指数型基金 | 346 | 49 | 1.603 |
| 88 | 天弘 | 天弘中证电子ETF联接C | 被动指数型基金 | 346 | 58 | 4.221 |
| 88 | 天弘 | 天弘中证800A | 被动指数型基金 | 346 | 87 | 0.125 |
| 88 | 天弘 | 天弘中证800C | 被动指数型基金 | 346 | 94 | 0.181 |
| 88 | 天弘 | 天弘上证50A | 被动指数型基金 | 346 | 106 | 5.259 |
| 88 | 天弘 | 天弘创业板ETF联接A | 被动指数型基金 | 346 | 108 | 5.498 |
| 88 | 天弘 | 天弘上证50C | 被动指数型基金 | 346 | 117 | 7.056 |

续表2-2

| 整体投资回报能力排名 | 基金公司（简称） | 基金名称 | 投资类型（二级分类） | 样本基金数量 | 同类基金中排名 | 期间内规模（亿） |
|---|---|---|---|---|---|---|
| 88 | 天弘 | 天弘创业板ETF联接C | 被动指数型基金 | 346 | 118 | 14.640 |
| 88 | 天弘 | 天弘沪深300ETF联接A | 被动指数型基金 | 346 | 124 | 17.671 |
| 88 | 天弘 | 天弘中证医药100A | 被动指数型基金 | 346 | 200 | 2.692 |
| 88 | 天弘 | 天弘中证医药100C | 被动指数型基金 | 346 | 206 | 4.464 |
| 88 | 天弘 | 天弘中证证券保险A | 被动指数型基金 | 346 | 244 | 6.714 |
| 88 | 天弘 | 天弘中证证券保险C | 被动指数型基金 | 346 | 250 | 9.770 |
| 88 | 天弘 | 天弘中证500ETF联接A | 被动指数型基金 | 346 | 253 | 11.014 |
| 88 | 天弘 | 天弘中证银行ETF联接A | 被动指数型基金 | 346 | 260 | 12.900 |
| 88 | 天弘 | 天弘中证计算机主题ETF联接A | 被动指数型基金 | 346 | 261 | 1.897 |
| 88 | 天弘 | 天弘中证银行ETF联接C | 被动指数型基金 | 346 | 266 | 31.986 |
| 88 | 天弘 | 天弘中证计算机主题ETF联接C | 被动指数型基金 | 346 | 267 | 6.287 |
| 88 | 天弘 | 天弘弘运宝A | 货币市场型基金 | 522 | 112 | 7.138 |
| 88 | 天弘 | 天弘云商宝 | 货币市场型基金 | 522 | 215 | 374.979 |
| 88 | 天弘 | 天弘现金B | 货币市场型基金 | 522 | 299 | 13.005 |
| 88 | 天弘 | 天弘现金C | 货币市场型基金 | 522 | 319 | 3.353 |
| 88 | 天弘 | 天弘弘运宝B | 货币市场型基金 | 522 | 321 | 64.840 |
| 88 | 天弘 | 天弘现金E | 货币市场型基金 | 522 | 353 | 54.572 |
| 88 | 天弘 | 天弘现金A | 货币市场型基金 | 522 | 354 | 1.118 |
| 88 | 天弘 | 天弘现金D | 货币市场型基金 | 522 | 355 | 0.994 |
| 88 | 天弘 | 天弘余额宝 | 货币市场型基金 | 522 | 364 | 7 787.053 |
| 89 | 财通 | 财通纯债A | 中长期纯债型基金 | 614 | 588 | 4.131 |

续表2-2

| 整体投资回报能力排名 | 基金公司（简称） | 基金名称 | 投资类型（二级分类） | 样本基金数量 | 同类基金中排名 | 期间内规模（亿） |
|---|---|---|---|---|---|---|
| 89 | 财通 | 财通可持续发展主题 | 偏股混合型基金 | 435 | 234 | 1.974 |
| 89 | 财通 | 财通多策略福瑞A | 偏股混合型基金 | 435 | 389 | 15.969 |
| 89 | 财通 | 财通中证ESG100指数增强A | 增强指数型基金 | 57 | 10 | 1.267 |
| 89 | 财通 | 财通收益增强A | 混合债券型二级基金 | 329 | 54 | 3.671 |
| 89 | 财通 | 财通可转债A | 混合债券型二级基金 | 329 | 186 | 0.853 |
| 89 | 财通 | 财通价值动量 | 灵活配置型基金 | 1 312 | 95 | 18.066 |
| 89 | 财通 | 财通成长优选 | 灵活配置型基金 | 1 312 | 134 | 10.488 |
| 89 | 财通 | 财通多策略精选 | 灵活配置型基金 | 1 312 | 306 | 14.205 |
| 89 | 财通 | 财通多策略福享 | 灵活配置型基金 | 1 312 | 1292 | 23.578 |
| 89 | 财通 | 财通多策略升级 | 灵活配置型基金 | 1 312 | 1294 | 24.982 |
| 89 | 财通 | 财通财通宝B | 货币市场型基金 | 522 | 231 | 72.232 |
| 89 | 财通 | 财通财通宝A | 货币市场型基金 | 522 | 428 | 2.321 |
| 90 | 国联安 | 国联安主题驱动 | 偏股混合型基金 | 435 | 114 | 1.757 |
| 90 | 国联安 | 国联安优选行业 | 偏股混合型基金 | 435 | 166 | 11.685 |
| 90 | 国联安 | 国联安精选 | 偏股混合型基金 | 435 | 245 | 12.803 |
| 90 | 国联安 | 国联安优势 | 偏股混合型基金 | 435 | 270 | 6.737 |
| 90 | 国联安 | 国联安红利 | 偏股混合型基金 | 435 | 428 | 1.179 |
| 90 | 国联安 | 国联安科技动力 | 普通股票基金 | 200 | 81 | 6.112 |
| 90 | 国联安 | 国联安双佳信用 | 混合债券型一级基金 | 126 | 104 | 1.670 |
| 90 | 国联安 | 国联安增利债券A | 混合债券型一级基金 | 126 | 114 | 3.165 |
| 90 | 国联安 | 国联安增利债券B | 混合债券型一级基金 | 126 | 119 | 0.278 |
| 90 | 国联安 | 国联安添利增长A | 混合债券型二级基金 | 329 | 90 | 3.757 |
| 90 | 国联安 | 国联安添利增长C | 混合债券型二级基金 | 329 | 107 | 0.828 |
| 90 | 国联安 | 国联安信心增长A | 混合债券型二级基金 | 329 | 272 | 5.524 |

续表2-2

| 整体投资回报能力排名 | 基金公司（简称） | 基金名称 | 投资类型（二级分类） | 样本基金数量 | 同类基金中排名 | 期间内规模（亿） |
|---|---|---|---|---|---|---|
| 90 | 国联安 | 国联安信心增长 B | 混合债券型二级基金 | 329 | 284 | 0.023 |
| 90 | 国联安 | 国联安鑫安 | 灵活配置型基金 | 1 312 | 355 | 3.948 |
| 90 | 国联安 | 国联安添鑫 A | 灵活配置型基金 | 1 312 | 407 | 0.426 |
| 90 | 国联安 | 国联安添鑫 C | 灵活配置型基金 | 1 312 | 433 | 3.635 |
| 90 | 国联安 | 国联安稳健 | 灵活配置型基金 | 1 312 | 494 | 2.554 |
| 90 | 国联安 | 国联安睿祺 | 灵活配置型基金 | 1 312 | 745 | 6.128 |
| 90 | 国联安 | 国联安小盘精选 | 灵活配置型基金 | 1 312 | 772 | 12.053 |
| 90 | 国联安 | 国联安安稳 | 灵活配置型基金 | 1 312 | 796 | 18.268 |
| 90 | 国联安 | 国联安安泰灵活配置 | 灵活配置型基金 | 1 312 | 894 | 4.266 |
| 90 | 国联安 | 国联安新精选 | 灵活配置型基金 | 1 312 | 1 008 | 5.000 |
| 90 | 国联安 | 国联安鑫享 A | 灵活配置型基金 | 1 312 | 1 171 | 2.725 |
| 90 | 国联安 | 国联安鑫享 C | 灵活配置型基金 | 1 312 | 1 195 | 3.473 |
| 90 | 国联安 | 国联安通盈 A | 灵活配置型基金 | 1 312 | 1 215 | 3.600 |
| 90 | 国联安 | 国联安通盈 C | 灵活配置型基金 | 1 312 | 1 229 | 5.616 |
| 90 | 国联安 | 国联安安心成长 | 灵活配置型基金 | 1 312 | 1 249 | 9.730 |
| 90 | 国联安 | 国联安上证商品 ETF | 被动指数型基金 | 346 | 31 | 1.833 |
| 90 | 国联安 | 国联安上证商品 ETF 联接 | 被动指数型基金 | 346 | 46 | 1.374 |
| 90 | 国联安 | 国联安中证 100 | 被动指数型基金 | 346 | 52 | 0.976 |
| 90 | 国联安 | 国联安中证医药 100A | 被动指数型基金 | 346 | 229 | 10.501 |
| 90 | 国联安 | 国联安中小企业综合 | 被动指数型基金 | 346 | 318 | 0.190 |
| 90 | 国联安 | 国联安货币 B | 货币市场型基金 | 522 | 267 | 198.214 |
| 90 | 国联安 | 国联安货币 A | 货币市场型基金 | 522 | 445 | 7.920 |
| 91 | 中信建投 | 中信建投稳裕定开 A | 中长期纯债型基金 | 614 | 167 | 11.563 |
| 91 | 中信建投 | 中信建投睿溢 A | 偏债混合型基金 | 86 | 61 | 4.760 |

续表2-2

| 整体投资回报能力排名 | 基金公司（简称） | 基金名称 | 投资类型（二级分类） | 样本基金数量 | 同类基金中排名 | 期间内规模（亿） |
|---|---|---|---|---|---|---|
| 91 | 中信建投 | 中信建投稳利A | 偏债混合型基金 | 86 | 72 | 6.109 |
| 91 | 中信建投 | 中信建投聚利A | 偏债混合型基金 | 86 | 75 | 7.546 |
| 91 | 中信建投 | 中信建投智信物联网A | 灵活配置型基金 | 1 312 | 118 | 2.322 |
| 91 | 中信建投 | 中信建投医改A | 灵活配置型基金 | 1 312 | 152 | 8.990 |
| 91 | 中信建投 | 中信建投睿利A | 灵活配置型基金 | 1 312 | 926 | 0.277 |
| 91 | 中信建投 | 中信建投睿信A | 灵活配置型基金 | 1 312 | 1308 | 0.303 |
| 91 | 中信建投 | 中信建投景和中短债A | 短期纯债型基金 | 19 | 16 | 20.604 |
| 91 | 中信建投 | 中信建投景和中短债C | 短期纯债型基金 | 19 | 18 | 0.746 |
| 91 | 中信建投 | 中信建投凤凰A | 货币市场型基金 | 522 | 369 | 2.931 |
| 91 | 中信建投 | 中信建投添鑫宝 | 货币市场型基金 | 522 | 383 | 74.742 |
| 92 | 中银证券 | 中银证券安进A | 中长期纯债型基金 | 614 | 365 | 319.824 |
| 92 | 中银证券 | 中银证券安进C | 中长期纯债型基金 | 614 | 371 | 0.001 |
| 92 | 中银证券 | 中银证券健康产业 | 灵活配置型基金 | 1 312 | 375 | 2.682 |
| 92 | 中银证券 | 中银证券价值精选 | 灵活配置型基金 | 1 312 | 962 | 24.994 |
| 92 | 中银证券 | 中银证券现金管家B | 货币市场型基金 | 522 | 139 | 16.767 |
| 92 | 中银证券 | 中银证券现金管家A | 货币市场型基金 | 522 | 363 | 27.190 |
| 93 | 华宝 | 华宝创新优选 | 偏股混合型基金 | 435 | 9 | 10.752 |
| 93 | 华宝 | 华宝医药生物 | 偏股混合型基金 | 435 | 61 | 4.751 |
| 93 | 华宝 | 华宝资源优选A | 偏股混合型基金 | 435 | 63 | 9.790 |
| 93 | 华宝 | 华宝服务优选 | 偏股混合型基金 | 435 | 99 | 13.177 |
| 93 | 华宝 | 华宝大盘精选 | 偏股混合型基金 | 435 | 129 | 1.999 |
| 93 | 华宝 | 华宝生态中国 | 偏股混合型基金 | 435 | 153 | 6.917 |
| 93 | 华宝 | 华宝先进成长 | 偏股混合型基金 | 435 | 184 | 16.085 |
| 93 | 华宝 | 华宝宝康消费品 | 偏股混合型基金 | 435 | 265 | 13.022 |
| 93 | 华宝 | 华宝新兴产业 | 偏股混合型基金 | 435 | 297 | 5.590 |

## 2 五年期公募基金管理公司整体投资回报能力评价

续表2-2

| 整体投资回报能力排名 | 基金公司（简称） | 基金名称 | 投资类型（二级分类） | 样本基金数量 | 同类基金中排名 | 期间内规模（亿） |
|---|---|---|---|---|---|---|
| 93 | 华宝 | 华宝动力组合 | 偏股混合型基金 | 435 | 330 | 13.870 |
| 93 | 华宝 | 华宝国策导向 | 偏股混合型基金 | 435 | 348 | 9.530 |
| 93 | 华宝 | 华宝行业精选 | 偏股混合型基金 | 435 | 354 | 24.243 |
| 93 | 华宝 | 华宝事件驱动 | 偏股混合型基金 | 435 | 386 | 20.044 |
| 93 | 华宝 | 华宝多策略 | 偏股混合型基金 | 435 | 393 | 16.447 |
| 93 | 华宝 | 华宝沪深300指数增强A | 增强指数型基金 | 57 | 6 | 3.250 |
| 93 | 华宝 | 华宝品质生活 | 普通股票型基金 | 200 | 45 | 1.675 |
| 93 | 华宝 | 华宝高端制造 | 普通股票型基金 | 200 | 133 | 6.011 |
| 93 | 华宝 | 华宝可转债A | 混合债券型一级基金 | 126 | 1 | 4.043 |
| 93 | 华宝 | 华宝宝康债券A | 混合债券型一级基金 | 126 | 60 | 38.147 |
| 93 | 华宝 | 华宝增强收益A | 混合债券型二级基金 | 329 | 208 | 2.002 |
| 93 | 华宝 | 华宝增强收益B | 混合债券型二级基金 | 329 | 226 | 0.119 |
| 93 | 华宝 | 华宝万物互联 | 灵活配置型基金 | 1 312 | 238 | 3.114 |
| 93 | 华宝 | 华宝核心优势 | 灵活配置型基金 | 1 312 | 294 | 1.276 |
| 93 | 华宝 | 华宝宝康灵活 | 灵活配置型基金 | 1 312 | 344 | 4.277 |
| 93 | 华宝 | 华宝稳健回报 | 灵活配置型基金 | 1 312 | 530 | 4.244 |
| 93 | 华宝 | 华宝未来主导产业A | 灵活配置型基金 | 1 312 | 574 | 1.532 |
| 93 | 华宝 | 华宝收益增长 | 灵活配置型基金 | 1 312 | 623 | 13.240 |
| 93 | 华宝 | 华宝转型升级 | 灵活配置型基金 | 1 312 | 656 | 1.677 |
| 93 | 华宝 | 华宝新活力 | 灵活配置型基金 | 1 312 | 700 | 7.675 |
| 93 | 华宝 | 华宝新机遇A | 灵活配置型基金 | 1 312 | 882 | 2.094 |
| 93 | 华宝 | 华宝新价值 | 灵活配置型基金 | 1 312 | 888 | 9.945 |
| 93 | 华宝 | 华宝新机遇C | 灵活配置型基金 | 1 312 | 898 | 6.620 |
| 93 | 华宝 | 华宝新起点 | 灵活配置型基金 | 1 312 | 1 053 | 5.514 |

续表2-2

| 整体投资回报能力排名 | 基金公司（简称） | 基金名称 | 投资类型（二级分类） | 样本基金数量 | 同类基金中排名 | 期间内规模（亿） |
|---|---|---|---|---|---|---|
| 93 | 华宝 | 华宝量化对冲 A | 股票多空 | 16 | 8 | 4.657 |
| 93 | 华宝 | 华宝量化对冲 C | 股票多空 | 16 | 11 | 3.444 |
| 93 | 华宝 | 华宝中证 100A | 被动指数型基金 | 346 | 43 | 7.288 |
| 93 | 华宝 | 华宝中证医疗 ETF 联接 A | 被动指数型基金 | 346 | 66 | 23.817 |
| 93 | 华宝 | 华宝中证军工 ETF | 被动指数型基金 | 346 | 85 | 2.848 |
| 93 | 华宝 | 华宝上证 180 价值 ETF | 被动指数型基金 | 346 | 107 | 1.266 |
| 93 | 华宝 | 华宝上证 180 价值 ETF 联接 | 被动指数型基金 | 346 | 133 | 0.988 |
| 93 | 华宝 | 华宝中证银行 ETF 联接 A | 被动指数型基金 | 346 | 257 | 1.604 |
| 93 | 华宝 | 华宝中证全指证券 ETF | 被动指数型基金 | 346 | 308 | 119.792 |
| 93 | 华宝 | 华宝中证 1000 | 被动指数型基金 | 346 | 329 | 0.696 |
| 93 | 华宝 | 华宝现金宝 E | 货币市场型基金 | 522 | 88 | 61.159 |
| 93 | 华宝 | 华宝现金宝 B | 货币市场型基金 | 522 | 89 | 2.379 |
| 93 | 华宝 | 华宝现金添益 B | 货币市场型基金 | 522 | 175 | 132.610 |
| 93 | 华宝 | 华宝现金宝 A | 货币市场型基金 | 522 | 309 | 229.842 |
| 93 | 华宝 | 华宝现金添益 A | 货币市场型基金 | 522 | 386 | 1 032.981 |
| 94 | 九泰 | 九泰泰富 | 灵活配置型基金 | 1 312 | 302 | 2.526 |
| 94 | 九泰 | 九泰锐智事件驱动 | 灵活配置型基金 | 1 312 | 383 | 2.613 |
| 94 | 九泰 | 九泰锐丰(LOF)A | 灵活配置型基金 | 1 312 | 402 | 4.957 |
| 94 | 九泰 | 九泰锐富事件驱动 A | 灵活配置型基金 | 1 312 | 437 | 5.444 |
| 94 | 九泰 | 九泰锐益 | 灵活配置型基金 | 1 312 | 450 | 13.895 |
| 94 | 九泰 | 九泰久盛量化先锋 A | 灵活配置型基金 | 1 312 | 658 | 2.239 |
| 94 | 九泰 | 九泰天富改革新动力 A | 灵活配置型基金 | 1 312 | 742 | 6.356 |
| 94 | 九泰 | 九泰天宝 A | 灵活配置型基金 | 1 312 | 1 247 | 0.050 |

续表2-2

| 整体投资回报能力排名 | 基金公司（简称） | 基金名称 | 投资类型（二级分类） | 样本基金数量 | 同类基金中排名 | 期间内规模（亿） |
|---|---|---|---|---|---|---|
| 94 | 九泰 | 九泰天宝C | 灵活配置型基金 | 1 312 | 1 250 | 4.296 |
| 94 | 九泰 | 九泰久稳A | 灵活配置型基金 | 1 312 | 1 279 | 4.498 |
| 94 | 九泰 | 九泰久稳C | 灵活配置型基金 | 1 312 | 1 293 | 1.223 |
| 94 | 九泰 | 九泰日添金B | 货币市场型基金 | 522 | 284 | 0.402 |
| 94 | 九泰 | 九泰日添金A | 货币市场型基金 | 522 | 455 | 2.167 |
| 95 | 长盛 | 长盛盛裕纯债A | 中长期纯债型基金 | 614 | 274 | 16.549 |
| 95 | 长盛 | 长盛盛裕纯债C | 中长期纯债型基金 | 614 | 337 | 0.508 |
| 95 | 长盛 | 长盛盛和A | 中长期纯债型基金 | 614 | 530 | 12.548 |
| 95 | 长盛 | 长盛盛琪一年期A | 中长期纯债型基金 | 614 | 534 | 11.046 |
| 95 | 长盛 | 长盛盛和C | 中长期纯债型基金 | 614 | 551 | 0.010 |
| 95 | 长盛 | 长盛盛琪一年期C | 中长期纯债型基金 | 614 | 567 | 0.125 |
| 95 | 长盛 | 长盛量化红利策略 | 偏股混合型基金 | 435 | 195 | 10.808 |
| 95 | 长盛 | 长盛成长价值A | 偏股混合型基金 | 435 | 302 | 4.513 |
| 95 | 长盛 | 长盛同德 | 偏股混合型基金 | 435 | 342 | 14.345 |
| 95 | 长盛 | 长盛城镇化主题 | 偏股混合型基金 | 435 | 376 | 1.033 |
| 95 | 长盛 | 长盛电子信息产业A | 偏股混合型基金 | 435 | 391 | 20.367 |
| 95 | 长盛 | 长盛医疗行业 | 普通股票型基金 | 200 | 106 | 1.711 |
| 95 | 长盛 | 长盛可转债C | 混合债券型二级基金 | 329 | 9 | 1.247 |
| 95 | 长盛 | 长盛可转债A | 混合债券型二级基金 | 329 | 11 | 1.388 |
| 95 | 长盛 | 长盛积极配置 | 混合债券型二级基金 | 329 | 243 | 5.444 |
| 95 | 长盛 | 长盛高端装备制造 | 灵活配置型基金 | 1 312 | 216 | 4.189 |
| 95 | 长盛 | 长盛生态环境主题 | 灵活配置型基金 | 1 312 | 260 | 2.544 |
| 95 | 长盛 | 长盛同盛成长优选 | 灵活配置型基金 | 1 312 | 358 | 8.759 |
| 95 | 长盛 | 长盛新兴成长 | 灵活配置型基金 | 1 312 | 404 | 4.435 |
| 95 | 长盛 | 长盛创新先锋A | 灵活配置型基金 | 1 312 | 413 | 1.163 |

续表2-2

| 整体投资回报能力排名 | 基金公司（简称） | 基金名称 | 投资类型（二级分类） | 样本基金数量 | 同类基金中排名 | 期间内规模（亿） |
|---|---|---|---|---|---|---|
| 95 | 长盛 | 长盛转型升级主题 | 灵活配置型基金 | 1 312 | 458 | 20.143 |
| 95 | 长盛 | 长盛同智 | 灵活配置型基金 | 1 312 | 488 | 7.882 |
| 95 | 长盛 | 长盛动态精选 | 灵活配置型基金 | 1 312 | 495 | 4.774 |
| 95 | 长盛 | 长盛同鑫行业配置A | 灵活配置型基金 | 1 312 | 550 | 0.696 |
| 95 | 长盛 | 长盛同享A | 灵活配置型基金 | 1 312 | 573 | 23.276 |
| 95 | 长盛 | 长盛同益成长回报 | 灵活配置型基金 | 1 312 | 576 | 1.984 |
| 95 | 长盛 | 长盛养老健康产业 | 灵活配置型基金 | 1 312 | 583 | 1.453 |
| 95 | 长盛 | 长盛航天海工装备 | 灵活配置型基金 | 1 312 | 593 | 2.234 |
| 95 | 长盛 | 长盛互联网＋ | 灵活配置型基金 | 1 312 | 614 | 2.245 |
| 95 | 长盛 | 长盛沪港深优势精选 | 灵活配置型基金 | 1 312 | 618 | 0.808 |
| 95 | 长盛 | 长盛同享C | 灵活配置型基金 | 1 312 | 629 | 0.012 |
| 95 | 长盛 | 长盛盛辉C | 灵活配置型基金 | 1 312 | 707 | 0.430 |
| 95 | 长盛 | 长盛盛崇A | 灵活配置型基金 | 1 312 | 714 | 0.852 |
| 95 | 长盛 | 长盛盛辉A | 灵活配置型基金 | 1 312 | 716 | 5.198 |
| 95 | 长盛 | 长盛盛崇C | 灵活配置型基金 | 1 312 | 748 | 2.900 |
| 95 | 长盛 | 长盛盛丰A | 灵活配置型基金 | 1 312 | 834 | 0.001 |
| 95 | 长盛 | 长盛盛丰C | 灵活配置型基金 | 1 312 | 948 | 4.830 |
| 95 | 长盛 | 长盛战略新兴产业A | 灵活配置型基金 | 1 312 | 1074 | 2.578 |
| 95 | 长盛 | 长盛盛世A | 灵活配置型基金 | 1 312 | 1 086 | 1.713 |
| 95 | 长盛 | 长盛盛世C | 灵活配置型基金 | 1 312 | 1 114 | 3.963 |
| 95 | 长盛 | 长盛国企改革主题 | 灵活配置型基金 | 1 312 | 1 150 | 9.139 |
| 95 | 长盛 | 长盛战略新兴产业C | 灵活配置型基金 | 1 312 | 1 230 | 0.849 |
| 95 | 长盛 | 长盛中小盘精选 | 灵活配置型基金 | 1 312 | 1 248 | 0.317 |
| 95 | 长盛 | 长盛电子信息主题 | 灵活配置型基金 | 1 312 | 1 285 | 11.631 |
| 95 | 长盛 | 长盛上证50 | 被动指数型基金 | 346 | 38 | 0.570 |

续表2-2

| 整体投资回报能力排名 | 基金公司（简称） | 基金名称 | 投资类型（二级分类） | 样本基金数量 | 同类基金中排名 | 期间内规模（亿） |
|---|---|---|---|---|---|---|
| 95 | 长盛 | 长盛中证100 | 被动指数型基金 | 346 | 44 | 3.384 |
| 95 | 长盛 | 长盛同庆中证800 | 被动指数型基金 | 346 | 51 | 1.595 |
| 95 | 长盛 | 长盛沪深300 | 被动指数型基金 | 346 | 59 | 1.893 |
| 95 | 长盛 | 长盛中证金融地产 | 被动指数型基金 | 346 | 223 | 1.481 |
| 95 | 长盛 | 长盛中证申万一带一路 | 被动指数型基金 | 346 | 252 | 7.690 |
| 95 | 长盛 | 长盛中证全指证券 | 被动指数型基金 | 346 | 297 | 2.783 |
| 95 | 长盛 | 长盛添利宝B | 货币市场型基金 | 522 | 263 | 122.062 |
| 95 | 长盛 | 长盛货币A | 货币市场型基金 | 522 | 349 | 32.448 |
| 95 | 长盛 | 长盛添利宝A | 货币市场型基金 | 522 | 443 | 80.380 |
| 96 | 益民 | 益民红利成长 | 偏股混合基金 | 435 | 296 | 4.417 |
| 96 | 益民 | 益民服务领先 | 灵活配置型基金 | 1 312 | 274 | 1.104 |
| 96 | 益民 | 益民品质升级 | 灵活配置型基金 | 1 312 | 556 | 1.732 |
| 96 | 益民 | 益民创新优势 | 灵活配置型基金 | 1 312 | 596 | 7.394 |
| 96 | 益民 | 益民核心增长 | 灵活配置型基金 | 1 312 | 811 | 0.577 |
| 97 | 国泰 | 国泰安康定期支付A | 偏债混合型基金 | 86 | 22 | 2.795 |
| 97 | 国泰 | 国泰安康定期支付C | 偏债混合型基金 | 86 | 23 | 4.565 |
| 97 | 国泰 | 国泰事件驱动 | 偏股混合型基金 | 435 | 24 | 2.541 |
| 97 | 国泰 | 国泰金牛创新成长 | 偏股混合型基金 | 435 | 170 | 16.432 |
| 97 | 国泰 | 国泰金鹿 | 偏股混合型基金 | 435 | 189 | 10.871 |
| 97 | 国泰 | 国泰区位优势 | 偏股混合型基金 | 435 | 241 | 2.010 |
| 97 | 国泰 | 国泰成长优选 | 偏股混合型基金 | 435 | 298 | 6.367 |
| 97 | 国泰 | 国泰中小盘成长 | 偏股混合型基金 | 435 | 304 | 13.867 |
| 97 | 国泰 | 国泰估值优势 | 偏股混合型基金 | 435 | 345 | 13.073 |
| 97 | 国泰 | 国泰量化策略收益 | 偏股混合型基金 | 435 | 402 | 1.430 |
| 97 | 国泰 | 国泰黄金ETF | 商品型基金 | 14 | 6 | 6.907 |

续表2-2

| 整体投资回报能力排名 | 基金公司（简称） | 基金名称 | 投资类型（二级分类） | 样本基金数量 | 同类基金中排名 | 期间内规模（亿） |
|---|---|---|---|---|---|---|
| 97 | 国泰 | 国泰黄金ETF联接A | 商品型基金 | 14 | 9 | 1.769 |
| 97 | 国泰 | 国泰沪深300指数增强A | 增强指数型基金 | 57 | 51 | 3.226 |
| 97 | 国泰 | 国泰沪深300指数增强C | 增强指数型基金 | 57 | 52 | 0.144 |
| 97 | 国泰 | 国泰大健康A | 普通股票型基金 | 200 | 23 | 10.380 |
| 97 | 国泰 | 国泰互联网＋ | 普通股票型基金 | 200 | 57 | 8.712 |
| 97 | 国泰 | 国泰央企改革 | 普通股票型基金 | 200 | 119 | 0.896 |
| 97 | 国泰 | 国泰金鑫 | 普通股票型基金 | 200 | 153 | 5.899 |
| 97 | 国泰 | 国泰金龙债券A | 混合债券型一级基金 | 126 | 123 | 30.954 |
| 97 | 国泰 | 国泰金龙债券C | 混合债券型一级基金 | 126 | 124 | 0.242 |
| 97 | 国泰 | 国泰双利债券A | 混合债券型二级基金 | 329 | 202 | 5.765 |
| 97 | 国泰 | 国泰民安增利A | 混合债券型二级基金 | 329 | 219 | 0.459 |
| 97 | 国泰 | 国泰双利债券C | 混合债券型二级基金 | 329 | 221 | 1.987 |
| 97 | 国泰 | 国泰民安增利C | 混合债券型二级基金 | 329 | 242 | 11.529 |
| 97 | 国泰 | 国泰聚信价值优势A | 灵活配置型基金 | 1 312 | 163 | 22.813 |
| 97 | 国泰 | 国泰聚信价值优势C | 灵活配置型基金 | 1 312 | 175 | 10.860 |
| 97 | 国泰 | 国泰新经济 | 灵活配置型基金 | 1 312 | 194 | 7.495 |
| 97 | 国泰 | 国泰金马稳健回报 | 灵活配置型基金 | 1 312 | 207 | 13.783 |
| 97 | 国泰 | 国泰金鹏蓝筹价值 | 灵活配置型基金 | 1 312 | 283 | 6.033 |
| 97 | 国泰 | 国泰价值经典 | 灵活配置型基金 | 1 312 | 411 | 10.078 |
| 97 | 国泰 | 国泰金泰A | 灵活配置型基金 | 1 312 | 493 | 1.886 |
| 97 | 国泰 | 国泰金鹰增长 | 灵活配置型基金 | 1 312 | 505 | 20.638 |
| 97 | 国泰 | 国泰金泰C | 灵活配置型基金 | 1 312 | 549 | 0.040 |
| 97 | 国泰 | 国泰金龙行业精选 | 灵活配置型基金 | 1 312 | 667 | 19.951 |
| 97 | 国泰 | 国泰安益A | 灵活配置型基金 | 1 312 | 731 | 4.114 |
| 97 | 国泰 | 国泰普益A | 灵活配置型基金 | 1 312 | 752 | 3.507 |

续表2-2

| 整体投资回报能力排名 | 基金公司（简称） | 基金名称 | 投资类型（二级分类） | 样本基金数量 | 同类基金中排名 | 期间内规模（亿） |
|---|---|---|---|---|---|---|
| 97 | 国泰 | 国泰普益C | 灵活配置型基金 | 1 312 | 767 | 2.560 |
| 97 | 国泰 | 国泰金鼎价值精选 | 灵活配置型基金 | 1 312 | 793 | 10.349 |
| 97 | 国泰 | 国泰鑫策略价值灵活 | 灵活配置型基金 | 1 312 | 852 | 12.954 |
| 97 | 国泰 | 国泰民福策略价值 | 灵活配置型基金 | 1 312 | 878 | 10.553 |
| 97 | 国泰 | 国泰多策略收益灵活 | 灵活配置型基金 | 1 312 | 891 | 16.230 |
| 97 | 国泰 | 国泰民利策略收益 | 灵活配置型基金 | 1 312 | 957 | 20.235 |
| 97 | 国泰 | 国泰民益A | 灵活配置型基金 | 1 312 | 1 048 | 4.306 |
| 97 | 国泰 | 国泰兴益A | 灵活配置型基金 | 1 312 | 1 049 | 4.642 |
| 97 | 国泰 | 国泰民益C | 灵活配置型基金 | 1 312 | 1 052 | 2.736 |
| 97 | 国泰 | 国泰兴益C | 灵活配置型基金 | 1 312 | 1 062 | 3.253 |
| 97 | 国泰 | 国泰浓益A | 灵活配置型基金 | 1 312 | 1 107 | 3.666 |
| 97 | 国泰 | 国泰浓益C | 灵活配置型基金 | 1 312 | 1 120 | 4.916 |
| 97 | 国泰 | 国泰国策驱动C | 灵活配置型基金 | 1 312 | 1 165 | 2.594 |
| 97 | 国泰 | 国泰国策驱动A | 灵活配置型基金 | 1 312 | 1 174 | 4.711 |
| 97 | 国泰 | 国泰睿吉A | 灵活配置型基金 | 1 312 | 1 180 | 1.346 |
| 97 | 国泰 | 国泰睿吉C | 灵活配置型基金 | 1 312 | 1 192 | 5.861 |
| 97 | 国泰 | 国泰融丰外延增长 | 灵活配置型基金 | 1 312 | 1 261 | 11.040 |
| 97 | 国泰 | 国泰上证5年期国债ETF | 被动指数型债券基金 | 17 | 14 | 6.963 |
| 97 | 国泰 | 国泰国证食品饮料 | 被动指数型基金 | 346 | 3 | 37.484 |
| 97 | 国泰 | 国泰国证新能源汽车 | 被动指数型基金 | 346 | 12 | 15.911 |
| 97 | 国泰 | 国泰创业板 | 被动指数型基金 | 346 | 71 | 1.072 |
| 97 | 国泰 | 国泰国证医药卫生 | 被动指数型基金 | 346 | 79 | 9.645 |
| 97 | 国泰 | 国泰沪深300A | 被动指数型基金 | 346 | 99 | 15.554 |
| 97 | 国泰 | 国泰国证有色金属行业 | 被动指数型基金 | 346 | 142 | 13.578 |

续表2-2

| 整体投资回报能力排名 | 基金公司（简称） | 基金名称 | 投资类型（二级分类） | 样本基金数量 | 同类基金中排名 | 期间内规模（亿） |
|---|---|---|---|---|---|---|
| 97 | 国泰 | 国泰中证计算机主题ETF联接A | 被动指数型基金 | 346 | 178 | 1.952 |
| 97 | 国泰 | 国泰中证军工ETF | 被动指数型基金 | 346 | 192 | 60.248 |
| 97 | 国泰 | 国泰上证180金融ETF | 被动指数型基金 | 346 | 292 | 37.357 |
| 97 | 国泰 | 国泰上证180金融ETF联接 | 被动指数型基金 | 346 | 298 | 4.920 |
| 97 | 国泰 | 国泰中证全指证券公司ETF | 被动指数型基金 | 346 | 312 | 180.005 |
| 97 | 国泰 | 国泰国证房地产 | 被动指数型基金 | 346 | 337 | 4.656 |
| 97 | 国泰 | 国泰利是宝 | 货币市场型基金 | 522 | 303 | 665.556 |
| 97 | 国泰 | 国泰货币A | 货币市场型基金 | 522 | 370 | 35.777 |
| 97 | 国泰 | 国泰现金管理A | 货币市场型基金 | 522 | 507 | 269.535 |
| 97 | 国泰 | 国泰现金管理B | 货币市场型基金 | 522 | 512 | 4.298 |
| 98 | 中科沃土 | 中科沃土沃鑫成长精选A | 灵活配置型基金 | 1312 | 1103 | 1.264 |
| 98 | 中科沃土 | 中科沃土货币B | 货币市场型基金 | 522 | 347 | 7.087 |
| 98 | 中科沃土 | 中科沃土货币A | 货币市场型基金 | 522 | 478 | 0.277 |
| 99 | 长信 | 长信纯债一年A | 中长期纯债型基金 | 614 | 50 | 6.401 |
| 99 | 长信 | 长信金葵纯债一年A | 中长期纯债型基金 | 614 | 51 | 3.930 |
| 99 | 长信 | 长信富安债半年A | 中长期纯债型基金 | 614 | 59 | 10.819 |
| 99 | 长信 | 长信金葵纯债一年C | 中长期纯债型基金 | 614 | 105 | 1.303 |
| 99 | 长信 | 长信纯债一年C | 中长期纯债型基金 | 614 | 107 | 3.020 |
| 99 | 长信 | 长信富安债半年C | 中长期纯债型基金 | 614 | 120 | 2.208 |
| 99 | 长信 | 长信利率债A | 中长期纯债型基金 | 614 | 176 | 9.129 |
| 99 | 长信 | 长信利率债C | 中长期纯债型基金 | 614 | 296 | 3.275 |
| 99 | 长信 | 长信富平纯债一年A | 中长期纯债型基金 | 614 | 297 | 8.351 |

续表2-2

| 整体投资回报能力排名 | 基金公司（简称） | 基金名称 | 投资类型（二级分类） | 样本基金数量 | 同类基金中排名 | 期间内规模（亿） |
|---|---|---|---|---|---|---|
| 99 | 长信 | 长信富海纯债一年C | 中长期纯债型基金 | 614 | 345 | 14.977 |
| 99 | 长信 | 长信富全纯债一年A | 中长期纯债型基金 | 614 | 399 | 4.770 |
| 99 | 长信 | 长信纯债壹号A | 中长期纯债型基金 | 614 | 417 | 11.819 |
| 99 | 长信 | 长信稳健纯债A | 中长期纯债型基金 | 614 | 429 | 5.865 |
| 99 | 长信 | 长信富平纯债一年C | 中长期纯债型基金 | 614 | 447 | 0.496 |
| 99 | 长信 | 长信富民纯债一年C | 中长期纯债型基金 | 614 | 456 | 7.147 |
| 99 | 长信 | 长信稳益 | 中长期纯债型基金 | 614 | 492 | 34.908 |
| 99 | 长信 | 长信富全纯债一年C | 中长期纯债型基金 | 614 | 502 | 4.631 |
| 99 | 长信 | 长信易进A | 偏债混合型基金 | 86 | 70 | 1.380 |
| 99 | 长信 | 长信易进C | 偏债混合型基金 | 86 | 73 | 2.778 |
| 99 | 长信 | 长信先利半年A | 偏债混合型基金 | 86 | 81 | 5.650 |
| 99 | 长信 | 长信内需成长A | 偏股混合型基金 | 435 | 95 | 11.533 |
| 99 | 长信 | 长信银利精选 | 偏股混合型基金 | 435 | 133 | 6.638 |
| 99 | 长信 | 长信金利趋势 | 偏股混合型基金 | 435 | 208 | 21.150 |
| 99 | 长信 | 长信恒利优势 | 偏股混合型基金 | 435 | 257 | 0.328 |
| 99 | 长信 | 长信双利优选A | 偏股混合型基金 | 435 | 264 | 3.579 |
| 99 | 长信 | 长信增利策略 | 偏股混合型基金 | 435 | 400 | 9.304 |
| 99 | 长信 | 长信量化先锋A | 偏股混合型基金 | 435 | 418 | 59.237 |
| 99 | 长信 | 长信创新驱动 | 普通股票型基金 | 200 | 122 | 0.691 |
| 99 | 长信 | 长信量化多策略A | 普通股票型基金 | 200 | 174 | 1.899 |
| 99 | 长信 | 长信量化中小盘 | 普通股票型基金 | 200 | 179 | 22.431 |
| 99 | 长信 | 长信利众A | 混合债券型一级基金 | 126 | 38 | 1.968 |
| 99 | 长信 | 长信利众C | 混合债券型一级基金 | 126 | 51 | 7.029 |
| 99 | 长信 | 长信利鑫C | 混合债券型一级基金 | 126 | 71 | 1.552 |
| 99 | 长信 | 长信可转债A | 混合债券型二级基金 | 329 | 28 | 6.220 |

续表2-2

| 整体投资回报能力排名 | 基金公司（简称） | 基金名称 | 投资类型（二级分类） | 样本基金数量 | 同类基金中排名 | 期间内规模（亿） |
|---|---|---|---|---|---|---|
| 99 | 长信 | 长信可转债C | 混合债券型二级基金 | 329 | 35 | 4.538 |
| 99 | 长信 | 长信利富A | 混合债券型二级基金 | 329 | 46 | 8.342 |
| 99 | 长信 | 长信利发 | 混合债券型二级基金 | 329 | 177 | 4.713 |
| 99 | 长信 | 长信利丰C | 混合债券型二级基金 | 329 | 213 | 22.585 |
| 99 | 长信 | 长信利保A | 混合债券型二级基金 | 329 | 316 | 3.142 |
| 99 | 长信 | 长信多利A | 灵活配置型基金 | 1 312 | 200 | 4.068 |
| 99 | 长信 | 长信医疗保健行业A | 灵活配置型基金 | 1 312 | 373 | 2.285 |
| 99 | 长信 | 长信利广A | 灵活配置型基金 | 1 312 | 515 | 5.589 |
| 99 | 长信 | 长信利广C | 灵活配置型基金 | 1 312 | 586 | 0.985 |
| 99 | 长信 | 长信新利 | 灵活配置型基金 | 1 312 | 739 | 3.544 |
| 99 | 长信 | 长信改革红利 | 灵活配置型基金 | 1 312 | 777 | 7.447 |
| 99 | 长信 | 长信利泰A | 灵活配置型基金 | 1 312 | 820 | 4.217 |
| 99 | 长信 | 长信利信A | 灵活配置型基金 | 1 312 | 870 | 1.523 |
| 99 | 长信 | 长信利盈A | 灵活配置型基金 | 1 312 | 884 | 11.639 |
| 99 | 长信 | 长信利盈C | 灵活配置型基金 | 1 312 | 924 | 2.289 |
| 99 | 长信 | 长信电子信息行业量化A | 灵活配置型基金 | 1 312 | 1 021 | 4.806 |
| 99 | 长信 | 长信睿进A | 灵活配置型基金 | 1 312 | 1 276 | 0.053 |
| 99 | 长信 | 长信睿进C | 灵活配置型基金 | 1 312 | 1 295 | 8.570 |
| 99 | 长信 | 长信利息收益B | 货币市场型基金 | 522 | 151 | 30.766 |
| 99 | 长信 | 长信利息收益A | 货币市场型基金 | 522 | 365 | 185.491 |
| 100 | 华融 | 华融新锐 | 灵活配置型基金 | 1 312 | 1 189 | 1.153 |
| 100 | 华融 | 华融新利 | 灵活配置型基金 | 1 312 | 1 301 | 0.417 |
| 100 | 华融 | 华融现金增利B | 货币市场型基金 | 522 | 234 | 3.359 |
| 100 | 华融 | 华融现金增利A | 货币市场型基金 | 522 | 420 | 0.091 |

续表2-2

| 整体投资回报能力排名 | 基金公司（简称） | 基金名称 | 投资类型（二级分类） | 样本基金数量 | 同类基金中排名 | 期间内规模（亿） |
|---|---|---|---|---|---|---|
| 100 | 华融 | 华融现金增利C | 货币市场型基金 | 522 | 425 | 6.005 |
| 101 | 华商 | 华商双翼 | 偏债混合型基金 | 86 | 15 | 4.163 |
| 101 | 华商 | 华商产业升级 | 偏股混合型基金 | 435 | 280 | 1.547 |
| 101 | 华商 | 华商盛世成长 | 偏股混合型基金 | 435 | 312 | 28.437 |
| 101 | 华商 | 华商主题精选 | 偏股混合型基金 | 435 | 338 | 14.814 |
| 101 | 华商 | 华商价值精选 | 偏股混合型基金 | 435 | 361 | 15.584 |
| 101 | 华商 | 华商未来主题 | 偏股混合型基金 | 435 | 432 | 13.194 |
| 101 | 华商 | 华商新动力 | 偏股混合型基金 | 435 | 434 | 0.746 |
| 101 | 华商 | 华商收益增强A | 混合债券型一级基金 | 126 | 125 | 4.841 |
| 101 | 华商 | 华商收益增强B | 混合债券型一级基金 | 126 | 126 | 1.680 |
| 101 | 华商 | 华商丰利增强定开A | 混合债券型二级基金 | 329 | 10 | 1.083 |
| 101 | 华商 | 华商丰利增强定开C | 混合债券型二级基金 | 329 | 13 | 1.320 |
| 101 | 华商 | 华商瑞鑫定期开放 | 混合债券型二级基金 | 329 | 22 | 6.269 |
| 101 | 华商 | 华商稳定增利A | 混合债券型二级基金 | 329 | 40 | 18.286 |
| 101 | 华商 | 华商稳定增利C | 混合债券型二级基金 | 329 | 47 | 5.415 |
| 101 | 华商 | 华商稳健双利A | 混合债券型二级基金 | 329 | 113 | 2.367 |
| 101 | 华商 | 华商稳健双利B | 混合债券型二级基金 | 329 | 137 | 1.110 |
| 101 | 华商 | 华商信用增强A | 混合债券型二级基金 | 329 | 143 | 9.307 |
| 101 | 华商 | 华商信用增强C | 混合债券型二级基金 | 329 | 178 | 8.321 |
| 101 | 华商 | 华商双债丰利A | 混合债券型二级基金 | 329 | 327 | 28.427 |
| 101 | 华商 | 华商双债丰利C | 混合债券型二级基金 | 329 | 328 | 8.399 |
| 101 | 华商 | 华商新趋势优选 | 灵活配置型基金 | 1 312 | 32 | 9.284 |
| 101 | 华商 | 华商智能生活 | 灵活配置型基金 | 1 312 | 48 | 12.257 |
| 101 | 华商 | 华商万众创新 | 灵活配置型基金 | 1 312 | 91 | 14.894 |
| 101 | 华商 | 华商新兴活力 | 灵活配置型基金 | 1 312 | 124 | 4.286 |

续表2-2

| 整体投资回报能力排名 | 基金公司（简称） | 基金名称 | 投资类型（二级分类） | 样本基金数量 | 同类基金中排名 | 期间内规模（亿） |
|---|---|---|---|---|---|---|
| 101 | 华商 | 华商优势行业 | 灵活配置型基金 | 1 312 | 151 | 12.724 |
| 101 | 华商 | 华商新量化 | 灵活配置型基金 | 1 312 | 168 | 5.001 |
| 101 | 华商 | 华商创新成长 | 灵活配置型基金 | 1 312 | 208 | 11.901 |
| 101 | 华商 | 华商量化进取 | 灵活配置型基金 | 1 312 | 251 | 17.127 |
| 101 | 华商 | 华商价值共享灵活配置 | 灵活配置型基金 | 1 312 | 281 | 4.284 |
| 101 | 华商 | 华商乐享互联网A | 灵活配置型基金 | 1 312 | 359 | 3.114 |
| 101 | 华商 | 华商新常态 | 灵活配置型基金 | 1 312 | 369 | 7.035 |
| 101 | 华商 | 华商策略精选 | 灵活配置型基金 | 1 312 | 372 | 9.581 |
| 101 | 华商 | 华商大盘量化精选 | 灵活配置型基金 | 1 312 | 469 | 7.545 |
| 101 | 华商 | 华商健康生活 | 灵活配置型基金 | 1 312 | 474 | 8.400 |
| 101 | 华商 | 华商红利优选 | 灵活配置型基金 | 1 312 | 496 | 3.872 |
| 101 | 华商 | 华商双驱优选 | 灵活配置型基金 | 1 312 | 682 | 6.973 |
| 101 | 华商 | 华商新锐产业 | 灵活配置型基金 | 1 312 | 785 | 27.338 |
| 101 | 华商 | 华商动态阿尔法 | 灵活配置型基金 | 1 312 | 1 170 | 11.904 |
| 101 | 华商 | 华商领先企业 | 灵活配置型基金 | 1 312 | 1 289 | 21.721 |
| 101 | 华商 | 华商现金增利B | 货币市场型基金 | 522 | 499 | 12.804 |
| 101 | 华商 | 华商现金增利A | 货币市场型基金 | 522 | 510 | 1.655 |
| 102 | 中邮 | 中邮定期开放A | 中长期纯债型基金 | 614 | 184 | 15.799 |
| 102 | 中邮 | 中邮稳定收益A | 中长期纯债型基金 | 614 | 222 | 51.213 |
| 102 | 中邮 | 中邮纯债聚利A | 中长期纯债型基金 | 614 | 264 | 5.718 |
| 102 | 中邮 | 中邮定期开放C | 中长期纯债型基金 | 614 | 266 | 0.967 |
| 102 | 中邮 | 中邮纯债聚利C | 中长期纯债型基金 | 614 | 353 | 0.039 |
| 102 | 中邮 | 中邮稳定收益C | 中长期纯债型基金 | 614 | 357 | 2.096 |
| 102 | 中邮 | 中邮战略新兴产业 | 偏股混合型基金 | 435 | 377 | 35.647 |
| 102 | 中邮 | 中邮核心优选 | 偏股混合型基金 | 435 | 396 | 26.063 |

续表2-2

| 整体投资回报能力排名 | 基金公司（简称） | 基金名称 | 投资类型（二级分类） | 样本基金数量 | 同类基金中排名 | 期间内规模（亿） |
|---|---|---|---|---|---|---|
| 102 | 中邮 | 中邮核心成长 | 偏股混合型基金 | 435 | 410 | 60.741 |
| 102 | 中邮 | 中邮睿信增强 | 混合债券型二级基金 | 329 | 111 | 3.050 |
| 102 | 中邮 | 中邮新思路 | 灵活配置型基金 | 1 312 | 47 | 20.269 |
| 102 | 中邮 | 中邮风格轮动 | 灵活配置型基金 | 1 312 | 164 | 4.710 |
| 102 | 中邮 | 中邮医药健康 | 灵活配置型基金 | 1 312 | 347 | 3.755 |
| 102 | 中邮 | 中邮中小盘灵活配置 | 灵活配置型基金 | 1 312 | 416 | 4.936 |
| 102 | 中邮 | 中邮核心科技创新 | 灵活配置型基金 | 1 312 | 418 | 2.001 |
| 102 | 中邮 | 中邮多策略 | 灵活配置型基金 | 1 312 | 582 | 1.511 |
| 102 | 中邮 | 中邮核心主题 | 灵活配置型基金 | 1 312 | 608 | 10.794 |
| 102 | 中邮 | 中邮核心优势 | 灵活配置型基金 | 1 312 | 669 | 11.087 |
| 102 | 中邮 | 中邮低碳经济 | 灵活配置型基金 | 1 312 | 795 | 2.273 |
| 102 | 中邮 | 中邮信息产业 | 灵活配置型基金 | 1 312 | 807 | 33.775 |
| 102 | 中邮 | 中邮景泰A | 灵活配置型基金 | 1 312 | 1047 | 3.120 |
| 102 | 中邮 | 中邮乐享收益 | 灵活配置型基金 | 1 312 | 1 066 | 3.937 |
| 102 | 中邮 | 中邮景泰C | 灵活配置型基金 | 1 312 | 1 084 | 0.762 |
| 102 | 中邮 | 中邮消费升级 | 灵活配置型基金 | 1 312 | 1 145 | 2.758 |
| 102 | 中邮 | 中邮趋势精选 | 灵活配置型基金 | 1 312 | 1 191 | 25.417 |
| 102 | 中邮 | 中邮稳健添利 | 灵活配置型基金 | 1 312 | 1 209 | 5.117 |
| 102 | 中邮 | 中邮创新优势 | 灵活配置型基金 | 1 312 | 1 232 | 6.027 |
| 102 | 中邮 | 中邮核心竞争力 | 灵活配置型基金 | 1 312 | 1 253 | 13.735 |
| 102 | 中邮 | 中邮绝对收益策略 | 股票多空 | 16 | 12 | 4.275 |
| 102 | 中邮 | 中邮现金驿站C | 货币市场型基金 | 522 | 266 | 20.256 |
| 102 | 中邮 | 中邮现金驿站B | 货币市场型基金 | 522 | 317 | 0.354 |
| 102 | 中邮 | 中邮货币B | 货币市场型基金 | 522 | 325 | 74.546 |
| 102 | 中邮 | 中邮现金驿站A | 货币市场型基金 | 522 | 356 | 0.105 |

续表2-2

| 整体投资回报能力排名 | 基金公司（简称） | 基金名称 | 投资类型（二级分类） | 样本基金数量 | 同类基金中排名 | 期间内规模（亿） |
|---|---|---|---|---|---|---|
| 102 | 中邮 | 中邮货币A | 货币市场型基金 | 522 | 470 | 3.187 |
| 103 | 江信 | 江信洪福纯债 | 中长期纯债型基金 | 614 | 132 | 3.821 |
| 103 | 江信 | 江信添福C | 中长期纯债型基金 | 614 | 500 | 0.117 |
| 103 | 江信 | 江信聚福 | 中长期纯债型基金 | 614 | 521 | 7.294 |
| 103 | 江信 | 江信添福A | 中长期纯债型基金 | 614 | 545 | 4.188 |
| 103 | 江信 | 江信汇福 | 中长期纯债型基金 | 614 | 569 | 3.513 |
| 103 | 江信 | 江信祺福A | 混合债券型二级基金 | 329 | 136 | 3.626 |
| 103 | 江信 | 江信祺福C | 混合债券型二级基金 | 329 | 165 | 0.046 |
| 103 | 江信 | 江信同福A | 灵活配置型基金 | 1 312 | 492 | 3.967 |
| 103 | 江信 | 江信同福C | 灵活配置型基金 | 1 312 | 521 | 0.350 |
| 104 | 天治 | 天治鑫利A | 中长期纯债型基金 | 614 | 590 | 2.109 |
| 104 | 天治 | 天治鑫利C | 中长期纯债型基金 | 614 | 598 | 0.077 |
| 104 | 天治 | 天治核心成长 | 偏股混合型基金 | 435 | 363 | 5.599 |
| 104 | 天治 | 天治可转债增强A | 混合债券型二级基金 | 329 | 50 | 0.661 |
| 104 | 天治 | 天治可转债增强C | 混合债券型二级基金 | 329 | 58 | 0.979 |
| 104 | 天治 | 天治稳健双盈 | 混合债券型二级基金 | 329 | 257 | 3.050 |
| 104 | 天治 | 天治中国制造2025 | 灵活配置型基金 | 1 312 | 79 | 0.813 |
| 104 | 天治 | 天治研究驱动A | 灵活配置型基金 | 1 312 | 331 | 0.508 |
| 104 | 天治 | 天治研究驱动C | 灵活配置型基金 | 1 312 | 349 | 0.078 |
| 104 | 天治 | 天治趋势精选 | 灵活配置型基金 | 1 312 | 400 | 0.573 |
| 104 | 天治 | 天治财富增长 | 灵活配置型基金 | 1 312 | 578 | 1.327 |
| 104 | 天治 | 天治新消费 | 灵活配置型基金 | 1 312 | 690 | 0.170 |
| 104 | 天治 | 天治低碳经济 | 灵活配置型基金 | 1 312 | 737 | 0.999 |
| 104 | 天治 | 天治天得利货币A | 货币市场型基金 | 522 | 458 | 3.149 |
| 105 | 长江资管 | 长江收益增强 | 混合债券型二级基金 | 329 | 114 | 4.383 |

续表2-2

| 整体投资回报能力排名 | 基金公司（简称） | 基金名称 | 投资类型（二级分类） | 样本基金数量 | 同类基金中排名 | 期间内规模（亿） |
|---|---|---|---|---|---|---|
| 105 | 长江资管 | 长江乐享B | 货币市场型基金 | 522 | 242 | 12.727 |
| 105 | 长江资管 | 长江乐享A | 货币市场型基金 | 522 | 435 | 0.286 |
| 105 | 长江资管 | 长江乐享C | 货币市场型基金 | 522 | 501 | 35.959 |
| 106 | 东海 | 东海祥瑞A | 中长期纯债型基金 | 614 | 597 | 0.121 |
| 106 | 东海 | 东海祥瑞C | 中长期纯债型基金 | 614 | 600 | 0.171 |
| 106 | 东海 | 东海美丽中国 | 灵活配置型基金 | 1 312 | 738 | 0.140 |
| 106 | 东海 | 东海祥龙 | 灵活配置型基金 | 1 312 | 1155 | 4.421 |
| 106 | 东海 | 东海中证社会发展安全 | 被动指数型基金 | 346 | 338 | 0.575 |
| 107 | 先锋 | 先锋精一A | 灵活配置型基金 | 1 312 | 1302 | 0.003 |
| 107 | 先锋 | 先锋精一C | 灵活配置型基金 | 1 312 | 1306 | 0.242 |
| 107 | 先锋 | 先锋现金宝 | 货币市场型基金 | 522 | 498 | 5.157 |
| 108 | 山西证券 | 山西证券裕利 | 中长期纯债型基金 | 614 | 332 | 9.505 |
| 108 | 山西证券 | 山西证券策略精选 | 灵活配置型基金 | 1 312 | 617 | 2.713 |
| 108 | 山西证券 | 山西证券日日添利B | 货币市场型基金 | 522 | 122 | 10.543 |
| 108 | 山西证券 | 山西证券日日添利A | 货币市场型基金 | 522 | 357 | 0.169 |
| 108 | 山西证券 | 山西证券日日添利C | 货币市场型基金 | 522 | 513 | 26.465 |

# 3 十年期公募基金管理公司整体投资回报能力评价

## 3.1 数据来源与样本说明

十年期的数据区间为 2011 年 12 月 31 日至 2021 年 12 月 31 日。所有公募基金数据来源于 Wind 金融资讯终端。从 Wind 上我们获得的数据变量有：基金名称、基金管理公司、投资类型（二级分类）、投资风格、复权单位净值增长率（20111231—20211231）、单位净值（20111231）、单位净值（20211231）、基金份额（20111231）、基金份额（20211231）。

我们删除国际（QDII）类基金，同期样本数少于 10 的类别，再删除同期旗下样本基金数少于 3 只的基金管理公司，最后的样本基金数为 822 只，样本基金管理公司总共 59 家。

投资类型包括：偏股混合型基金（280 只）、灵活配置型基金（149 只）、货币市场型基金（77 只）、混合债券型一级基金（80 只）、混合债券型二级基金（103 只）、被动指数型基金（102 只）、增强指数型基金（19 只）、普通股票型基金（12 只）。

我们按第 1 部分介绍的计算方法，计算出样本中每家基金公司的整体投资回报能力分数，依高分到低分进行排序。

## 3.2 十年期整体投资回报能力评价结果

在十年期的整体投资能力评价中，样本基金公司只有 59 家，整体看来这些基金公司均属于样本基金数量中等或较少的公司，且排名靠前的多为老牌的基金公司。见表 3-1。

表 3-1 十年期整体投资回报能力评价

| 整体投资回报能力排名 | 基金公司（简称） | 整体投资回报能力得分 | 样本基金数量 |
| --- | --- | --- | --- |
| 1 | 兴证全球 | 1.519 | 9 |

续表3-1

| 整体投资回报能力排名 | 基金公司(简称) | 整体投资回报能力得分 | 样本基金数量 |
| --- | --- | --- | --- |
| 2 | 浦银安盛 | 1.329 | 8 |
| 3 | 华富 | 1.280 | 11 |
| 4 | 银河 | 1.142 | 13 |
| 5 | 易方达 | 0.971 | 31 |
| 6 | 交银施罗德 | 0.966 | 21 |
| 7 | 中欧 | 0.825 | 6 |
| 8 | 新华 | 0.764 | 7 |
| 9 | 汇添富 | 0.679 | 18 |
| 10 | 富国 | 0.665 | 22 |
| 11 | 诺德 | 0.605 | 6 |
| 12 | 中信保诚 | 0.569 | 13 |
| 13 | 宝盈 | 0.536 | 10 |
| 14 | 万家 | 0.477 | 10 |
| 15 | 东方 | 0.437 | 7 |
| 16 | 广发 | 0.404 | 18 |
| 17 | 民生加银 | 0.385 | 7 |
| 18 | 南方 | 0.361 | 26 |
| 19 | 工银瑞信 | 0.342 | 22 |
| 20 | 景顺长城 | 0.340 | 16 |
| 21 | 金鹰 | 0.333 | 7 |
| 22 | 国海富兰克林 | 0.161 | 9 |
| 23 | 长城 | 0.152 | 12 |
| 24 | 招商 | 0.150 | 19 |
| 25 | 建信 | 0.142 | 17 |
| 26 | 申万菱信 | 0.092 | 12 |
| 27 | 汇丰晋信 | 0.067 | 10 |
| 28 | 华安 | 0.065 | 25 |

续表3-1

| 整体投资回报能力排名 | 基金公司(简称) | 整体投资回报能力得分 | 样本基金数量 |
|---|---|---|---|
| 29 | 国投瑞银 | 0.047 | 13 |
| 30 | 博时 | 0.045 | 27 |
| 31 | 国联安 | −0.009 | 15 |
| 32 | 摩根士丹利华鑫 | −0.039 | 8 |
| 33 | 银华 | −0.042 | 17 |
| 34 | 中海 | −0.046 | 13 |
| 35 | 中银 | −0.057 | 16 |
| 36 | 国泰 | −0.061 | 18 |
| 37 | 华宝 | −0.064 | 19 |
| 38 | 农银汇理 | −0.066 | 14 |
| 39 | 天弘 | −0.092 | 5 |
| 40 | 华商 | −0.112 | 12 |
| 41 | 长信 | −0.163 | 11 |
| 42 | 鹏华 | −0.169 | 20 |
| 43 | 大成 | −0.216 | 20 |
| 44 | 长盛 | −0.243 | 11 |
| 45 | 嘉实 | −0.256 | 28 |
| 46 | 华夏 | −0.271 | 24 |
| 47 | 华泰柏瑞 | −0.336 | 13 |
| 48 | 海富通 | −0.414 | 19 |
| 49 | 信达澳银 | −0.432 | 5 |
| 50 | 融通 | −0.466 | 10 |
| 51 | 诺安 | −0.513 | 14 |
| 52 | 泰达宏利 | −0.608 | 13 |
| 53 | 光大保德信 | −0.717 | 12 |
| 54 | 泰信 | −0.762 | 12 |
| 55 | 天治 | −0.851 | 9 |

续表3-1

| 整体投资回报能力排名 | 基金公司(简称) | 整体投资回报能力得分 | 样本基金数量 |
|---|---|---|---|
| 56 | 上投摩根 | −0.955 | 13 |
| 57 | 东吴 | −0.996 | 9 |
| 58 | 金元顺安 | −1.038 | 5 |
| 59 | 中邮 | −1.117 | 5 |

## 3.3 十年期整体投资回报能力评价详细说明

从表3-2可以看出,在十年的评价期间内,基金数量较少的基金公司排名靠前,如排名第一的兴证全球旗下仅9只基金。虽然兴证全球旗下的样本基金数量不多,但每只基金的规模中等或较大,且排名靠前,如较大规模的兴全合润在同期280只偏股混合型基金中排第3,十年期间内规模为173.291亿元;大型规模的兴全有机增长在同期149只灵活配置型基金中排第9,十年期间内规模为24.110亿元。这是兴证全球基金公司在十年期整体投资回报能力评价中排名第1的重要原因。

表3-2 十年期整体投资回报能力评价

| 整体投资回报能力排名 | 基金公司（简称） | 基金名称 | 投资类型（二级分类） | 样本基金数量 | 同类基金中排名 | 期间内规模（亿） |
|---|---|---|---|---|---|---|
| 1 | 兴证全球 | 兴全合润 | 偏股混合型基金 | 280 | 3 | 173.291 |
| 1 | 兴证全球 | 兴全绿色投资 | 偏股混合型基金 | 280 | 28 | 59.499 |
| 1 | 兴证全球 | 兴全社会责任 | 偏股混合型基金 | 280 | 70 | 53.192 |
| 1 | 兴证全球 | 兴全沪深300指数增强A | 增强指数型基金 | 19 | 6 | 30.418 |
| 1 | 兴证全球 | 兴全全球视野 | 普通股票型基金 | 12 | 8 | 33.410 |
| 1 | 兴证全球 | 兴全磐稳增利债券A | 混合债券型一级基金 | 80 | 11 | 14.003 |
| 1 | 兴证全球 | 兴全有机增长 | 灵活配置型基金 | 149 | 9 | 24.110 |
| 1 | 兴证全球 | 兴全趋势投资 | 灵活配置型基金 | 149 | 25 | 201.518 |
| 1 | 兴证全球 | 兴全货币A | 货币市场型基金 | 77 | 6 | 24.806 |

续表3-2

| 整体投资回报能力排名 | 基金公司（简称） | 基金名称 | 投资类型（二级分类） | 样本基金数量 | 同类基金中排名 | 期间内规模（亿） |
|---|---|---|---|---|---|---|
| 2 | 浦银安盛 | 浦银安盛红利精选A | 偏股混合型基金 | 280 | 29 | 1.576 |
| 2 | 浦银安盛 | 浦银安盛价值成长A | 偏股混合型基金 | 280 | 125 | 8.138 |
| 2 | 浦银安盛 | 浦银安盛沪深300指数增强 | 增强指数型基金 | 19 | 8 | 5.367 |
| 2 | 浦银安盛 | 浦银安盛优化收益A | 混合债券型二级基金 | 103 | 90 | 0.245 |
| 2 | 浦银安盛 | 浦银安盛优化收益C | 混合债券型二级基金 | 103 | 96 | 0.082 |
| 2 | 浦银安盛 | 浦银安盛精致生活 | 灵活配置型基金 | 149 | 18 | 1.838 |
| 2 | 浦银安盛 | 浦银安盛货币B | 货币市场型基金 | 77 | 5 | 143.193 |
| 2 | 浦银安盛 | 浦银安盛货币A | 货币市场型基金 | 77 | 35 | 2.006 |
| 3 | 华富 | 华富成长趋势 | 偏股混合型基金 | 280 | 117 | 13.227 |
| 3 | 华富 | 华富量子生命力 | 偏股混合型基金 | 280 | 273 | 0.586 |
| 3 | 华富 | 华富中小企业100指数增强 | 增强指数型基金 | 19 | 19 | 0.429 |
| 3 | 华富 | 华富强化回报 | 混合债券型一级基金 | 80 | 3 | 19.121 |
| 3 | 华富 | 华富收益增强A | 混合债券型一级基金 | 80 | 6 | 15.989 |
| 3 | 华富 | 华富收益增强B | 混合债券型一级基金 | 80 | 8 | 7.612 |
| 3 | 华富 | 华富价值增长 | 灵活配置型基金 | 149 | 3 | 7.246 |
| 3 | 华富 | 华富竞争力优选 | 灵活配置型基金 | 149 | 65 | 6.309 |
| 3 | 华富 | 华富策略精选 | 灵活配置型基金 | 149 | 77 | 0.395 |
| 3 | 华富 | 华富中证100 | 被动指数型基金 | 102 | 12 | 1.889 |
| 3 | 华富 | 华富货币A | 货币市场型基金 | 77 | 51 | 6.198 |
| 4 | 银河 | 银河创新成长A | 偏股混合型基金 | 280 | 2 | 90.585 |
| 4 | 银河 | 银河蓝筹精选 | 偏股混合型基金 | 280 | 16 | 5.545 |
| 4 | 银河 | 银河竞争优势成长 | 偏股混合型基金 | 280 | 24 | 2.217 |
| 4 | 银河 | 银河行业优选 | 偏股混合型基金 | 280 | 40 | 16.956 |
| 4 | 银河 | 银河稳健 | 偏股混合型基金 | 280 | 63 | 11.718 |

续表3-2

| 整体投资回报能力排名 | 基金公司（简称） | 基金名称 | 投资类型（二级分类） | 样本基金数量 | 同类基金中排名 | 期间内规模（亿） |
|---|---|---|---|---|---|---|
| 4 | 银河 | 银河消费驱动 | 偏股混合型基金 | 280 | 215 | 2.397 |
| 4 | 银河 | 银河银信添利A | 混合债券型一级基金 | 80 | 35 | 0.808 |
| 4 | 银河 | 银河银信添利B | 混合债券型一级基金 | 80 | 46 | 1.088 |
| 4 | 银河 | 银河强化收益 | 混合债券型二级基金 | 103 | 51 | 5.800 |
| 4 | 银河 | 银河银泰理财分红 | 灵活配置型基金 | 149 | 60 | 21.084 |
| 4 | 银河 | 银河沪深300价值A | 被动指数型基金 | 102 | 38 | 18.488 |
| 4 | 银河 | 银河银富货币B | 货币市场型基金 | 77 | 14 | 17.363 |
| 4 | 银河 | 银河银富货币A | 货币市场型基金 | 77 | 49 | 88.856 |
| 5 | 易方达 | 易方达科翔 | 偏股混合型基金 | 280 | 7 | 34.681 |
| 5 | 易方达 | 易方达行业领先 | 偏股混合型基金 | 280 | 32 | 16.835 |
| 5 | 易方达 | 易方达科讯 | 偏股混合型基金 | 280 | 99 | 43.370 |
| 5 | 易方达 | 易方达医疗保健 | 偏股混合型基金 | 280 | 124 | 38.202 |
| 5 | 易方达 | 易方达价值精选 | 偏股混合型基金 | 280 | 161 | 47.765 |
| 5 | 易方达 | 易方达资源行业 | 偏股混合型基金 | 280 | 277 | 16.184 |
| 5 | 易方达 | 易方达上证50增强A | 增强指数型基金 | 19 | 4 | 205.488 |
| 5 | 易方达 | 易方达消费行业 | 普通股票型基金 | 12 | 2 | 174.540 |
| 5 | 易方达 | 易方达岁丰添利 | 混合债券型一级基金 | 80 | 1 | 27.627 |
| 5 | 易方达 | 易方达增强回报A | 混合债券型一级基金 | 80 | 4 | 90.668 |
| 5 | 易方达 | 易方达增强回报B | 混合债券型一级基金 | 80 | 5 | 40.304 |
| 5 | 易方达 | 易方达双债增强A | 混合债券型一级基金 | 80 | 7 | 29.510 |
| 5 | 易方达 | 易方达双债增强C | 混合债券型一级基金 | 80 | 9 | 21.652 |
| 5 | 易方达 | 易方达安心回报A | 混合债券型二级基金 | 103 | 1 | 120.713 |
| 5 | 易方达 | 易方达安心回报B | 混合债券型二级基金 | 103 | 4 | 22.641 |
| 5 | 易方达 | 易方达稳健收益B | 混合债券型二级基金 | 103 | 11 | 254.622 |
| 5 | 易方达 | 易方达稳健收益A | 混合债券型二级基金 | 103 | 16 | 100.314 |

续表3-2

| 整体投资回报能力排名 | 基金公司（简称） | 基金名称 | 投资类型（二级分类） | 样本基金数量 | 同类基金中排名 | 期间内规模（亿） |
|---|---|---|---|---|---|---|
| 5 | 易方达 | 易方达科汇 | 灵活配置型基金 | 149 | 57 | 13.439 |
| 5 | 易方达 | 易方达积极成长 | 灵活配置型基金 | 149 | 80 | 47.997 |
| 5 | 易方达 | 易方达价值成长 | 灵活配置型基金 | 149 | 108 | 110.682 |
| 5 | 易方达 | 易方达策略2号 | 灵活配置型基金 | 149 | 131 | 25.218 |
| 5 | 易方达 | 易方达策略成长 | 灵活配置型基金 | 149 | 136 | 26.654 |
| 5 | 易方达 | 易方达创业板ETF | 被动指数型基金 | 102 | 1 | 65.121 |
| 5 | 易方达 | 易方达创业板ETF联接A | 被动指数型基金 | 102 | 6 | 21.771 |
| 5 | 易方达 | 易方达上证中盘ETF | 被动指数型基金 | 102 | 30 | 6.059 |
| 5 | 易方达 | 易方达深证100ETF | 被动指数型基金 | 102 | 34 | 127.831 |
| 5 | 易方达 | 易方达深证100ETF联接A | 被动指数型基金 | 102 | 39 | 45.923 |
| 5 | 易方达 | 易方达上证中盘ETF联接A | 被动指数型基金 | 102 | 40 | 4.404 |
| 5 | 易方达 | 易方达沪深300ETF联接A | 被动指数型基金 | 102 | 54 | 64.239 |
| 5 | 易方达 | 易方达货币B | 货币市场型基金 | 77 | 26 | 115.338 |
| 5 | 易方达 | 易方达货币A | 货币市场型基金 | 77 | 63 | 58.847 |
| 6 | 交银施罗德 | 交银先进制造 | 偏股混合型基金 | 280 | 1 | 53.857 |
| 6 | 交银施罗德 | 交银趋势优先A | 偏股混合型基金 | 280 | 4 | 52.486 |
| 6 | 交银施罗德 | 交银精选 | 偏股混合型基金 | 280 | 75 | 71.654 |
| 6 | 交银施罗德 | 交银先锋A | 偏股混合型基金 | 280 | 139 | 15.035 |
| 6 | 交银施罗德 | 交银蓝筹 | 偏股混合型基金 | 280 | 169 | 50.525 |
| 6 | 交银施罗德 | 交银成长A | 偏股混合型基金 | 280 | 175 | 44.816 |
| 6 | 交银施罗德 | 交银增利债券A | 混合债券型一级基金 | 80 | 27 | 23.427 |
| 6 | 交银施罗德 | 交银增利债券B | 混合债券型一级基金 | 80 | 28 | 23.427 |

续表3-2

| 整体投资回报能力排名 | 基金公司（简称） | 基金名称 | 投资类型（二级分类） | 样本基金数量 | 同类基金中排名 | 期间内规模（亿） |
|---|---|---|---|---|---|---|
| 6 | 交银施罗德 | 交银信用添利 | 混合债券型一级基金 | 80 | 29 | 36.229 |
| 6 | 交银施罗德 | 交银增利债券C | 混合债券型一级基金 | 80 | 37 | 9.078 |
| 6 | 交银施罗德 | 交银双利AB | 混合债券型二级基金 | 103 | 81 | 0.819 |
| 6 | 交银施罗德 | 交银双利C | 混合债券型二级基金 | 103 | 87 | 0.872 |
| 6 | 交银施罗德 | 交银优势行业 | 灵活配置型基金 | 149 | 4 | 39.025 |
| 6 | 交银施罗德 | 交银主题优选A | 灵活配置型基金 | 149 | 12 | 13.829 |
| 6 | 交银施罗德 | 交银稳健配置A | 灵活配置型基金 | 149 | 70 | 31.395 |
| 6 | 交银施罗德 | 交银深证300价值ETF | 被动指数型基金 | 102 | 47 | 0.716 |
| 6 | 交银施罗德 | 交银180治理ETF | 被动指数型基金 | 102 | 49 | 15.735 |
| 6 | 交银施罗德 | 交银180治理ETF联接 | 被动指数型基金 | 102 | 57 | 15.597 |
| 6 | 交银施罗德 | 交银深证300价值ETF联接 | 被动指数型基金 | 102 | 65 | 0.593 |
| 6 | 交银施罗德 | 交银货币B | 货币市场型基金 | 77 | 44 | 31.579 |
| 6 | 交银施罗德 | 交银货币A | 货币市场型基金 | 77 | 69 | 12.942 |
| 7 | 中欧 | 中欧新动力A | 偏股混合型基金 | 280 | 8 | 11.606 |
| 7 | 中欧 | 中欧新趋势A | 偏股混合型基金 | 280 | 45 | 34.541 |
| 7 | 中欧 | 中欧价值发现A | 偏股混合型基金 | 280 | 72 | 16.951 |
| 7 | 中欧 | 中欧行业成长A | 偏股混合型基金 | 280 | 110 | 42.451 |
| 7 | 中欧 | 中欧增强回报A | 混合债券型一级基金 | 80 | 56 | 9.008 |
| 7 | 中欧 | 中欧新蓝筹A | 灵活配置型基金 | 149 | 16 | 72.069 |
| 8 | 新华 | 新华行业周期轮换 | 偏股混合型基金 | 280 | 23 | 2.188 |
| 8 | 新华 | 新华中小市值优选 | 偏股混合型基金 | 280 | 35 | 2.451 |
| 8 | 新华 | 新华优选成长 | 偏股混合型基金 | 280 | 100 | 21.368 |
| 8 | 新华 | 新华灵活主题 | 偏股混合型基金 | 280 | 152 | 1.057 |
| 8 | 新华 | 新华钻石品质企业 | 偏股混合型基金 | 280 | 162 | 3.982 |

续表3-2

| 整体投资回报能力排名 | 基金公司（简称） | 基金名称 | 投资类型（二级分类） | 样本基金数量 | 同类基金中排名 | 期间内规模（亿） |
|---|---|---|---|---|---|---|
| 8 | 新华 | 新华泛资源优势 | 灵活配置型基金 | 149 | 2 | 10.041 |
| 8 | 新华 | 新华优选分红 | 灵活配置型基金 | 149 | 64 | 12.081 |
| 9 | 汇添富 | 汇添富民营活力A | 偏股混合型基金 | 280 | 9 | 18.686 |
| 9 | 汇添富 | 汇添富价值精选A | 偏股混合型基金 | 280 | 27 | 107.706 |
| 9 | 汇添富 | 汇添富成长焦点 | 偏股混合型基金 | 280 | 42 | 68.738 |
| 9 | 汇添富 | 汇添富医药保健A | 偏股混合型基金 | 280 | 69 | 44.558 |
| 9 | 汇添富 | 汇添富策略回报 | 偏股混合型基金 | 280 | 92 | 13.576 |
| 9 | 汇添富 | 汇添富均衡增长 | 偏股混合型基金 | 280 | 203 | 95.962 |
| 9 | 汇添富 | 汇添富社会责任 | 偏股混合型基金 | 280 | 205 | 23.333 |
| 9 | 汇添富 | 汇添富增强收益A | 混合债券型一级基金 | 80 | 66 | 7.333 |
| 9 | 汇添富 | 汇添富增强收益C | 混合债券型一级基金 | 80 | 72 | 0.871 |
| 9 | 汇添富 | 汇添富可转债A | 混合债券型二级基金 | 103 | 8 | 51.966 |
| 9 | 汇添富 | 汇添富可转债C | 混合债券型二级基金 | 103 | 14 | 8.250 |
| 9 | 汇添富 | 汇添富蓝筹稳健A | 灵活配置型基金 | 149 | 20 | 40.967 |
| 9 | 汇添富 | 汇添富优势精选 | 灵活配置型基金 | 149 | 27 | 31.108 |
| 9 | 汇添富 | 汇添富深证300ETF | 被动指数型基金 | 102 | 60 | 2.402 |
| 9 | 汇添富 | 汇添富深证300ETF联接 | 被动指数型基金 | 102 | 77 | 1.402 |
| 9 | 汇添富 | 汇添富上证综指 | 被动指数型基金 | 102 | 83 | 26.243 |
| 9 | 汇添富 | 汇添富货币B | 货币市场型基金 | 77 | 9 | 151.424 |
| 9 | 汇添富 | 汇添富货币A | 货币市场型基金 | 77 | 43 | 8.249 |
| 10 | 富国 | 富国天合稳健优选 | 偏股混合型基金 | 280 | 15 | 47.065 |
| 10 | 富国 | 富国通胀通缩主题 | 偏股混合型基金 | 280 | 52 | 4.469 |
| 10 | 富国 | 富国天惠精选成长A | 偏股混合型基金 | 280 | 57 | 211.721 |
| 10 | 富国 | 富国天博创新主题 | 偏股混合型基金 | 280 | 73 | 46.846 |

续表3-2

| 整体投资回报能力排名 | 基金公司（简称） | 基金名称 | 投资类型（二级分类） | 样本基金数量 | 同类基金中排名 | 期间内规模（亿） |
|---|---|---|---|---|---|---|
| 10 | 富国 | 富国低碳环保 | 偏股混合型基金 | 280 | 168 | 19.642 |
| 10 | 富国 | 富国中证500指数增强A | 增强指数型基金 | 19 | 3 | 41.818 |
| 10 | 富国 | 富国沪深300增强A | 增强指数型基金 | 19 | 7 | 52.127 |
| 10 | 富国 | 富国中证红利指数增强A | 增强指数型基金 | 19 | 9 | 31.626 |
| 10 | 富国 | 富国天丰强化收益 | 混合债券型一级基金 | 80 | 26 | 22.936 |
| 10 | 富国 | 富国天利增长债券 | 混合债券型一级基金 | 80 | 33 | 119.179 |
| 10 | 富国 | 富国可转债A | 混合债券型二级基金 | 103 | 9 | 39.418 |
| 10 | 富国 | 富国优化增强B | 混合债券型二级基金 | 103 | 45 | 19.628 |
| 10 | 富国 | 富国优化增强A | 混合债券型二级基金 | 103 | 46 | 19.628 |
| 10 | 富国 | 富国优化增强C | 混合债券型二级基金 | 103 | 53 | 3.482 |
| 10 | 富国 | 富国天瑞强势精选 | 灵活配置型基金 | 149 | 13 | 51.581 |
| 10 | 富国 | 富国天益价值A | 灵活配置型基金 | 149 | 22 | 91.751 |
| 10 | 富国 | 富国天成红利 | 灵活配置型基金 | 149 | 30 | 11.044 |
| 10 | 富国 | 富国天源沪港深 | 灵活配置型基金 | 149 | 45 | 7.479 |
| 10 | 富国 | 富国上证综指ETF | 被动指数型基金 | 102 | 71 | 4.337 |
| 10 | 富国 | 富国上证指数ETF联接A | 被动指数型基金 | 102 | 80 | 2.704 |
| 10 | 富国 | 富国天时货币B | 货币市场型基金 | 77 | 20 | 65.299 |
| 10 | 富国 | 富国天时货币A | 货币市场型基金 | 77 | 57 | 8.519 |
| 11 | 诺德 | 诺德价值优势 | 偏股混合型基金 | 280 | 41 | 37.455 |
| 11 | 诺德 | 诺德成长优势 | 偏股混合型基金 | 280 | 80 | 2.803 |
| 11 | 诺德 | 诺德中小盘 | 偏股混合型基金 | 280 | 220 | 1.350 |
| 11 | 诺德 | 诺德优选30 | 偏股混合型基金 | 280 | 258 | 3.167 |
| 11 | 诺德 | 诺德增强收益 | 混合债券型二级基金 | 103 | 103 | 1.563 |

续表3-2

| 整体投资回报能力排名 | 基金公司（简称） | 基金名称 | 投资类型（二级分类） | 样本基金数量 | 同类基金中排名 | 期间内规模（亿） |
|---|---|---|---|---|---|---|
| 11 | 诺德 | 诺德主题灵活配置 | 灵活配置型基金 | 149 | 86 | 0.811 |
| 12 | 中信保诚 | 信诚中小盘 | 偏股混合型基金 | 280 | 6 | 5.479 |
| 12 | 中信保诚 | 信诚优胜精选 | 偏股混合型基金 | 280 | 30 | 22.916 |
| 12 | 中信保诚 | 中信保诚精萃成长 | 偏股混合型基金 | 280 | 43 | 21.204 |
| 12 | 中信保诚 | 信诚新机遇 | 偏股混合型基金 | 280 | 84 | 3.042 |
| 12 | 中信保诚 | 中信保诚盛世蓝筹 | 偏股混合型基金 | 280 | 188 | 13.455 |
| 12 | 中信保诚 | 信诚深度价值 | 偏股混合型基金 | 280 | 204 | 1.098 |
| 12 | 中信保诚 | 信诚增强收益 | 混合债券型二级基金 | 103 | 10 | 11.401 |
| 12 | 中信保诚 | 信诚三得益债券A | 混合债券型二级基金 | 103 | 52 | 3.081 |
| 12 | 中信保诚 | 信诚三得益债券B | 混合债券型二级基金 | 103 | 68 | 7.584 |
| 12 | 中信保诚 | 信诚四季红 | 灵活配置型基金 | 149 | 113 | 19.291 |
| 12 | 中信保诚 | 中信保诚中证500A | 被动指数型基金 | 102 | 9 | 2.186 |
| 12 | 中信保诚 | 信诚货币B | 货币市场型基金 | 77 | 12 | 33.163 |
| 12 | 中信保诚 | 信诚货币A | 货币市场型基金 | 77 | 46 | 1.128 |
| 13 | 宝盈 | 宝盈资源优选 | 偏股混合型基金 | 280 | 177 | 9.374 |
| 13 | 宝盈 | 宝盈策略增长 | 偏股混合型基金 | 280 | 216 | 17.067 |
| 13 | 宝盈 | 宝盈泛沿海增长 | 偏股混合型基金 | 280 | 225 | 14.573 |
| 13 | 宝盈 | 宝盈中证100指数增强A | 增强指数型基金 | 19 | 5 | 1.436 |
| 13 | 宝盈 | 宝盈增强收益AB | 混合债券型二级基金 | 103 | 57 | 6.136 |
| 13 | 宝盈 | 宝盈增强收益C | 混合债券型二级基金 | 103 | 69 | 1.352 |
| 13 | 宝盈 | 宝盈核心优势A | 灵活配置型基金 | 149 | 7 | 6.412 |
| 13 | 宝盈 | 宝盈鸿利收益A | 灵活配置型基金 | 149 | 8 | 12.942 |
| 13 | 宝盈 | 宝盈货币B | 货币市场型基金 | 77 | 3 | 30.960 |
| 13 | 宝盈 | 宝盈货币A | 货币市场型基金 | 77 | 29 | 87.284 |

续表3-2

| 整体投资回报能力排名 | 基金公司（简称） | 基金名称 | 投资类型（二级分类） | 样本基金数量 | 同类基金中排名 | 期间内规模（亿） |
|---|---|---|---|---|---|---|
| 14 | 万家 | 万家行业优选 | 偏股混合型基金 | 280 | 31 | 72.379 |
| 14 | 万家 | 万家精选 | 偏股混合型基金 | 280 | 206 | 4.265 |
| 14 | 万家 | 万家稳健增利A | 混合债券型一级基金 | 80 | 41 | 1.029 |
| 14 | 万家 | 万家稳健增利C | 混合债券型一级基金 | 80 | 50 | 0.291 |
| 14 | 万家 | 万家增强收益 | 混合债券型二级基金 | 103 | 82 | 3.342 |
| 14 | 万家 | 万家和谐增长 | 灵活配置型基金 | 149 | 14 | 15.761 |
| 14 | 万家 | 万家双引擎 | 灵活配置型基金 | 149 | 71 | 1.599 |
| 14 | 万家 | 万家中证红利 | 被动指数型基金 | 102 | 32 | 3.625 |
| 14 | 万家 | 万家上证180 | 被动指数型基金 | 102 | 78 | 29.824 |
| 14 | 万家 | 万家货币A | 货币市场型基金 | 77 | 42 | 31.421 |
| 15 | 东方 | 东方新能源汽车主题 | 偏股混合型基金 | 280 | 44 | 113.884 |
| 15 | 东方 | 东方策略成长 | 偏股混合型基金 | 280 | 131 | 1.496 |
| 15 | 东方 | 东方核心动力 | 偏股混合型基金 | 280 | 214 | 1.813 |
| 15 | 东方 | 东方稳健回报A | 混合债券型一级基金 | 80 | 80 | 1.770 |
| 15 | 东方 | 东方龙 | 灵活配置型基金 | 149 | 89 | 6.165 |
| 15 | 东方 | 东方精选 | 灵活配置型基金 | 149 | 128 | 31.167 |
| 15 | 东方 | 东方金账簿货币A | 货币市场型基金 | 77 | 31 | 2.684 |
| 16 | 广发 | 广发制造业精选A | 偏股混合型基金 | 280 | 11 | 16.092 |
| 16 | 广发 | 广发聚瑞A | 偏股混合型基金 | 280 | 56 | 30.278 |
| 16 | 广发 | 广发小盘成长A | 偏股混合型基金 | 280 | 119 | 104.596 |
| 16 | 广发 | 广发行业领先A | 偏股混合型基金 | 280 | 134 | 19.397 |
| 16 | 广发 | 广发核心精选 | 偏股混合型基金 | 280 | 166 | 14.698 |
| 16 | 广发 | 广发聚丰A | 偏股混合型基金 | 280 | 244 | 119.864 |
| 16 | 广发 | 广发聚利A | 混合债券型一级基金 | 80 | 15 | 6.381 |
| 16 | 广发 | 广发增强债券C | 混合债券型一级基金 | 80 | 67 | 17.083 |

续表3-2

| 整体投资回报能力排名 | 基金公司（简称） | 基金名称 | 投资类型（二级分类） | 样本基金数量 | 同类基金中排名 | 期间内规模（亿） |
|---|---|---|---|---|---|---|
| 16 | 广发 | 广发大盘成长 | 灵活配置型基金 | 149 | 36 | 54.376 |
| 16 | 广发 | 广发策略优选 | 灵活配置型基金 | 149 | 104 | 64.308 |
| 16 | 广发 | 广发内需增长A | 灵活配置型基金 | 149 | 119 | 27.087 |
| 16 | 广发 | 广发聚富 | 灵活配置型基金 | 149 | 123 | 36.476 |
| 16 | 广发 | 广发中小企业300ETF | 被动指数型基金 | 102 | 46 | 4.551 |
| 16 | 广发 | 广发沪深300ETF联接A | 被动指数型基金 | 102 | 63 | 17.985 |
| 16 | 广发 | 广发中证500ETF联接A | 被动指数型基金 | 102 | 75 | 22.400 |
| 16 | 广发 | 广发中小企业300ETF联接A | 被动指数型基金 | 102 | 76 | 3.413 |
| 16 | 广发 | 广发货币B | 货币市场型基金 | 77 | 2 | 306.567 |
| 16 | 广发 | 广发货币A | 货币市场型基金 | 77 | 28 | 68.106 |
| 17 | 民生加银 | 民生加银稳健成长 | 偏股混合型基金 | 280 | 37 | 1.465 |
| 17 | 民生加银 | 民生加银景气行业A | 偏股混合型基金 | 280 | 67 | 27.485 |
| 17 | 民生加银 | 民生加银内需增长 | 偏股混合型基金 | 280 | 71 | 5.102 |
| 17 | 民生加银 | 民生加银精选 | 偏股混合型基金 | 280 | 278 | 3.822 |
| 17 | 民生加银 | 民生加银增强收益A | 混合债券型二级基金 | 103 | 23 | 4.752 |
| 17 | 民生加银 | 民生加银增强收益C | 混合债券型二级基金 | 103 | 26 | 2.785 |
| 17 | 民生加银 | 民生加银品牌蓝筹 | 灵活配置型基金 | 149 | 33 | 2.282 |
| 18 | 南方 | 南方优选价值A | 偏股混合型基金 | 280 | 66 | 17.425 |
| 18 | 南方 | 南方成份精选A | 偏股混合型基金 | 280 | 137 | 60.092 |
| 18 | 南方 | 南方绩优成长A | 偏股混合型基金 | 280 | 148 | 70.248 |
| 18 | 南方 | 南方高增长 | 偏股混合型基金 | 280 | 158 | 25.808 |
| 18 | 南方 | 南方盛元红利 | 偏股混合型基金 | 280 | 180 | 15.527 |
| 18 | 南方 | 南方策略优化 | 偏股混合型基金 | 280 | 212 | 5.417 |

续表3-2

| 整体投资回报能力排名 | 基金公司（简称） | 基金名称 | 投资类型（二级分类） | 样本基金数量 | 同类基金中排名 | 期间内规模（亿） |
|---|---|---|---|---|---|---|
| 18 | 南方 | 南方隆元产业主题 | 偏股混合型基金 | 280 | 224 | 31.558 |
| 18 | 南方 | 南方多利增强A | 混合债券型一级基金 | 80 | 31 | 18.336 |
| 18 | 南方 | 南方多利增强C | 混合债券型一级基金 | 80 | 40 | 6.321 |
| 18 | 南方 | 南方宝元债券A | 混合债券型二级基金 | 103 | 15 | 83.189 |
| 18 | 南方 | 南方广利回报AB | 混合债券型二级基金 | 103 | 29 | 41.324 |
| 18 | 南方 | 南方广利回报C | 混合债券型二级基金 | 103 | 32 | 10.209 |
| 18 | 南方 | 南方优选成长A | 灵活配置型基金 | 149 | 15 | 28.859 |
| 18 | 南方 | 南方稳健成长2号 | 灵活配置型基金 | 149 | 78 | 28.382 |
| 18 | 南方 | 南方稳健成长 | 灵活配置型基金 | 149 | 79 | 32.369 |
| 18 | 南方 | 南方积极配置 | 灵活配置型基金 | 149 | 105 | 12.992 |
| 18 | 南方 | 南方上证380ETF | 被动指数型基金 | 102 | 27 | 1.871 |
| 18 | 南方 | 南方上证380ETF联接A | 被动指数型基金 | 102 | 42 | 1.339 |
| 18 | 南方 | 南方沪深300ETF联接A | 被动指数型基金 | 102 | 48 | 17.971 |
| 18 | 南方 | 南方中证500ETF联接A | 被动指数型基金 | 102 | 56 | 63.234 |
| 18 | 南方 | 南方小康产业ETF | 被动指数型基金 | 102 | 69 | 2.908 |
| 18 | 南方 | 南方小康产业ETF联接A | 被动指数型基金 | 102 | 72 | 2.600 |
| 18 | 南方 | 南方深成ETF | 被动指数型基金 | 102 | 95 | 15.356 |
| 18 | 南方 | 南方深成ETF联接A | 被动指数型基金 | 102 | 96 | 9.119 |
| 18 | 南方 | 南方现金增利B | 货币市场型基金 | 77 | 1 | 126.763 |
| 18 | 南方 | 南方现金增利A | 货币市场型基金 | 77 | 24 | 88.903 |
| 19 | 工银瑞信 | 工银瑞信中小盘成长 | 偏股混合型基金 | 280 | 51 | 14.604 |
| 19 | 工银瑞信 | 工银瑞信主题策略A | 偏股混合型基金 | 280 | 65 | 9.000 |

续表3-2

| 整体投资回报能力排名 | 基金公司（简称） | 基金名称 | 投资类型（二级分类） | 样本基金数量 | 同类基金中排名 | 期间内规模（亿） |
|---|---|---|---|---|---|---|
| 19 | 工银瑞信 | 工银瑞信消费服务A | 偏股混合型基金 | 280 | 120 | 10.603 |
| 19 | 工银瑞信 | 工银瑞信核心价值A | 偏股混合型基金 | 280 | 170 | 69.932 |
| 19 | 工银瑞信 | 工银瑞信大盘蓝筹 | 偏股混合型基金 | 280 | 181 | 5.327 |
| 19 | 工银瑞信 | 工银瑞信红利 | 偏股混合型基金 | 280 | 246 | 17.575 |
| 19 | 工银瑞信 | 工银瑞信精选平衡 | 偏股混合型基金 | 280 | 266 | 36.384 |
| 19 | 工银瑞信 | 工银瑞信稳健成长A | 偏股混合型基金 | 280 | 274 | 37.893 |
| 19 | 工银瑞信 | 工银瑞信四季收益 | 混合债券型一级基金 | 80 | 20 | 26.188 |
| 19 | 工银瑞信 | 工银瑞信增强收益A | 混合债券型一级基金 | 80 | 32 | 15.563 |
| 19 | 工银瑞信 | 工银瑞信信用添利A | 混合债券型一级基金 | 80 | 36 | 11.274 |
| 19 | 工银瑞信 | 工银瑞信增强收益B | 混合债券型一级基金 | 80 | 43 | 7.887 |
| 19 | 工银瑞信 | 工银瑞信信用添利B | 混合债券型一级基金 | 80 | 45 | 4.991 |
| 19 | 工银瑞信 | 工银瑞信添颐A | 混合债券型二级基金 | 103 | 12 | 7.695 |
| 19 | 工银瑞信 | 工银瑞信添颐B | 混合债券型二级基金 | 103 | 19 | 8.964 |
| 19 | 工银瑞信 | 工银瑞信双利A | 混合债券型二级基金 | 103 | 37 | 84.127 |
| 19 | 工银瑞信 | 工银瑞信双利B | 混合债券型二级基金 | 103 | 41 | 25.569 |
| 19 | 工银瑞信 | 工银瑞信深证红利ETF | 被动指数型基金 | 102 | 7 | 23.128 |
| 19 | 工银瑞信 | 工银瑞信深证红利ETF联接A | 被动指数型基金 | 102 | 14 | 14.287 |
| 19 | 工银瑞信 | 工银瑞信沪深300A | 被动指数型基金 | 102 | 67 | 26.861 |
| 19 | 工银瑞信 | 工银上证央企50ETF | 被动指数型基金 | 102 | 90 | 4.054 |
| 19 | 工银瑞信 | 工银瑞信货币 | 货币市场型基金 | 77 | 11 | 380.446 |
| 20 | 景顺长城 | 景顺长城优选 | 偏股混合型基金 | 280 | 12 | 43.122 |
| 20 | 景顺长城 | 景顺长城鼎益 | 偏股混合型基金 | 280 | 13 | 131.006 |
| 20 | 景顺长城 | 景顺长城核心竞争力A | 偏股混合型基金 | 280 | 26 | 13.236 |
| 20 | 景顺长城 | 景顺长城新兴成长 | 偏股混合型基金 | 280 | 61 | 269.815 |

续表3-2

| 整体投资回报能力排名 | 基金公司（简称） | 基金名称 | 投资类型（二级分类） | 样本基金数量 | 同类基金中排名 | 期间内规模（亿） |
|---|---|---|---|---|---|---|
| 20 | 景顺长城 | 景顺长城内需增长 | 偏股混合型基金 | 280 | 83 | 32.218 |
| 20 | 景顺长城 | 景顺长城公司治理 | 偏股混合型基金 | 280 | 98 | 2.853 |
| 20 | 景顺长城 | 景顺长城内需增长贰号 | 偏股混合型基金 | 280 | 106 | 51.463 |
| 20 | 景顺长城 | 景顺长城精选蓝筹 | 偏股混合型基金 | 280 | 155 | 52.752 |
| 20 | 景顺长城 | 景顺长城中小盘 | 偏股混合型基金 | 280 | 164 | 6.857 |
| 20 | 景顺长城 | 景顺长城能源基建 | 偏股混合型基金 | 280 | 186 | 14.164 |
| 20 | 景顺长城 | 景顺长城资源垄断 | 偏股混合型基金 | 280 | 196 | 40.159 |
| 20 | 景顺长城 | 景顺长城稳定收益A | 混合债券型一级基金 | 80 | 76 | 3.197 |
| 20 | 景顺长城 | 景顺长城稳定收益C | 混合债券型一级基金 | 80 | 79 | 1.042 |
| 20 | 景顺长城 | 景顺长城动力平衡 | 灵活配置型基金 | 149 | 67 | 27.491 |
| 20 | 景顺长城 | 景顺长城货币B | 货币市场型基金 | 77 | 41 | 6.511 |
| 20 | 景顺长城 | 景顺长城货币A | 货币市场型基金 | 77 | 68 | 179.622 |
| 21 | 金鹰 | 金鹰行业优势 | 偏股混合型基金 | 280 | 25 | 9.236 |
| 21 | 金鹰 | 金鹰稳健成长 | 偏股混合型基金 | 280 | 33 | 4.949 |
| 21 | 金鹰 | 金鹰策略配置 | 偏股混合型基金 | 280 | 79 | 8.413 |
| 21 | 金鹰 | 金鹰主题优势 | 偏股混合型基金 | 280 | 123 | 5.906 |
| 21 | 金鹰 | 金鹰中小盘精选 | 偏股混合型基金 | 280 | 153 | 10.023 |
| 21 | 金鹰 | 金鹰红利价值 | 灵活配置型基金 | 149 | 55 | 0.958 |
| 21 | 金鹰 | 金鹰成份股优选 | 灵活配置型基金 | 149 | 121 | 6.118 |
| 22 | 国海富兰克林 | 国富潜力组合A人民币 | 偏股混合型基金 | 280 | 114 | 38.158 |
| 22 | 国海富兰克林 | 国富弹性市值 | 偏股混合型基金 | 280 | 127 | 42.991 |
| 22 | 国海富兰克林 | 国富深化价值 | 偏股混合型基金 | 280 | 198 | 18.937 |
| 22 | 国海富兰克林 | 国富成长动力 | 偏股混合型基金 | 280 | 219 | 4.586 |
| 22 | 国海富兰克林 | 国富沪深300指数增强 | 增强指数型基金 | 19 | 12 | 6.341 |
| 22 | 国海富兰克林 | 国富中小盘 | 普通股票型基金 | 12 | 1 | 31.122 |

续表3-2

| 整体投资回报能力排名 | 基金公司（简称） | 基金名称 | 投资类型（二级分类） | 样本基金数量 | 同类基金中排名 | 期间内规模（亿） |
|---|---|---|---|---|---|---|
| 22 | 国海富兰克林 | 国富强化收益A | 混合债券型二级基金 | 103 | 48 | 3.738 |
| 22 | 国海富兰克林 | 国富强化收益C | 混合债券型二级基金 | 103 | 56 | 0.283 |
| 22 | 国海富兰克林 | 国富策略回报 | 灵活配置型基金 | 149 | 100 | 5.563 |
| 23 | 长城 | 长城中小盘成长 | 偏股混合型基金 | 280 | 107 | 9.649 |
| 23 | 长城 | 长城久富 | 偏股混合型基金 | 280 | 151 | 23.108 |
| 23 | 长城 | 长城品牌优选 | 偏股混合型基金 | 280 | 172 | 60.621 |
| 23 | 长城 | 长城双动力 | 偏股混合型基金 | 280 | 218 | 1.534 |
| 23 | 长城 | 长城消费增值 | 偏股混合型基金 | 280 | 269 | 25.110 |
| 23 | 长城 | 长城久泰沪深300A | 增强指数型基金 | 19 | 15 | 10.685 |
| 23 | 长城 | 长城积极增利A | 混合债券型一级基金 | 80 | 21 | 1.729 |
| 23 | 长城 | 长城积极增利C | 混合债券型一级基金 | 80 | 23 | 1.403 |
| 23 | 长城 | 长城稳健增利A | 混合债券型二级基金 | 103 | 97 | 6.408 |
| 23 | 长城 | 长城安心回报 | 灵活配置型基金 | 149 | 82 | 42.499 |
| 23 | 长城 | 长城久恒 | 灵活配置型基金 | 149 | 88 | 1.579 |
| 23 | 长城 | 长城货币A | 货币市场型基金 | 77 | 30 | 358.200 |
| 24 | 招商 | 招商中小盘精选 | 偏股混合型基金 | 280 | 87 | 3.851 |
| 24 | 招商 | 招商大盘蓝筹 | 偏股混合型基金 | 280 | 102 | 8.801 |
| 24 | 招商 | 招商安泰 | 偏股混合型基金 | 280 | 147 | 4.658 |
| 24 | 招商 | 招商行业领先A | 偏股混合型基金 | 280 | 192 | 7.336 |
| 24 | 招商 | 招商优质成长 | 偏股混合型基金 | 280 | 199 | 27.806 |
| 24 | 招商 | 招商先锋 | 偏股混合型基金 | 280 | 234 | 28.915 |
| 24 | 招商 | 招商信用添利A | 混合债券型一级基金 | 80 | 19 | 22.726 |
| 24 | 招商 | 招商安心收益C | 混合债券型一级基金 | 80 | 25 | 22.808 |
| 24 | 招商 | 招商安瑞进取 | 混合债券型二级基金 | 103 | 33 | 6.749 |
| 24 | 招商 | 招商安本增利 | 混合债券型二级基金 | 103 | 49 | 18.141 |

续表3-2

| 整体投资回报能力排名 | 基金公司（简称） | 基金名称 | 投资类型（二级分类） | 样本基金数量 | 同类基金中排名 | 期间内规模（亿） |
|---|---|---|---|---|---|---|
| 24 | 招商 | 招商安达 | 灵活配置型基金 | 149 | 59 | 5.116 |
| 24 | 招商 | 招商核心价值 | 灵活配置型基金 | 149 | 106 | 22.806 |
| 24 | 招商 | 招商上证消费80ETF | 被动指数型基金 | 102 | 3 | 10.926 |
| 24 | 招商 | 招商上证消费80ETF联接A | 被动指数型基金 | 102 | 5 | 7.562 |
| 24 | 招商 | 招商深证TMT50ETF | 被动指数型基金 | 102 | 10 | 2.944 |
| 24 | 招商 | 招商深证TMT50ETF联接A | 被动指数型基金 | 102 | 16 | 2.126 |
| 24 | 招商 | 招商深证100A | 被动指数型基金 | 102 | 25 | 2.365 |
| 24 | 招商 | 招商现金增值B | 货币市场型基金 | 77 | 8 | 32.797 |
| 24 | 招商 | 招商现金增值A | 货币市场型基金 | 77 | 40 | 100.338 |
| 25 | 建信 | 建信内生动力 | 偏股混合型基金 | 280 | 88 | 18.511 |
| 25 | 建信 | 建信优选成长A | 偏股混合型基金 | 280 | 91 | 21.016 |
| 25 | 建信 | 建信核心精选 | 偏股混合型基金 | 280 | 96 | 11.358 |
| 25 | 建信 | 建信恒久价值 | 偏股混合型基金 | 280 | 105 | 32.500 |
| 25 | 建信 | 建信稳定增利C | 混合债券型一级基金 | 80 | 39 | 19.046 |
| 25 | 建信 | 建信信用增强A | 混合债券型一级基金 | 80 | 54 | 4.197 |
| 25 | 建信 | 建信双息红利A | 混合债券型二级基金 | 103 | 35 | 11.729 |
| 25 | 建信 | 建信收益增强A | 混合债券型二级基金 | 103 | 61 | 2.161 |
| 25 | 建信 | 建信收益增强C | 混合债券型二级基金 | 103 | 71 | 2.682 |
| 25 | 建信 | 建信恒稳价值 | 灵活配置型基金 | 149 | 32 | 4.651 |
| 25 | 建信 | 建信优化配置 | 灵活配置型基金 | 149 | 93 | 46.030 |
| 25 | 建信 | 建信深证基本面60ETF | 被动指数型基金 | 102 | 8 | 4.150 |
| 25 | 建信 | 建信上证社会责任ETF | 被动指数型基金 | 102 | 13 | 2.181 |
| 25 | 建信 | 建信深证基本面60ETF联接A | 被动指数型基金 | 102 | 15 | 3.955 |

续表3-2

| 整体投资回报能力排名 | 基金公司（简称） | 基金名称 | 投资类型（二级分类） | 样本基金数量 | 同类基金中排名 | 期间内规模（亿） |
|---|---|---|---|---|---|---|
| 25 | 建信 | 建信上证社会责任ETF联接 | 被动指数型基金 | 102 | 20 | 2.208 |
| 25 | 建信 | 建信沪深300 | 被动指数型基金 | 102 | 37 | 18.730 |
| 25 | 建信 | 建信货币A | 货币市场型基金 | 77 | 33 | 53.919 |
| 26 | 申万菱信 | 申万菱信消费增长 | 偏股混合型基金 | 280 | 109 | 3.585 |
| 26 | 申万菱信 | 申万菱信竞争优势 | 偏股混合型基金 | 280 | 121 | 1.993 |
| 26 | 申万菱信 | 申万菱信新动力 | 偏股混合型基金 | 280 | 122 | 23.243 |
| 26 | 申万菱信 | 申万菱信盛利精选 | 偏股混合型基金 | 280 | 160 | 14.253 |
| 26 | 申万菱信 | 申万菱信沪深300指数增强A | 增强指数型基金 | 19 | 2 | 3.846 |
| 26 | 申万菱信 | 申万菱信量化小盘A | 普通股票型基金 | 12 | 4 | 4.265 |
| 26 | 申万菱信 | 申万菱信可转债 | 混合债券型二级基金 | 103 | 21 | 5.686 |
| 26 | 申万菱信 | 申万菱信稳益宝 | 混合债券型二级基金 | 103 | 54 | 2.509 |
| 26 | 申万菱信 | 申万菱信新经济 | 灵活配置型基金 | 149 | 40 | 41.055 |
| 26 | 申万菱信 | 申万菱信沪深300价值A | 被动指数型基金 | 102 | 35 | 9.755 |
| 26 | 申万菱信 | 申万菱信深证成指 | 被动指数型基金 | 102 | 100 | 4.612 |
| 26 | 申万菱信 | 申万菱信货币A | 货币市场型基金 | 77 | 71 | 6.692 |
| 27 | 汇丰晋信 | 汇丰晋信龙腾 | 偏股混合型基金 | 280 | 187 | 10.142 |
| 27 | 汇丰晋信 | 汇丰晋信大盘A | 普通股票型基金 | 12 | 3 | 14.777 |
| 27 | 汇丰晋信 | 汇丰晋信低碳先锋A | 普通股票型基金 | 12 | 5 | 58.987 |
| 27 | 汇丰晋信 | 汇丰晋信科技先锋 | 普通股票型基金 | 12 | 9 | 4.779 |
| 27 | 汇丰晋信 | 汇丰晋信中小盘 | 普通股票型基金 | 12 | 10 | 2.644 |
| 27 | 汇丰晋信 | 汇丰晋信消费红利 | 普通股票型基金 | 12 | 11 | 9.884 |
| 27 | 汇丰晋信 | 汇丰晋信2016 | 混合债券型二级基金 | 103 | 92 | 4.081 |
| 27 | 汇丰晋信 | 汇丰晋信动态策略A | 灵活配置型基金 | 149 | 5 | 58.339 |

续表3-2

| 整体投资回报能力排名 | 基金公司（简称） | 基金名称 | 投资类型（二级分类） | 样本基金数量 | 同类基金中排名 | 期间内规模（亿） |
|---|---|---|---|---|---|---|
| 27 | 汇丰晋信 | 汇丰晋信货币B | 货币市场型基金 | 77 | 74 | 76.005 |
| 27 | 汇丰晋信 | 汇丰晋信货币A | 货币市场型基金 | 77 | 77 | 0.680 |
| 28 | 华安 | 华安科技动力 | 偏股混合型基金 | 280 | 10 | 10.636 |
| 28 | 华安 | 华安核心优选 | 偏股混合型基金 | 280 | 19 | 7.161 |
| 28 | 华安 | 华安行业轮动 | 偏股混合型基金 | 280 | 54 | 6.810 |
| 28 | 华安 | 华安宏利 | 偏股混合型基金 | 280 | 77 | 56.289 |
| 28 | 华安 | 华安策略优选A | 偏股混合型基金 | 280 | 95 | 74.987 |
| 28 | 华安 | 华安升级主题 | 偏股混合型基金 | 280 | 111 | 9.899 |
| 28 | 华安 | 华安中小盘成长 | 偏股混合型基金 | 280 | 179 | 40.006 |
| 28 | 华安 | 华安量化多因子 | 偏股混合型基金 | 280 | 267 | 1.728 |
| 28 | 华安 | 华安MSCI中国A股指数增强 | 增强指数型基金 | 19 | 14 | 30.207 |
| 28 | 华安 | 华安稳定收益A | 混合债券型一级基金 | 80 | 22 | 3.493 |
| 28 | 华安 | 华安稳定收益B | 混合债券型一级基金 | 80 | 30 | 1.103 |
| 28 | 华安 | 华安稳固收益C | 混合债券型一级基金 | 80 | 47 | 6.645 |
| 28 | 华安 | 华安强化收益A | 混合债券型二级基金 | 103 | 31 | 1.196 |
| 28 | 华安 | 华安强化收益B | 混合债券型二级基金 | 103 | 34 | 0.868 |
| 28 | 华安 | 华安可转债A | 混合债券型二级基金 | 103 | 65 | 3.113 |
| 28 | 华安 | 华安可转债B | 混合债券型二级基金 | 103 | 77 | 1.676 |
| 28 | 华安 | 华安动态灵活配置A | 灵活配置型基金 | 149 | 1 | 14.614 |
| 28 | 华安 | 华安宝利配置 | 灵活配置型基金 | 149 | 68 | 33.097 |
| 28 | 华安 | 华安创新 | 灵活配置型基金 | 149 | 120 | 38.272 |
| 28 | 华安 | 华安上证180ETF | 被动指数型基金 | 102 | 58 | 159.469 |
| 28 | 华安 | 华安上证180ETF联接 | 被动指数型基金 | 102 | 66 | 5.254 |
| 28 | 华安 | 华安上证龙头ETF | 被动指数型基金 | 102 | 84 | 4.168 |

续表3-2

| 整体投资回报能力排名 | 基金公司（简称） | 基金名称 | 投资类型（二级分类） | 样本基金数量 | 同类基金中排名 | 期间内规模（亿） |
|---|---|---|---|---|---|---|
| 28 | 华安 | 华安上证龙头ETF联接 | 被动指数型基金 | 102 | 93 | 3.355 |
| 28 | 华安 | 华安现金富利B | 货币市场型基金 | 77 | 27 | 77.509 |
| 28 | 华安 | 华安现金富利A | 货币市场型基金 | 77 | 64 | 25.313 |
| 29 | 国投瑞银 | 国投瑞银成长优选 | 偏股混合型基金 | 280 | 176 | 13.209 |
| 29 | 国投瑞银 | 国投瑞银创新动力 | 偏股混合型基金 | 280 | 190 | 23.396 |
| 29 | 国投瑞银 | 国投瑞银核心企业 | 偏股混合型基金 | 280 | 254 | 27.930 |
| 29 | 国投瑞银 | 国投瑞银双债增利A | 混合债券型一级基金 | 80 | 10 | 10.249 |
| 29 | 国投瑞银 | 国投瑞银稳定增利 | 混合债券型一级基金 | 80 | 24 | 11.866 |
| 29 | 国投瑞银 | 国投瑞银优化增强AB | 混合债券型二级基金 | 103 | 24 | 22.778 |
| 29 | 国投瑞银 | 国投瑞银优化增强C | 混合债券型二级基金 | 103 | 28 | 3.033 |
| 29 | 国投瑞银 | 国投瑞银新兴产业 | 灵活配置型基金 | 149 | 10 | 7.481 |
| 29 | 国投瑞银 | 国投瑞银稳健增长 | 灵活配置型基金 | 149 | 35 | 21.217 |
| 29 | 国投瑞银 | 国投瑞银景气行业 | 灵活配置型基金 | 149 | 90 | 20.880 |
| 29 | 国投瑞银 | 国投瑞银中证上游 | 被动指数型基金 | 102 | 102 | 3.077 |
| 29 | 国投瑞银 | 国投瑞银货币B | 货币市场型基金 | 77 | 17 | 28.730 |
| 29 | 国投瑞银 | 国投瑞银货币A | 货币市场型基金 | 77 | 55 | 13.542 |
| 30 | 博时 | 博时特许价值A | 偏股混合型基金 | 280 | 93 | 10.133 |
| 30 | 博时 | 博时主题行业 | 偏股混合型基金 | 280 | 103 | 95.577 |
| 30 | 博时 | 博时卓越品牌 | 偏股混合型基金 | 280 | 143 | 3.269 |
| 30 | 博时 | 博时创业成长A | 偏股混合型基金 | 280 | 183 | 3.470 |
| 30 | 博时 | 博时行业轮动 | 偏股混合型基金 | 280 | 221 | 4.342 |
| 30 | 博时 | 博时新兴成长 | 偏股混合型基金 | 280 | 239 | 69.690 |
| 30 | 博时 | 博时第三产业成长 | 偏股混合型基金 | 280 | 275 | 37.760 |
| 30 | 博时 | 博时稳定价值A | 混合债券型一级基金 | 80 | 12 | 18.366 |
| 30 | 博时 | 博时稳定价值B | 混合债券型一级基金 | 80 | 14 | 4.663 |

续表3-2

| 整体投资回报能力排名 | 基金公司（简称） | 基金名称 | 投资类型（二级分类） | 样本基金数量 | 同类基金中排名 | 期间内规模（亿） |
|---|---|---|---|---|---|---|
| 30 | 博时 | 博时信用债券B | 混合债券型二级基金 | 103 | 2 | 38.598 |
| 30 | 博时 | 博时信用债券A | 混合债券型二级基金 | 103 | 3 | 38.598 |
| 30 | 博时 | 博时信用债券C | 混合债券型二级基金 | 103 | 5 | 10.749 |
| 30 | 博时 | 博时转债增强A | 混合债券型二级基金 | 103 | 13 | 24.952 |
| 30 | 博时 | 博时转债增强C | 混合债券型二级基金 | 103 | 17 | 7.783 |
| 30 | 博时 | 博时宏观回报AB | 混合债券型二级基金 | 103 | 98 | 9.542 |
| 30 | 博时 | 博时宏观回报C | 混合债券型二级基金 | 103 | 100 | 3.182 |
| 30 | 博时 | 博时回报灵活配置 | 灵活配置型基金 | 149 | 43 | 5.396 |
| 30 | 博时 | 博时策略灵活配置 | 灵活配置型基金 | 149 | 101 | 10.709 |
| 30 | 博时 | 博时精选A | 灵活配置型基金 | 149 | 130 | 52.239 |
| 30 | 博时 | 博时价值增长 | 灵活配置型基金 | 149 | 143 | 90.173 |
| 30 | 博时 | 博时价值增长2号 | 灵活配置型基金 | 149 | 145 | 31.879 |
| 30 | 博时 | 博时创业板ETF | 被动指数型基金 | 102 | 2 | 4.026 |
| 30 | 博时 | 博时创业板ETF联接A | 被动指数型基金 | 102 | 4 | 2.384 |
| 30 | 博时 | 博时裕富沪深300A | 被动指数型基金 | 102 | 23 | 70.342 |
| 30 | 博时 | 博时超大盘ETF | 被动指数型基金 | 102 | 81 | 6.871 |
| 30 | 博时 | 博时超大盘ETF联接 | 被动指数型基金 | 102 | 91 | 5.557 |
| 30 | 博时 | 博时现金收益A | 货币市场型基金 | 77 | 38 | 919.138 |
| 31 | 国联安 | 国联安优选行业 | 偏股混合型基金 | 280 | 55 | 10.718 |
| 31 | 国联安 | 国联安精选 | 偏股混合型基金 | 280 | 74 | 15.846 |
| 31 | 国联安 | 国联安优势 | 偏股混合型基金 | 280 | 140 | 8.567 |
| 31 | 国联安 | 国联安主题驱动 | 偏股混合型基金 | 280 | 163 | 1.819 |
| 31 | 国联安 | 国联安红利 | 偏股混合型基金 | 280 | 250 | 0.748 |
| 31 | 国联安 | 国联安增利债券A | 混合债券型一级基金 | 80 | 62 | 2.730 |
| 31 | 国联安 | 国联安增利债券B | 混合债券型一级基金 | 80 | 71 | 1.217 |

续表3-2

| 整体投资回报能力排名 | 基金公司（简称） | 基金名称 | 投资类型（二级分类） | 样本基金数量 | 同类基金中排名 | 期间内规模（亿） |
|---|---|---|---|---|---|---|
| 31 | 国联安 | 国联安稳健 | 灵活配置型基金 | 149 | 42 | 2.267 |
| 31 | 国联安 | 国联安小盘精选 | 灵活配置型基金 | 149 | 63 | 13.130 |
| 31 | 国联安 | 国联安安心成长 | 灵活配置型基金 | 149 | 142 | 3.638 |
| 31 | 国联安 | 国联安中证100 | 被动指数型基金 | 102 | 41 | 2.190 |
| 31 | 国联安 | 国联安上证商品ETF | 被动指数型基金 | 102 | 99 | 5.600 |
| 31 | 国联安 | 国联安上证商品ETF联接 | 被动指数型基金 | 102 | 101 | 3.951 |
| 31 | 国联安 | 国联安货币B | 货币市场型基金 | 77 | 37 | 113.704 |
| 31 | 国联安 | 国联安货币A | 货币市场型基金 | 77 | 67 | 7.420 |
| 32 | 摩根士丹利华鑫 | 大摩卓越成长 | 偏股混合型基金 | 280 | 59 | 7.855 |
| 32 | 摩根士丹利华鑫 | 大摩领先优势 | 偏股混合型基金 | 280 | 118 | 9.191 |
| 32 | 摩根士丹利华鑫 | 大摩多因子策略 | 偏股混合型基金 | 280 | 128 | 7.247 |
| 32 | 摩根士丹利华鑫 | 大摩深证300指数增强 | 增强指数型基金 | 19 | 18 | 2.255 |
| 32 | 摩根士丹利华鑫 | 大摩强收益债券 | 混合债券型一级基金 | 80 | 17 | 29.412 |
| 32 | 摩根士丹利华鑫 | 大摩基础行业 | 灵活配置型基金 | 149 | 34 | 0.822 |
| 32 | 摩根士丹利华鑫 | 大摩资源优选 | 灵活配置型基金 | 149 | 97 | 21.697 |
| 32 | 摩根士丹利华鑫 | 大摩消费领航 | 灵活配置型基金 | 149 | 146 | 12.135 |
| 33 | 银华 | 银华富裕主题 | 偏股混合型基金 | 280 | 20 | 151.727 |
| 33 | 银华 | 银华领先策略 | 偏股混合型基金 | 280 | 112 | 9.599 |
| 33 | 银华 | 银华内需精选 | 偏股混合型基金 | 280 | 116 | 20.037 |

续表3-2

| 整体投资回报能力排名 | 基金公司（简称） | 基金名称 | 投资类型（二级分类） | 样本基金数量 | 同类基金中排名 | 期间内规模（亿） |
|---|---|---|---|---|---|---|
| 33 | 银华 | 银华优质增长 | 偏股混合型基金 | 280 | 202 | 44.079 |
| 33 | 银华 | 银华消费主题A | 偏股混合型基金 | 280 | 213 | 3.827 |
| 33 | 银华 | 银华核心价值优选 | 偏股混合型基金 | 280 | 228 | 75.081 |
| 33 | 银华 | 银华道琼斯88精选A | 增强指数型基金 | 19 | 11 | 49.737 |
| 33 | 银华 | 银华信用双利A | 混合债券型二级基金 | 103 | 55 | 19.981 |
| 33 | 银华 | 银华信用双利C | 混合债券型二级基金 | 103 | 67 | 3.710 |
| 33 | 银华 | 银华增强收益 | 混合债券型二级基金 | 103 | 79 | 5.073 |
| 33 | 银华 | 银华和谐主题 | 灵活配置型基金 | 149 | 23 | 8.240 |
| 33 | 银华 | 银华优势企业 | 灵活配置型基金 | 149 | 124 | 17.918 |
| 33 | 银华 | 银华成长先锋 | 灵活配置型基金 | 149 | 127 | 10.557 |
| 33 | 银华 | 银华深证100 | 被动指数型基金 | 102 | 62 | 8.695 |
| 33 | 银华 | 银华中证等权重90 | 被动指数型基金 | 102 | 86 | 5.014 |
| 33 | 银华 | 银华货币B | 货币市场型基金 | 77 | 21 | 16.934 |
| 33 | 银华 | 银华货币A | 货币市场型基金 | 77 | 56 | 288.394 |
| 34 | 中海 | 中海消费主题精选 | 偏股混合型基金 | 280 | 18 | 3.154 |
| 34 | 中海 | 中海量化策略 | 偏股混合型基金 | 280 | 232 | 4.801 |
| 34 | 中海 | 中海上证50指数增强 | 增强指数型基金 | 19 | 16 | 2.823 |
| 34 | 中海 | 中海稳健收益 | 混合债券型一级基金 | 80 | 52 | 1.571 |
| 34 | 中海 | 中海增强收益A | 混合债券型二级基金 | 103 | 86 | 0.645 |
| 34 | 中海 | 中海增强收益C | 混合债券型二级基金 | 103 | 94 | 0.700 |
| 34 | 中海 | 中海环保新能源 | 灵活配置型基金 | 149 | 41 | 15.801 |
| 34 | 中海 | 中海优质成长 | 灵活配置型基金 | 149 | 69 | 29.384 |
| 34 | 中海 | 中海蓝筹配置 | 灵活配置型基金 | 149 | 85 | 0.709 |
| 34 | 中海 | 中海能源策略 | 灵活配置型基金 | 149 | 115 | 33.977 |
| 34 | 中海 | 中海分红增利 | 灵活配置型基金 | 149 | 133 | 12.004 |

续表3-2

| 整体投资回报能力排名 | 基金公司（简称） | 基金名称 | 投资类型（二级分类） | 样本基金数量 | 同类基金中排名 | 期间内规模（亿） |
|---|---|---|---|---|---|---|
| 34 | 中海 | 中海货币B | 货币市场型基金 | 77 | 13 | 36.043 |
| 34 | 中海 | 中海货币A | 货币市场型基金 | 77 | 48 | 3.261 |
| 35 | 中银 | 中银动态策略 | 偏股混合型基金 | 280 | 94 | 11.477 |
| 35 | 中银 | 中银持续增长A | 偏股混合型基金 | 280 | 185 | 45.613 |
| 35 | 中银 | 中银中小盘成长 | 偏股混合型基金 | 280 | 194 | 15.749 |
| 35 | 中银 | 中银中证100指数增强 | 增强指数型基金 | 19 | 10 | 10.246 |
| 35 | 中银 | 中银稳健增利 | 混合债券型一级基金 | 80 | 59 | 20.573 |
| 35 | 中银 | 中银转债增强A | 混合债券型二级基金 | 103 | 6 | 3.107 |
| 35 | 中银 | 中银转债增强B | 混合债券型二级基金 | 103 | 7 | 1.929 |
| 35 | 中银 | 中银稳健双利A | 混合债券型二级基金 | 103 | 70 | 21.653 |
| 35 | 中银 | 中银稳健双利B | 混合债券型二级基金 | 103 | 80 | 5.181 |
| 35 | 中银 | 中银行业优选A | 灵活配置型基金 | 149 | 6 | 12.990 |
| 35 | 中银 | 中银收益A | 灵活配置型基金 | 149 | 11 | 22.435 |
| 35 | 中银 | 中银价值精选 | 灵活配置型基金 | 149 | 38 | 7.973 |
| 35 | 中银 | 中银蓝筹精选 | 灵活配置型基金 | 149 | 81 | 9.420 |
| 35 | 中银 | 中银中国精选A | 灵活配置型基金 | 149 | 83 | 23.161 |
| 35 | 中银 | 中银上证国企ETF | 被动指数型基金 | 102 | 89 | 0.967 |
| 35 | 中银 | 中银货币A | 货币市场型基金 | 77 | 58 | 78.400 |
| 36 | 国泰 | 国泰事件驱动 | 偏股混合型基金 | 280 | 14 | 3.126 |
| 36 | 国泰 | 国泰中小盘成长 | 偏股混合型基金 | 280 | 38 | 8.056 |
| 36 | 国泰 | 国泰金牛创新成长 | 偏股混合型基金 | 280 | 46 | 23.412 |
| 36 | 国泰 | 国泰区位优势 | 偏股混合型基金 | 280 | 104 | 4.858 |
| 36 | 国泰 | 国泰金龙债券A | 混合债券型一级基金 | 80 | 75 | 3.488 |
| 36 | 国泰 | 国泰金龙债券C | 混合债券型一级基金 | 80 | 77 | 1.236 |
| 36 | 国泰 | 国泰双利债券A | 混合债券型二级基金 | 103 | 62 | 6.705 |

续表3-2

| 整体投资回报能力排名 | 基金公司（简称） | 基金名称 | 投资类型（二级分类） | 样本基金数量 | 同类基金中排名 | 期间内规模（亿） |
|---|---|---|---|---|---|---|
| 36 | 国泰 | 国泰双利债券C | 混合债券型二级基金 | 103 | 73 | 6.923 |
| 36 | 国泰 | 国泰价值经典 | 灵活配置型基金 | 149 | 24 | 4.409 |
| 36 | 国泰 | 国泰金鹰增长 | 灵活配置型基金 | 149 | 31 | 23.636 |
| 36 | 国泰 | 国泰金鹏蓝筹价值 | 灵活配置型基金 | 149 | 39 | 11.566 |
| 36 | 国泰 | 国泰金龙行业精选 | 灵活配置型基金 | 149 | 75 | 8.819 |
| 36 | 国泰 | 国泰金马稳健回报 | 灵活配置型基金 | 149 | 98 | 33.280 |
| 36 | 国泰 | 国泰金鼎价值精选 | 灵活配置型基金 | 149 | 110 | 23.654 |
| 36 | 国泰 | 国泰沪深300A | 被动指数型基金 | 102 | 50 | 31.446 |
| 36 | 国泰 | 国泰上证180金融ETF | 被动指数型基金 | 102 | 70 | 25.854 |
| 36 | 国泰 | 国泰上证180金融ETF联接 | 被动指数型基金 | 102 | 79 | 6.487 |
| 36 | 国泰 | 国泰货币A | 货币市场型基金 | 77 | 47 | 33.014 |
| 37 | 华宝 | 华宝先进成长 | 偏股混合型基金 | 280 | 47 | 16.612 |
| 37 | 华宝 | 华宝新兴产业 | 偏股混合型基金 | 280 | 68 | 12.995 |
| 37 | 华宝 | 华宝宝康消费品 | 偏股混合型基金 | 280 | 165 | 19.573 |
| 37 | 华宝 | 华宝动力组合 | 偏股混合型基金 | 280 | 167 | 13.677 |
| 37 | 华宝 | 华宝大盘精选 | 偏股混合型基金 | 280 | 171 | 5.328 |
| 37 | 华宝 | 华宝行业精选 | 偏股混合型基金 | 280 | 222 | 61.697 |
| 37 | 华宝 | 华宝多策略 | 偏股混合型基金 | 280 | 248 | 27.680 |
| 37 | 华宝 | 华宝可转债A | 混合债券型一级基金 | 80 | 18 | 8.378 |
| 37 | 华宝 | 华宝宝康债券A | 混合债券型一级基金 | 80 | 51 | 8.762 |
| 37 | 华宝 | 华宝增强收益A | 混合债券型二级基金 | 103 | 66 | 0.276 |
| 37 | 华宝 | 华宝增强收益B | 混合债券型二级基金 | 103 | 78 | 0.253 |
| 37 | 华宝 | 华宝收益增长 | 灵活配置型基金 | 149 | 56 | 20.047 |
| 37 | 华宝 | 华宝宝康灵活 | 灵活配置型基金 | 149 | 62 | 6.671 |

续表3-2

| 整体投资回报能力排名 | 基金公司（简称） | 基金名称 | 投资类型（二级分类） | 样本基金数量 | 同类基金中排名 | 期间内规模（亿） |
|---|---|---|---|---|---|---|
| 37 | 华宝 | 华宝上证180价值ETF | 被动指数型基金 | 102 | 18 | 6.273 |
| 37 | 华宝 | 华宝中证100A | 被动指数型基金 | 102 | 24 | 10.031 |
| 37 | 华宝 | 华宝上证180价值ETF联接 | 被动指数型基金 | 102 | 33 | 2.701 |
| 37 | 华宝 | 华宝中证银行ETF联接A | 被动指数型基金 | 102 | 92 | 2.862 |
| 37 | 华宝 | 华宝现金宝B | 货币市场型基金 | 77 | 7 | 21.347 |
| 37 | 华宝 | 华宝现金宝A | 货币市场型基金 | 77 | 39 | 232.023 |
| 38 | 农银汇理 | 农银汇理中小盘 | 偏股混合型基金 | 280 | 58 | 11.489 |
| 38 | 农银汇理 | 农银汇理策略价值 | 偏股混合型基金 | 280 | 62 | 9.934 |
| 38 | 农银汇理 | 农银汇理行业成长A | 偏股混合型基金 | 280 | 141 | 27.825 |
| 38 | 农银汇理 | 农银汇理策略精选 | 偏股混合型基金 | 280 | 253 | 24.172 |
| 38 | 农银汇理 | 农银汇理大盘蓝筹 | 偏股混合型基金 | 280 | 260 | 11.736 |
| 38 | 农银汇理 | 农银汇理恒久增利A | 混合债券型一级基金 | 80 | 34 | 1.502 |
| 38 | 农银汇理 | 农银汇理恒久增利C | 混合债券型一级基金 | 80 | 42 | 0.093 |
| 38 | 农银汇理 | 农银汇理增强收益A | 混合债券型二级基金 | 103 | 64 | 1.304 |
| 38 | 农银汇理 | 农银汇理增强收益C | 混合债券型二级基金 | 103 | 75 | 0.750 |
| 38 | 农银汇理 | 农银汇理平衡双利 | 灵活配置型基金 | 149 | 21 | 7.267 |
| 38 | 农银汇理 | 农银汇理沪深300A | 被动指数型基金 | 102 | 55 | 12.890 |
| 38 | 农银汇理 | 农银汇理中证500 | 被动指数型基金 | 102 | 98 | 3.848 |
| 38 | 农银汇理 | 农银汇理货币B | 货币市场型基金 | 77 | 4 | 15.184 |
| 38 | 农银汇理 | 农银汇理货币A | 货币市场型基金 | 77 | 34 | 11.359 |
| 39 | 天弘 | 天弘周期策略 | 偏股混合型基金 | 280 | 82 | 3.935 |
| 39 | 天弘 | 天弘永定成长 | 偏股混合型基金 | 280 | 132 | 4.276 |
| 39 | 天弘 | 天弘永利债券B | 混合债券型二级基金 | 103 | 38 | 107.000 |
| 39 | 天弘 | 天弘永利债券A | 混合债券型二级基金 | 103 | 42 | 13.207 |

续表3-2

| 整体投资回报能力排名 | 基金公司（简称） | 基金名称 | 投资类型（二级分类） | 样本基金数量 | 同类基金中排名 | 期间内规模（亿） |
|---|---|---|---|---|---|---|
| 39 | 天弘 | 天弘精选 | 灵活配置型基金 | 149 | 129 | 17.668 |
| 40 | 华商 | 华商价值精选 | 偏股混合型基金 | 280 | 113 | 4.986 |
| 40 | 华商 | 华商产业升级 | 偏股混合型基金 | 280 | 135 | 2.272 |
| 40 | 华商 | 华商盛世成长 | 偏股混合型基金 | 280 | 195 | 51.503 |
| 40 | 华商 | 华商收益增强A | 混合债券型一级基金 | 80 | 49 | 3.001 |
| 40 | 华商 | 华商收益增强B | 混合债券型一级基金 | 80 | 53 | 1.580 |
| 40 | 华商 | 华商稳定增利A | 混合债券型二级基金 | 103 | 25 | 21.661 |
| 40 | 华商 | 华商稳定增利C | 混合债券型二级基金 | 103 | 30 | 7.456 |
| 40 | 华商 | 华商稳健双利A | 混合债券型二级基金 | 103 | 36 | 3.330 |
| 40 | 华商 | 华商稳健双利B | 混合债券型二级基金 | 103 | 40 | 1.843 |
| 40 | 华商 | 华商策略精选 | 灵活配置型基金 | 149 | 47 | 39.876 |
| 40 | 华商 | 华商动态阿尔法 | 灵活配置型基金 | 149 | 66 | 18.919 |
| 40 | 华商 | 华商领先企业 | 灵活配置型基金 | 149 | 107 | 32.005 |
| 41 | 长信 | 长信内需成长A | 偏股混合型基金 | 280 | 22 | 9.056 |
| 41 | 长信 | 长信量化先锋A | 偏股混合型基金 | 280 | 101 | 5.214 |
| 41 | 长信 | 长信银利精选 | 偏股混合型基金 | 280 | 145 | 12.759 |
| 41 | 长信 | 长信双利优选A | 偏股混合型基金 | 280 | 154 | 1.383 |
| 41 | 长信 | 长信恒利优势 | 偏股混合型基金 | 280 | 173 | 1.282 |
| 41 | 长信 | 长信金利趋势 | 偏股混合型基金 | 280 | 178 | 42.319 |
| 41 | 长信 | 长信增利策略 | 偏股混合型基金 | 280 | 191 | 14.703 |
| 41 | 长信 | 长信利丰C | 混合债券型二级基金 | 103 | 20 | 5.829 |
| 41 | 长信 | 长信医疗保健行业A | 灵活配置型基金 | 149 | 37 | 1.878 |
| 41 | 长信 | 长信利息收益B | 货币市场型基金 | 77 | 15 | 28.271 |
| 41 | 长信 | 长信利息收益A | 货币市场型基金 | 77 | 52 | 191.086 |
| 42 | 鹏华 | 鹏华消费优选 | 偏股混合型基金 | 280 | 60 | 9.477 |

续表3-2

| 整体投资回报能力排名 | 基金公司（简称） | 基金名称 | 投资类型（二级分类） | 样本基金数量 | 同类基金中排名 | 期间内规模（亿） |
|---|---|---|---|---|---|---|
| 42 | 鹏华 | 鹏华新兴产业 | 偏股混合型基金 | 280 | 86 | 34.790 |
| 42 | 鹏华 | 鹏华盛世创新 | 偏股混合型基金 | 280 | 89 | 4.618 |
| 42 | 鹏华 | 鹏华精选成长 | 偏股混合型基金 | 280 | 115 | 7.380 |
| 42 | 鹏华 | 鹏华价值优势 | 偏股混合型基金 | 280 | 138 | 58.869 |
| 42 | 鹏华 | 鹏华优质治理 | 偏股混合型基金 | 280 | 262 | 27.521 |
| 42 | 鹏华 | 鹏华丰润 | 混合债券型一级基金 | 80 | 44 | 12.679 |
| 42 | 鹏华 | 鹏华普天债券A | 混合债券型一级基金 | 80 | 58 | 2.516 |
| 42 | 鹏华 | 鹏华普天债券B | 混合债券型一级基金 | 80 | 63 | 1.004 |
| 42 | 鹏华 | 鹏华信用增利A | 混合债券型二级基金 | 103 | 50 | 31.908 |
| 42 | 鹏华 | 鹏华信用增利B | 混合债券型二级基金 | 103 | 59 | 1.432 |
| 42 | 鹏华 | 鹏华丰盛稳固收益 | 混合债券型二级基金 | 103 | 76 | 41.714 |
| 42 | 鹏华 | 鹏华丰收 | 混合债券型二级基金 | 103 | 85 | 14.509 |
| 42 | 鹏华 | 鹏华普天收益 | 灵活配置型基金 | 149 | 54 | 15.096 |
| 42 | 鹏华 | 鹏华动力增长 | 灵活配置型基金 | 149 | 76 | 38.657 |
| 42 | 鹏华 | 鹏华中国50 | 灵活配置型基金 | 149 | 92 | 28.300 |
| 42 | 鹏华 | 鹏华沪深300A | 被动指数型基金 | 102 | 26 | 11.369 |
| 42 | 鹏华 | 鹏华中证500A | 被动指数型基金 | 102 | 29 | 6.360 |
| 42 | 鹏华 | 鹏华货币B | 货币市场型基金 | 77 | 16 | 23.727 |
| 42 | 鹏华 | 鹏华货币A | 货币市场型基金 | 77 | 53 | 5.113 |
| 43 | 大成 | 大成内需增长A | 偏股混合型基金 | 280 | 34 | 4.071 |
| 43 | 大成 | 大成积极成长 | 偏股混合型基金 | 280 | 50 | 18.390 |
| 43 | 大成 | 大成行业轮动 | 偏股混合型基金 | 280 | 76 | 2.412 |
| 43 | 大成 | 大成策略回报 | 偏股混合型基金 | 280 | 97 | 10.630 |
| 43 | 大成 | 大成核心双动力 | 偏股混合型基金 | 280 | 193 | 1.020 |
| 43 | 大成 | 大成景阳领先 | 偏股混合型基金 | 280 | 207 | 18.383 |

续表3-2

| 整体投资回报能力排名 | 基金公司（简称） | 基金名称 | 投资类型（二级分类） | 样本基金数量 | 同类基金中排名 | 期间内规模（亿） |
|---|---|---|---|---|---|---|
| 43 | 大成 | 大成消费主题 | 偏股混合型基金 | 280 | 235 | 6.499 |
| 43 | 大成 | 大成债券AB | 混合债券型一级基金 | 80 | 13 | 8.255 |
| 43 | 大成 | 大成债券C | 混合债券型一级基金 | 80 | 16 | 5.677 |
| 43 | 大成 | 大成可转债增强 | 混合债券型二级基金 | 103 | 74 | 5.507 |
| 43 | 大成 | 大成精选增值 | 灵活配置型基金 | 149 | 58 | 16.082 |
| 43 | 大成 | 大成价值增长 | 灵活配置型基金 | 149 | 73 | 49.571 |
| 43 | 大成 | 大成创新成长 | 灵活配置型基金 | 149 | 96 | 44.711 |
| 43 | 大成 | 大成蓝筹稳健 | 灵活配置型基金 | 149 | 134 | 58.900 |
| 43 | 大成 | 大成中证红利A | 被动指数型基金 | 102 | 22 | 16.175 |
| 43 | 大成 | 大成沪深300A | 被动指数型基金 | 102 | 68 | 34.099 |
| 43 | 大成 | 大成深证成长40ETF | 被动指数型基金 | 102 | 82 | 8.336 |
| 43 | 大成 | 大成深证成长40ETF联接 | 被动指数型基金 | 102 | 88 | 8.474 |
| 43 | 大成 | 大成货币B | 货币市场型基金 | 77 | 25 | 36.550 |
| 43 | 大成 | 大成货币A | 货币市场型基金 | 77 | 60 | 9.807 |
| 44 | 长盛 | 长盛量化红利策略 | 偏股混合型基金 | 280 | 53 | 2.452 |
| 44 | 长盛 | 长盛成长价值A | 偏股混合型基金 | 280 | 149 | 5.427 |
| 44 | 长盛 | 长盛同德 | 偏股混合型基金 | 280 | 209 | 34.683 |
| 44 | 长盛 | 长盛积极配置 | 混合债券型二级基金 | 103 | 91 | 6.054 |
| 44 | 长盛 | 长盛创新先锋A | 灵活配置型基金 | 149 | 50 | 1.354 |
| 44 | 长盛 | 长盛动态精选 | 灵活配置型基金 | 149 | 91 | 7.688 |
| 44 | 长盛 | 长盛战略新兴产业A | 灵活配置型基金 | 149 | 112 | 1.207 |
| 44 | 长盛 | 长盛同智 | 灵活配置型基金 | 149 | 116 | 13.811 |
| 44 | 长盛 | 长盛中证100 | 被动指数型基金 | 102 | 21 | 5.704 |
| 44 | 长盛 | 长盛沪深300 | 被动指数型基金 | 102 | 36 | 2.483 |

续表3-2

| 整体投资回报能力排名 | 基金公司（简称） | 基金名称 | 投资类型（二级分类） | 样本基金数量 | 同类基金中排名 | 期间内规模（亿） |
|---|---|---|---|---|---|---|
| 44 | 长盛 | 长盛货币A | 货币市场型基金 | 77 | 32 | 24.439 |
| 45 | 嘉实 | 嘉实主题新动力 | 偏股混合型基金 | 280 | 49 | 31.130 |
| 45 | 嘉实 | 嘉实增长 | 偏股混合型基金 | 280 | 85 | 36.689 |
| 45 | 嘉实 | 嘉实优质企业 | 偏股混合型基金 | 280 | 129 | 46.113 |
| 45 | 嘉实 | 嘉实价值优势 | 偏股混合型基金 | 280 | 130 | 32.927 |
| 45 | 嘉实 | 嘉实领先成长 | 偏股混合型基金 | 280 | 133 | 10.806 |
| 45 | 嘉实 | 嘉实研究精选A | 偏股混合型基金 | 280 | 146 | 22.561 |
| 45 | 嘉实 | 嘉实成长收益A | 偏股混合型基金 | 280 | 150 | 37.203 |
| 45 | 嘉实 | 嘉实周期优选 | 偏股混合型基金 | 280 | 159 | 8.416 |
| 45 | 嘉实 | 嘉实量化阿尔法 | 偏股混合型基金 | 280 | 210 | 5.279 |
| 45 | 嘉实 | 嘉实稳健 | 偏股混合型基金 | 280 | 245 | 62.374 |
| 45 | 嘉实 | 嘉实债券 | 混合债券型一级基金 | 80 | 57 | 12.883 |
| 45 | 嘉实 | 嘉实信用A | 混合债券型一级基金 | 80 | 60 | 14.349 |
| 45 | 嘉实 | 嘉实信用C | 混合债券型一级基金 | 80 | 68 | 5.425 |
| 45 | 嘉实 | 嘉实稳固收益C | 混合债券型二级基金 | 103 | 60 | 22.444 |
| 45 | 嘉实 | 嘉实多元收益A | 混合债券型二级基金 | 103 | 63 | 14.048 |
| 45 | 嘉实 | 嘉实多元收益B | 混合债券型二级基金 | 103 | 72 | 7.444 |
| 45 | 嘉实 | 嘉实多利收益 | 混合债券型二级基金 | 103 | 83 | 7.613 |
| 45 | 嘉实 | 嘉实回报灵活配置 | 灵活配置型基金 | 149 | 52 | 13.482 |
| 45 | 嘉实 | 嘉实策略增长 | 灵活配置型基金 | 149 | 111 | 56.906 |
| 45 | 嘉实 | 嘉实服务增值行业 | 灵活配置型基金 | 149 | 122 | 39.069 |
| 45 | 嘉实 | 嘉实主题精选 | 灵活配置型基金 | 149 | 137 | 61.791 |
| 45 | 嘉实 | 嘉实深证基本面120ETF | 被动指数型基金 | 102 | 19 | 4.705 |
| 45 | 嘉实 | 嘉实深证基本面120ETF联接A | 被动指数型基金 | 102 | 28 | 3.594 |

续表3-2

| 整体投资回报能力排名 | 基金公司（简称） | 基金名称 | 投资类型（二级分类） | 样本基金数量 | 同类基金中排名 | 期间内规模（亿） |
|---|---|---|---|---|---|---|
| 45 | 嘉实 | 嘉实基本面50指数（LOF）A | 被动指数型基金 | 102 | 43 | 15.435 |
| 45 | 嘉实 | 嘉实沪深300ETF联接（LOF）A | 被动指数型基金 | 102 | 61 | 189.757 |
| 45 | 嘉实 | 嘉实货币A | 货币市场型基金 | 77 | 23 | 136.384 |
| 45 | 嘉实 | 嘉实安心货币B | 货币市场型基金 | 77 | 73 | 14.606 |
| 45 | 嘉实 | 嘉实安心货币A | 货币市场型基金 | 77 | 76 | 1.888 |
| 46 | 华夏 | 华夏行业精选 | 偏股混合型基金 | 280 | 142 | 42.057 |
| 46 | 华夏 | 华夏复兴 | 偏股混合型基金 | 280 | 174 | 32.604 |
| 46 | 华夏 | 华夏收入 | 偏股混合型基金 | 280 | 184 | 28.956 |
| 46 | 华夏 | 华夏经典配置 | 偏股混合型基金 | 280 | 200 | 14.306 |
| 46 | 华夏 | 华夏优势增长 | 偏股混合型基金 | 280 | 208 | 109.868 |
| 46 | 华夏 | 华夏盛世精选 | 偏股混合型基金 | 280 | 247 | 44.287 |
| 46 | 华夏 | 华夏债券AB | 混合债券型一级基金 | 80 | 38 | 14.611 |
| 46 | 华夏 | 华夏债券C | 混合债券型一级基金 | 80 | 48 | 16.864 |
| 46 | 华夏 | 华夏稳定双利债券C | 混合债券型一级基金 | 80 | 64 | 7.646 |
| 46 | 华夏 | 华夏希望债券A | 混合债券型二级基金 | 103 | 84 | 23.869 |
| 46 | 华夏 | 华夏希望债券C | 混合债券型二级基金 | 103 | 89 | 9.568 |
| 46 | 华夏 | 华夏策略精选 | 灵活配置型基金 | 149 | 48 | 18.908 |
| 46 | 华夏 | 华夏大盘精选A | 灵活配置型基金 | 149 | 74 | 58.482 |
| 46 | 华夏 | 华夏回报2号 | 灵活配置型基金 | 149 | 84 | 55.000 |
| 46 | 华夏 | 华夏回报A | 灵活配置型基金 | 149 | 87 | 118.562 |
| 46 | 华夏 | 华夏蓝筹核心 | 灵活配置型基金 | 149 | 109 | 55.375 |
| 46 | 华夏 | 华夏红利 | 灵活配置型基金 | 149 | 114 | 125.609 |
| 46 | 华夏 | 华夏平稳增长 | 灵活配置型基金 | 149 | 135 | 26.150 |
| 46 | 华夏 | 华夏成长 | 灵活配置型基金 | 149 | 139 | 61.844 |

续表3-2

| 整体投资回报能力排名 | 基金公司（简称） | 基金名称 | 投资类型（二级分类） | 样本基金数量 | 同类基金中排名 | 期间内规模（亿） |
|---|---|---|---|---|---|---|
| 46 | 华夏 | 华夏沪深300ETF联接A | 被动指数型基金 | 102 | 51 | 142.203 |
| 46 | 华夏 | 华夏中小企业100ETF | 被动指数型基金 | 102 | 52 | 25.906 |
| 46 | 华夏 | 华夏上证50ETF | 被动指数型基金 | 102 | 59 | 450.384 |
| 46 | 华夏 | 华夏现金增利A | 货币市场型基金 | 77 | 19 | 236.974 |
| 46 | 华夏 | 华夏货币A | 货币市场型基金 | 77 | 36 | 12.413 |
| 47 | 华泰柏瑞 | 华泰柏瑞价值增长A | 偏股混合型基金 | 280 | 17 | 11.775 |
| 47 | 华泰柏瑞 | 华泰柏瑞行业领先 | 偏股混合型基金 | 280 | 36 | 7.815 |
| 47 | 华泰柏瑞 | 华泰柏瑞盛世中国 | 偏股混合型基金 | 280 | 136 | 42.888 |
| 47 | 华泰柏瑞 | 华泰柏瑞量化先行A | 偏股混合型基金 | 280 | 182 | 5.102 |
| 47 | 华泰柏瑞 | 华泰柏瑞信用增利 | 混合债券型一级基金 | 80 | 70 | 1.096 |
| 47 | 华泰柏瑞 | 华泰柏瑞增利A | 混合债券型二级基金 | 103 | 101 | 0.152 |
| 47 | 华泰柏瑞 | 华泰柏瑞增利B | 混合债券型二级基金 | 103 | 102 | 0.542 |
| 47 | 华泰柏瑞 | 华泰柏瑞积极成长A | 灵活配置型基金 | 149 | 95 | 14.943 |
| 47 | 华泰柏瑞 | 华泰柏瑞上证中小盘ETF | 被动指数型基金 | 102 | 45 | 0.731 |
| 47 | 华泰柏瑞 | 华泰柏瑞上证中小盘ETF联接 | 被动指数型基金 | 102 | 64 | 0.362 |
| 47 | 华泰柏瑞 | 华泰柏瑞红利ETF | 被动指数型基金 | 102 | 74 | 97.993 |
| 47 | 华泰柏瑞 | 华泰柏瑞货币B | 货币市场型基金 | 77 | 18 | 0.944 |
| 47 | 华泰柏瑞 | 华泰柏瑞货币A | 货币市场型基金 | 77 | 54 | 196.960 |
| 48 | 海富通 | 海富通国策导向 | 偏股混合型基金 | 280 | 144 | 6.620 |
| 48 | 海富通 | 海富通领先成长 | 偏股混合型基金 | 280 | 223 | 7.611 |
| 48 | 海富通 | 海富通精选2号 | 偏股混合型基金 | 280 | 231 | 11.181 |
| 48 | 海富通 | 海富通股票 | 偏股混合型基金 | 280 | 236 | 30.380 |
| 48 | 海富通 | 海富通精选 | 偏股混合型基金 | 280 | 242 | 50.750 |

续表3-2

| 整体投资回报能力排名 | 基金公司（简称） | 基金名称 | 投资类型（二级分类） | 样本基金数量 | 同类基金中排名 | 期间内规模（亿） |
|---|---|---|---|---|---|---|
| 48 | 海富通 | 海富通中小盘 | 偏股混合型基金 | 280 | 252 | 8.258 |
| 48 | 海富通 | 海富通风格优势 | 偏股混合型基金 | 280 | 276 | 19.790 |
| 48 | 海富通 | 海富通稳健添利A | 混合债券型一级基金 | 80 | 74 | 1.034 |
| 48 | 海富通 | 海富通稳健添利C | 混合债券型一级基金 | 80 | 78 | 0.416 |
| 48 | 海富通 | 海富通稳固收益 | 混合债券型二级基金 | 103 | 44 | 22.480 |
| 48 | 海富通 | 海富通收益增长 | 灵活配置型基金 | 149 | 51 | 31.820 |
| 48 | 海富通 | 海富通强化回报 | 灵活配置型基金 | 149 | 144 | 11.374 |
| 48 | 海富通 | 海富通中证100A | 被动指数型基金 | 102 | 17 | 5.302 |
| 48 | 海富通 | 海富通上证非周期ETF | 被动指数型基金 | 102 | 44 | 1.896 |
| 48 | 海富通 | 海富通上证非周期ETF联接 | 被动指数型基金 | 102 | 73 | 1.009 |
| 48 | 海富通 | 海富通上证周期ETF | 被动指数型基金 | 102 | 87 | 2.000 |
| 48 | 海富通 | 海富通上证周期ETF联接 | 被动指数型基金 | 102 | 97 | 1.350 |
| 48 | 海富通 | 海富通货币B | 货币市场型基金 | 77 | 10 | 48.518 |
| 48 | 海富通 | 海富通货币A | 货币市场型基金 | 77 | 45 | 5.092 |
| 49 | 信达澳银 | 信达澳银产业升级 | 偏股混合型基金 | 280 | 39 | 5.824 |
| 49 | 信达澳银 | 信达澳银中小盘 | 偏股混合型基金 | 280 | 78 | 9.788 |
| 49 | 信达澳银 | 信达澳银红利回报 | 偏股混合型基金 | 280 | 237 | 3.747 |
| 49 | 信达澳银 | 信达澳银领先增长 | 偏股混合型基金 | 280 | 257 | 27.953 |
| 49 | 信达澳银 | 信达澳银精华A | 灵活配置型基金 | 149 | 17 | 5.281 |
| 50 | 融通 | 融通内需驱动AB | 偏股混合型基金 | 280 | 126 | 5.367 |
| 50 | 融通 | 融通动力先锋 | 偏股混合型基金 | 280 | 217 | 13.283 |
| 50 | 融通 | 融通领先成长A | 偏股混合型基金 | 280 | 238 | 23.470 |
| 50 | 融通 | 融通新蓝筹 | 偏股混合型基金 | 280 | 271 | 59.547 |
| 50 | 融通 | 融通巨潮100AB | 增强指数型基金 | 19 | 13 | 13.718 |

续表3-2

| 整体投资回报能力排名 | 基金公司（简称） | 基金名称 | 投资类型（二级分类） | 样本基金数量 | 同类基金中排名 | 期间内规模（亿） |
|---|---|---|---|---|---|---|
| 50 | 融通 | 融通行业景气A | 灵活配置型基金 | 149 | 53 | 28.753 |
| 50 | 融通 | 融通蓝筹成长 | 灵活配置型基金 | 149 | 118 | 11.762 |
| 50 | 融通 | 融通深证100AB | 被动指数型基金 | 102 | 53 | 93.716 |
| 50 | 融通 | 融通深证成指AB | 被动指数型基金 | 102 | 94 | 4.548 |
| 50 | 融通 | 融通易支付货币A | 货币市场型基金 | 77 | 50 | 285.897 |
| 51 | 诺安 | 诺安中小盘精选 | 偏股混合型基金 | 280 | 64 | 12.790 |
| 51 | 诺安 | 诺安主题精选 | 偏股混合型基金 | 280 | 81 | 8.626 |
| 51 | 诺安 | 诺安先锋A | 偏股混合型基金 | 280 | 157 | 89.476 |
| 51 | 诺安 | 诺安多策略 | 偏股混合型基金 | 280 | 229 | 3.443 |
| 51 | 诺安 | 诺安价值增长 | 偏股混合型基金 | 280 | 240 | 40.310 |
| 51 | 诺安 | 诺安成长 | 偏股混合型基金 | 280 | 243 | 150.604 |
| 51 | 诺安 | 诺安平衡 | 偏股混合型基金 | 280 | 256 | 35.517 |
| 51 | 诺安 | 诺安沪深300指数增强A | 增强指数型基金 | 19 | 17 | 3.033 |
| 51 | 诺安 | 诺安优化收益 | 混合债券型一级基金 | 80 | 2 | 14.213 |
| 51 | 诺安 | 诺安增利A | 混合债券型二级基金 | 103 | 47 | 0.482 |
| 51 | 诺安 | 诺安增利B | 混合债券型二级基金 | 103 | 58 | 0.139 |
| 51 | 诺安 | 诺安灵活配置 | 灵活配置型基金 | 149 | 29 | 24.714 |
| 51 | 诺安 | 诺安中证100A | 被动指数型基金 | 102 | 11 | 6.703 |
| 51 | 诺安 | 诺安货币A | 货币市场型基金 | 77 | 66 | 16.357 |
| 52 | 泰达宏利 | 泰达宏利行业精选 | 偏股混合型基金 | 280 | 201 | 23.452 |
| 52 | 泰达宏利 | 泰达宏利效率优选 | 偏股混合型基金 | 280 | 230 | 21.449 |
| 52 | 泰达宏利 | 泰达宏利市值优选 | 偏股混合型基金 | 280 | 255 | 30.195 |
| 52 | 泰达宏利 | 泰达宏利红利先锋 | 偏股混合型基金 | 280 | 259 | 5.831 |
| 52 | 泰达宏利 | 泰达宏利领先中小盘 | 偏股混合型基金 | 280 | 279 | 7.025 |

续表3-2

| 整体投资回报能力排名 | 基金公司（简称） | 基金名称 | 投资类型（二级分类） | 样本基金数量 | 同类基金中排名 | 期间内规模（亿） |
|---|---|---|---|---|---|---|
| 52 | 泰达宏利 | 泰达宏利沪深300指数增强A | 增强指数型基金 | 19 | 1 | 4.570 |
| 52 | 泰达宏利 | 泰达宏利首选企业 | 普通股票型基金 | 12 | 6 | 9.244 |
| 52 | 泰达宏利 | 泰达宏利集利A | 混合债券型二级基金 | 103 | 39 | 5.070 |
| 52 | 泰达宏利 | 泰达宏利集利C | 混合债券型二级基金 | 103 | 43 | 0.250 |
| 52 | 泰达宏利 | 泰达宏利稳定 | 灵活配置型基金 | 149 | 44 | 2.891 |
| 52 | 泰达宏利 | 泰达宏利成长 | 灵活配置型基金 | 149 | 49 | 17.728 |
| 52 | 泰达宏利 | 泰达宏利品质生活 | 灵活配置型基金 | 149 | 149 | 3.051 |
| 52 | 泰达宏利 | 泰达宏利货币A | 货币市场型基金 | 77 | 22 | 2.065 |
| 53 | 光大保德信 | 光大新增长 | 偏股混合型基金 | 280 | 90 | 18.430 |
| 53 | 光大保德信 | 光大中小盘 | 偏股混合型基金 | 280 | 156 | 6.216 |
| 53 | 光大保德信 | 光大红利 | 偏股混合型基金 | 280 | 211 | 12.873 |
| 53 | 光大保德信 | 光大优势 | 偏股混合型基金 | 280 | 249 | 48.150 |
| 53 | 光大保德信 | 光大精选 | 偏股混合型基金 | 280 | 270 | 0.823 |
| 53 | 光大保德信 | 光大核心 | 普通股票型基金 | 12 | 12 | 51.833 |
| 53 | 光大保德信 | 光大增利A | 混合债券型一级基金 | 80 | 61 | 11.667 |
| 53 | 光大保德信 | 光大增利C | 混合债券型一级基金 | 80 | 69 | 1.773 |
| 53 | 光大保德信 | 光大添益A | 混合债券型二级基金 | 103 | 18 | 25.336 |
| 53 | 光大保德信 | 光大添益C | 混合债券型二级基金 | 103 | 22 | 4.366 |
| 53 | 光大保德信 | 光大动态优选 | 灵活配置型基金 | 149 | 19 | 1.986 |
| 53 | 光大保德信 | 光大货币A | 货币市场型基金 | 77 | 61 | 5.423 |
| 54 | 泰信 | 泰信中小盘精选 | 偏股混合型基金 | 280 | 48 | 10.203 |
| 54 | 泰信 | 泰信发展主题 | 偏股混合型基金 | 280 | 108 | 1.772 |
| 54 | 泰信 | 泰信蓝筹精选 | 偏股混合型基金 | 280 | 233 | 7.085 |
| 54 | 泰信 | 泰信优质生活 | 偏股混合型基金 | 280 | 265 | 9.796 |

续表3-2

| 整体投资回报能力排名 | 基金公司（简称） | 基金名称 | 投资类型（二级分类） | 样本基金数量 | 同类基金中排名 | 期间内规模（亿） |
|---|---|---|---|---|---|---|
| 54 | 泰信 | 泰信周期回报 | 混合债券型一级基金 | 80 | 55 | 4.553 |
| 54 | 泰信 | 泰信增强收益A | 混合债券型一级基金 | 80 | 65 | 2.798 |
| 54 | 泰信 | 泰信增强收益C | 混合债券型一级基金 | 80 | 73 | 0.127 |
| 54 | 泰信 | 泰信双息双利 | 混合债券型二级基金 | 103 | 88 | 6.763 |
| 54 | 泰信 | 泰信优势增长 | 灵活配置型基金 | 149 | 99 | 0.518 |
| 54 | 泰信 | 泰信先行策略 | 灵活配置型基金 | 149 | 140 | 22.236 |
| 54 | 泰信 | 泰信中证200 | 被动指数型基金 | 102 | 85 | 0.557 |
| 54 | 泰信 | 泰信天天收益A | 货币市场型基金 | 77 | 65 | 3.320 |
| 55 | 天治 | 天治核心成长 | 偏股混合型基金 | 280 | 251 | 13.142 |
| 55 | 天治 | 天治稳健双盈 | 混合债券型二级基金 | 103 | 27 | 0.711 |
| 55 | 天治 | 天治中国制造2025 | 灵活配置型基金 | 149 | 28 | 1.587 |
| 55 | 天治 | 天治财富增长 | 灵活配置型基金 | 149 | 72 | 1.914 |
| 55 | 天治 | 天治研究驱动A | 灵活配置型基金 | 149 | 103 | 1.532 |
| 55 | 天治 | 天治新消费 | 灵活配置型基金 | 149 | 117 | 1.585 |
| 55 | 天治 | 天治趋势精选 | 灵活配置型基金 | 149 | 138 | 0.703 |
| 55 | 天治 | 天治低碳经济 | 灵活配置型基金 | 149 | 148 | 1.347 |
| 55 | 天治 | 天治天得利货币A | 货币市场型基金 | 77 | 62 | 0.755 |
| 56 | 上投摩根 | 上投摩根新兴动力A | 偏股混合型基金 | 280 | 5 | 42.415 |
| 56 | 上投摩根 | 上投摩根行业轮动A | 偏股混合型基金 | 280 | 21 | 12.188 |
| 56 | 上投摩根 | 上投摩根中小盘 | 偏股混合型基金 | 280 | 189 | 7.948 |
| 56 | 上投摩根 | 上投摩根内需动力 | 偏股混合型基金 | 280 | 197 | 52.366 |
| 56 | 上投摩根 | 上投摩根成长先锋 | 偏股混合型基金 | 280 | 226 | 26.678 |
| 56 | 上投摩根 | 上投摩根阿尔法 | 偏股混合型基金 | 280 | 241 | 24.169 |
| 56 | 上投摩根 | 上投摩根大盘蓝筹 | 普通股票型基金 | 12 | 7 | 5.495 |
| 56 | 上投摩根 | 上投摩根强化回报A | 混合债券型二级基金 | 103 | 95 | 4.451 |

续表3-2

| 整体投资回报能力排名 | 基金公司（简称） | 基金名称 | 投资类型（二级分类） | 样本基金数量 | 同类基金中排名 | 期间内规模（亿） |
|---|---|---|---|---|---|---|
| 56 | 上投摩根 | 上投摩根强化回报 B | 混合债券型二级基金 | 103 | 99 | 0.957 |
| 56 | 上投摩根 | 上投摩根中国优势 | 灵活配置型基金 | 149 | 94 | 36.334 |
| 56 | 上投摩根 | 上投摩根双息平衡 A | 灵活配置型基金 | 149 | 126 | 15.990 |
| 56 | 上投摩根 | 上投摩根货币 B | 货币市场型基金 | 77 | 70 | 492.724 |
| 56 | 上投摩根 | 上投摩根货币 A | 货币市场型基金 | 77 | 75 | 0.830 |
| 57 | 东吴 | 东吴新经济 A | 偏股混合型基金 | 280 | 227 | 2.543 |
| 57 | 东吴 | 东吴价值成长 A | 偏股混合型基金 | 280 | 264 | 14.552 |
| 57 | 东吴 | 东吴行业轮动 A | 偏股混合型基金 | 280 | 272 | 14.023 |
| 57 | 东吴 | 东吴进取策略 A | 灵活配置型基金 | 149 | 102 | 6.467 |
| 57 | 东吴 | 东吴安享量化 A | 灵活配置型基金 | 149 | 125 | 0.930 |
| 57 | 东吴 | 东吴嘉禾优势 | 灵活配置型基金 | 149 | 147 | 13.148 |
| 57 | 东吴 | 东吴中证新兴产业 | 被动指数型基金 | 102 | 31 | 6.411 |
| 57 | 东吴 | 东吴货币 B | 货币市场型基金 | 77 | 59 | 16.878 |
| 57 | 东吴 | 东吴货币 A | 货币市场型基金 | 77 | 72 | 0.896 |
| 58 | 金元顺安 | 金元顺安消费主题 | 偏股混合型基金 | 280 | 261 | 1.337 |
| 58 | 金元顺安 | 金元顺安价值增长 | 偏股混合型基金 | 280 | 280 | 0.525 |
| 58 | 金元顺安 | 金元顺安丰利 | 混合债券型二级基金 | 103 | 93 | 8.010 |
| 58 | 金元顺安 | 金元顺安成长动力 | 灵活配置型基金 | 149 | 132 | 0.431 |
| 58 | 金元顺安 | 金元顺安优质精选 A | 灵活配置型基金 | 149 | 141 | 0.981 |
| 59 | 中邮 | 中邮核心成长 | 偏股混合型基金 | 280 | 263 | 94.219 |
| 59 | 中邮 | 中邮核心优选 | 偏股混合型基金 | 280 | 268 | 47.940 |
| 59 | 中邮 | 中邮中小盘灵活配置 | 灵活配置型基金 | 149 | 26 | 5.484 |
| 59 | 中邮 | 中邮核心主题 | 灵活配置型基金 | 149 | 46 | 8.511 |
| 59 | 中邮 | 中邮核心优势 | 灵活配置型基金 | 149 | 61 | 13.663 |

# 4 2021年度中国公募基金管理公司整体投资能力评价总结

　　整体投资回报能力评价总结我们提出的中国公募基金管理公司整体投资回报能力评价(TIP Rating)综合考虑一家基金公司的投资能力。通过这一评价体系,投资者可以了解一家基金公司每一只样本基金产品的收益在同期同类基金产品的相对位置,在看到基金公司旗下所有样本基金在同类基金中的收益排名后,我们基本就可以了解某一基金公司的综合投资管理能力。如果某一家基金公司旗下多数样本基金在同类基金中收益排名靠前,那么我们可以认为它的整体投研实力较好。如果某一家基金公司大部分样本基金在同类基金中排名靠后,或仅少数基金排名较前,则我们一般可以认为这家基金的整体投研实力不强,或由于投研实力的欠缺只能在某只基金产品上取得较好的相对业绩。

　　本书运用截至2021年12月31日国内所有公募基金的净值数据,根据我们设计的基金公司整体投资回报排名的算法,分别计算出五年期与十年期不同时间跨度上国内所有基金公司 TIP Rating 的排名情况。在通过对短期、中期、长期的排名结果观察后,我们可以看到有些基金公司的整体投研能力比较稳定,在短、中、长期的排名上变化波动较小。但有些基金公司的整体投研水平则随时间出现较大波动,在短、中、长期的排名上变化波动较大。如果可以对典型基金公司进行具体的案例研究,我们也许可以分析出投资管理行业经营的成败之处。

　　在后继年度的基金公司整体投资回报评价研究中,我们将在对不同投资类型的基金产品进行更加细致分类的基础上进行业绩分析,这将有助于基金投资者和管理者更加清晰地了解国内公募基金的投资能力。